49 Tage Dunkelretreat -
Das innere Licht erleben

Arnold E. Wiegand

49 Tage Dunkelretreat -
Das innere Licht erleben

Die Methode **Dunkelretreat nach Wiegand**® zeigt auf, wie eine Steigerung der Lebensqualität durch eine Entwicklung der Persönlichkeit in der Reizüberflutung des Informationszeitalters möglich ist.

Wiegand, Arnold E.

49 Tage Dunkelretreat – Das innere Licht erleben

1. Auflage Februar 2018

Die Empfehlungen in diesem Buch sind vom Autor sorgfältig geprüft worden. Das Buch ist jedoch nicht dazu gedacht medizinischen Rat oder den Arztbesuch zu ersetzen.
Jede Leserin und jeder Leser ist für ihr/sein eigenes Handeln selbst verantwortlich. Alle Informationen in diesem Buch erfolgen daher ohne jegliche Gewährleistung oder Garantie seitens des Autors.
Eine Haftung des Autors für Personen-, Sach- und Vermögensschäden ist ausgeschlossen.

Bibliografische Information der Deutschen Nationalbibliothek:
Die Deutsche Nationalbibliothek verzeichnet diese Publikation in der Deutschen Nationalbibliografie, detaillierte bibliografische Daten sind im Internet unter http://dnb.dnb.de abrufbar.

Eigentümer der Wortmarke **Dunkelretreat nach Wiegand**® (Eintragung unter 30 2017 108 134 beim Deutschen Patent- und Markenamt, 2017) und Copyright © (2018):

Arnold E. Wiegand
Ernst-Moritz-Arndt-Straße 8
D – 65779   Kelkheim / Ts.

www.Dunkelretreat.org

www.Wiegand-Beratung.de

Alle Rechte vorbehalten. Reproduktion, Speicherung oder Wiedergabe – auch auszugsweise – nur mit schriftlicher Genehmigung des Copyrightinhabers.

Lektorat und Gestaltung:
Tanja Block
66119 Saarbrücken
www.blocksatz.co

Cover und Grafiken:
Classicdesign   Dipl. Grafikerin Teresa Hetze
th-grafik@web.de
www.classicdesign-hetze.de

© 2018
Herstellung und Verlag: BoD – Books on Demand, Norderstedt.

ISBN: 978-3-7460-6813-8

Inhalt

Der Autor — 8

Bitte beachten Sie — 12

Danksagung — 15

Einleitung — 16
> Gestalten wir unseren Alltag, oder eher: Was macht der Alltag mit uns?

Dunkelretreat - Was ist das? — 20
> Grundlagen und Hintergründe
> Das ist Folter! - Das ist <u>keine</u> Folter!
> Angenehme und unangenehme Wirkungen
> Eskalationsstufen des Lebens
> Wahrnehmungsbereiche
> Aktivitäten im Dunkelretreat

Grundlegende Überlegungen zum Sein — 49
> Was ist Bewusstsein?
> Leben wir in einer Traum-Realität?
> Sind wir Teil einer holografischen Welt?
> Außerkörperliche Erfahrungen (AKE/OOBE)

Innere Entwicklung durch Reizreduzierung — 66
> Bewusstsein + Unterbewusstsein oder Ein-Bewusstsein?
> Nutzen Reizreduzierung/Risiken Reizüberflutung
> Hochsensibilität (HSP)
> Meditation

Die Methode: Dunkelretreat nach Wiegand® — 94
> Analyse – strukturierter Ablauf
> Gefühlsintegration
> Traumanalyse
> Schreiben in der Dunkelheit
> Wir sehen, was wir sehen wollen (und können)

Protokoll: Dunkelretreat – 49 Tage — 122

Schlusswort — 240

Quellennachweis — 244

Der Autor

Arnold E. Wiegand (54)

Coach
Extremsportler
Triathlon-Trainer
Heilpraktiker für Psychotherapie

Ich beschäftige mich seit über 30 Jahren mit meiner persönlichen Entwicklung und unterstütze andere Menschen auf deren Weg.

Der Fokus meiner eigenen inneren Arbeit liegt auf dem Umgang mit „unerledigten" Themen, der Auflösung von blockierenden Emotionen und der Aktivierung bisher ungenutzter persönlicher Ressourcen.

Dazu habe ich verschiedene Meditationstechniken erlernt und praktiziert. Ebenso setzte ich intensive Methoden ein, um mich ungelösten emotionalen Themen zu stellen. Diese innere Arbeit und Selbstreflektion begleitet mich schon seit Jahrzehnten.
Zusätzlich nahm ich an vielen Seminaren teil (wie z.B. Systemische Supervision und Coaching, Ausbildung in Hypnotherapie), die solche Aspekte ergänzen, sodass ich über den Tellerrand geschaut habe.

Die Highlights waren (und sind weiterhin) – aufbauend auf den erworbenen Erfahrungen und Kompetenzen – zehn Teilnahmen an Dunkelretreats.
Dunkelretreats sind keine neue Erfindung, sondern werden seit langer Zeit in alten Kulturen eingesetzt, um die eigene persönliche Entwicklung zu beschleunigen und Erkenntnisse zu gewinnen. Besonders in Tibet und Indien sind solche Dunkelretreats Teil der Kultur.
In den bisherigen zehn Dunkelretreats habe ich 7 – 49 Tage in völliger Dunkelheit verbracht, um mich meinen inneren Prozessen zu widmen.
In meinen Dunkelretreats besteht eine völlige Reizarmut: Keine Musik, keine Uhr, kein Telefon, nicht das kleinste LED-Licht.
Die tägliche Hygiene findet ebenso in der Dunkelheit statt wie die Mahlzeiten. Das Essen bestand bisher aus frischem Obst, Nüssen und Trockenfrüchten.

Bei einem der Dunkelretreats, das über 10 Tage andauerte, fastete ich die ersten fünf Tage. Diese Rahmenbedingungen sorgen dafür, den Blick von Beginn an noch intensiver nach innen zu richten. Dort ist der Ursprung des Einzigen, womit ich mich in der Zeit beschäftige: Träume, Gedanken, Ideen, Bilder, Gefühle, Erinnerungen,…

Um es mal ganz einfach auszudrücken: Ich schmore rund um die Uhr im eigenen Saft. Es gab kein Ausweichen bei einem auftauchenden Thema, sondern ich blieb ständig „dran" an dem jeweiligen Aspekt.

Der Alltag in einem solchen Dunkelretreat schwankte bei mir zwischen „es passiert gerade nichts" bis hin zu einer heftigen Konfrontation sowie Erkenntnis mit meinem Innenleben.

Durch ein solches Dunkelretreat wird der Bodensatz im Unbewussten kräftig aufgewirbelt und ich kann mir das Ganze genauer anschauen. Es gibt keinen Reiz, der mich – wie im Alltag – davon ablenkt. Ich erlebte dabei schon etliche Situationen, die eine richtig große Herausforderung darstellten. Aber durch meine Erfahrung mit der inneren Arbeit und meinem Hintergrundwissen habe ich immer wieder teilweise äußerst bereichernde Erkenntnisse gewonnen.

Für die Zukunft plane ich mindestens einmal im Jahr weitere Teilnahmen an Dunkelretreats.

Dieses Buch stellt somit auch eine Bündelung meiner 30-jährigen Erfahrung in persönlicher Entwicklung und innerer Arbeit dar.
In den vergangenen Dunkelretreats hatte ich es mir angewöhnt, Stift und Papier bereit zu halten und Ideen, Erfahrungen und Gedanken aufzuschreiben. Trotz der Dunkelheit klappt das Schreiben bei mir sehr gut. Die Rohfassung des Manuskripts für dieses Buch entstand während des letzten Dunkelretreats.
Durch mehrere parallel verlaufende Prozesse entwickelten sich bei mir Ideen für die in diesem Buch vorgestellte Methode bzw. das Konzept.

Auch im Sport habe ich mir eine außergewöhnlich hohe mentale Stärke erarbeitet.
Im Alter von 40 stellte ich zeitgleich meine Ernährung von vegetarisch auf vegan um und fing an Leistungssport zu betreiben.
Noch bevor ich meinen ersten Marathon lief, hatte ich mich entschieden sechs Monate später 100 km zu laufen. Ein Jahr danach lief ich bei einem 24-Stunden-Lauf 162 km.

Genauso entwickelte sich mein Bedürfnis lange Zeit zu schwimmen. Ich schwamm zweimal der Länge nach durch den Zürichsee und bei Schwimmwettkämpfen mehrfach 31km über 12 Stunden im Hallenbad (31 km).

Mit diesen Erfolgen als Basis nahm ich an Triathlon-Wettkämpfen über die Ironman-Distanz teil. Als ich erfuhr, dass es auch Wettkämpfe über die 2-fache, 3-fache und 5-fache Ironman-Distanz gibt, gab es für mich kein Halten.

Speziell die 3-fache Ironman-Distanz entwickelte sich zu meinem Lieblingswettkampf. Dabei werden 11,4 km geschwommen, danach 540 km auf dem Rad gefahren und zum Schluss 126 km gelaufen: Alles an einem Stück und rund um die Uhr. Bei den letzten drei Teilnahmen (von bisher sechs) machte ich keine Pause und auch keine Unterbrechung um zu schlafen. Dabei brauchte ich 41 - 42 Stunden. Die besten Platzierungen lagen zwichen Platz 5 und 9.

Seit 10 Jahren gehe ich im Winter regelmäßig in Seen schwimmen. Auch wenn die Wassertemperatur nur bei 2 Grad liegt, gehe ich lediglich mit einer Badehose bekleidet ins Wasser und schwimme bis zu 16 Minuten.

Auf meiner Website **www.vegan-sport.de** sind YouTube-Videos über meine mehrfach-Ironman Wettkämpfe und das Eisschwimmen verlinkt.

Bitte beachten Sie

Die gewählte personenbezogene Ansprache in diesem Buch gilt für alle Menschen - egal welche Geschlechtsbezeichnung jede/r Einzelne/r verwendet.
Einzig zur besseren Lesbarkeit wurde auf eine explizite sprachliche Darstellung der verschiedenen Geschlechter in jedem Einzelfall verzichtet.

Die Bandbreite der persönlichen, psychischen Beeinträchtigungen reichen von einer inneren Unzufriedenheit bis hin zu schwerwiegenden Erkrankungen.

Mit dem Buch kann und will ich nicht den Eindruck erwecken, dass mit meiner Methode bestimmte psychische Beeinträchtigungen oder Erkrankungen behandelt und geheilt werden können.

Die in dem Buch beschriebene Behandlungsmethode
- **Dunkelretreat nach Wiegand**® -

dient lediglich der Vermittlung von Informationen, der Aufklärung und der Darstellung der gemachten Erfahrungen des Autors.

Die Ausführungen in diesem Buch dienen ausschließlich der allgemeinen Information. Sie ersetzen keinen individuellen ärztlichen Rat. Im Falle einer konkreten Erkrankung wenden Sie sich bitte unverzüglich an einen heilkundlichen Therapeuten.
Das Buch ist nicht dafür gedacht bei psychischen Beschwerden oder Erkrankungen eine Selbstdiagnose und/oder Selbstbehandlung durchzuführen. Eine Selbstbehandlung mittels der genannten Verfahren ist nicht möglich. Jede Therapie ist von individuellen Faktoren des Patienten abhängig, weshalb jede Behandlung von einem Therapeuten überwacht werden muss.

Sofern Sie in ärztlicher Behandlung sind, geht der Rat Ihres Therapeuten stets vor.

Sofern im Folgenden Aussagen zur Wirkung erfolgen, beachten Sie bitte:

Das beschriebene Verfahren **Dunkelretreat nach Wiegand** ® ist schulmedizinisch/wissenschaftlich weder bewiesen noch anerkannt. Die Wirkung wird insbesondere von der Schulmedizin nicht anerkannt. Sie beruht ausschließlich auf dem Erfahrungswissen der Naturheilkunde bzw. der Alternativmedizin.

Bei der oben genannten Behandlungsmethode handelt es sich um eine Außenseitermethode in der Therapie. Dies bedeutet, dass die für eine wissenschaftliche Anerkennung notwendigen Studien (mit dem Nachweis ihrer Sicherheit und Wirksamkeit) nicht vorhanden sind.

Danksagung

Meine Erkenntnisse und Fähigkeiten, die ich mit meiner inneren Arbeit erworben habe, wären ohne die beiden folgenden Menschen nicht möglich gewesen. Es gab noch viele weitere Personen, von denen ich lernte und die mich inspiriert haben, aber diese beiden haben eine besondere Bedeutung.

Von Irisia Sabina Kaiser lernte ich die innere Prozessarbeit und die Gefühlsintegration. In einer Vielzahl von Seminaren zeigte sie mir wie man unerledigte Themen aufräumt. In 2002 beginnend habe ich Blockaden gelöst und Ressourcen/Talente bei mir freigelegt.

Mit dem Buch von Holger Kalweit – Dunkeltherapie – kam ich mit dem gezielten Aufenthalt in der Dunkelheit in Berührung. Ich habe ihn persönlich nicht kennengelernt, aber sein Buch war für mich so inspirierend, dass ich kurze Zeit später in mein erstes Dunkelretreat ging. Das war vor etwa 12 Jahren. Ich verknüpfte mein erworbenes Wissen mit meinen Erfahrungen und Erkenntnissen.

Seitdem habe ich – einschließlich des in diesem Buch beschriebenen Retreats – ca. 160 Tage (Stand 2017 – und weitere Dunkelretreats werden garantiert folgen) in der Dunkelheit verbracht. In dieser Zeit habe ich eine sehr große Anzahl an inneren Prozessen in mir und mit mir durchgeführt. Seit 2016 gebe ich meine Erfahrungen und Erkenntnisse an andere Menschen weiter.

Wenige Stunden vor dem Beginn dieses 49-tägigen Dunkelretreats erhielt ich folgenden Anruf des Vorgesetzten eines meiner bisherigen Dunkelretreat-Teilnehmer:

„Also wissen Sie Herr Wiegand. Der … war schon ein toller Kerl bevor er 9 Tage bei Ihnen in der Dunkelheit verbrachte. Aber danach hat er sich nochmals deutlich weiterentwickelt. Ich möchte auch zu Ihnen in die Dunkelheit kommen. Ich habe zwar ein wenig Angst vor der Dunkelheit, und ich weiß noch nicht was ich den ganzen Tag machen werde, aber ich will auf jeden Fall zu Ihnen kommen."

Ohne das Wirken der beiden oben genannten Menschen wären die Entwicklungen bei mir und meinen Teilnehmern so nicht zustande gekommen.

In diesem Sinne nochmals herzlichen Dank.

Einleitung

Gestalten wir unseren Alltag, oder eher:
Was macht der Alltag mit uns?

Wir leben in einer sehr bemerkenswerten Zeit. Die Fülle an Veränderungen, mit denen wir konfrontiert werden, ist enorm und das Tempo, in dem immer neue Themen an uns herangetragen werden, nimmt stetig zu. Man kann wohl eher sagen – das Tempo nimmt exponentiell zu.
Massenmedien und das Internet erreichen jeden Winkel unserer Persönlichkeit und unseres Alltags. Sie sind permanent präsent, doch ist ihr Nutzen keineswegs immer erkennbar.

Ein kleiner Abriss über die Veränderungen der vergangenen Jahre: Krieg gegen den Terror und damit verbundene Gesetze, die auf eine Totalüberwachung hinauslaufen, Finanzkrisen, Staatsschuldenkrisen, Bürgerkriege, Unabhängigkeitsbestrebungen in europäischen Staaten, Flüchtlingsströme, radikale Veränderungen von bisher gelebten Werten und politischen Auseinandersetzungen, Globalisierung, Umweltzerstörung.

Auch im alltäglichen Leben strömt eine Vielzahl an Informationen auf uns ein, die uns persönlich mehr oder weniger betrifft (gesellschaftlich betreffen sie uns alle):

- Überalterung der Bevölkerung: Wie soll die Rente in Zukunft finanziert werden und wer soll die gebrechlichen/dementen Senioren pflegen?
- Fachkräftemangel: Wie bleiben Unternehmen wettbewerbs-fähig?
- Millionenfache prekäre Arbeitsverhältnisse: An der Armutsgrenze trotz Vollzeitjob
- Drastische Zunahme von psychischen Erkrankungen wie Depressionen oder Burn-Out
- Landflucht: Unattraktive Landstriche veröden, während die Miete und Wohneigentum in Ballungszentren von einem Rekord-Preis zum nächsten steigt
- Anonyme Lebensweise – besonders in Städten
- Risiko Arbeitsplatzverlust: Auch in einem Unternehmen das große Gewinne realisiert, kann es ganz schnell passieren, dass einzelne Unternehmensbereiche geschlossen werden.

- Permanenter Konkurrenzkampf am Arbeitsplatz und anhaltender Druck „von oben"
- Gesunde/ungesunde Ernährung, sowie Bewegungsmangel mit der Folge von Fehlhaltungen, Übergewicht und Zivilisationskrankheiten (Haltungsschäden, Herz-/Kreislauf-Erkrankungen, Gelenküberlastungen, Diabetes)

Alle diese Themen plus das individuelle Leben aus Familie, Beziehung, Kindern, Job, Kollegen, Nachbarn, Freunden,… sind allgegenwärtig.

Das ist ein Leben „immer unter Strom" - definitiv jenseits des Angenehmen und oft genug am Rande des Erträglichen. Wir leben ständig im Alarmzustand. Immer auf dem Sprung auf die neuesten Informationen zu reagieren.
Das ist der entscheidende Punkt: Wir reagieren nur auf die Themen, die an uns herangetragen werden. Da es praktisch täglich neue gibt, haben wir selten die Möglichkeit und Zeit uns zurückzulehnen um in uns zu spüren wohin sich unser Leben entwickeln soll.
Meistens dreht sich unsere Aufmerksamkeit darum, wie sich das alltägliche Leben managen lässt. Im Normalfall ist es digital durchgetaktet. Wir sind ständig verfügbar und meinen auf SMS, e-Mails oder Chats sofort reagieren zu müssen.

Wir hetzen von einem Termin zum nächsten, unser Körper produziert Stresshormone und unsere Entspannung kommt viel zu kurz. Und, weil der Tag so anstrengend war, meinen wir uns beim Surfen im Internet, Online-Spielen oder TV-Konsum zu entspannen.
Dabei übersehen wir allerdings, dass wir die nicht verarbeitete Reizüberflutung mit noch mehr Reizen kompensieren wollen - was natürlich nicht funktioniert.
Aus diesem Teufelskreis ist ein Entrinnen nur schwer möglich. Erst recht, wenn einem dieser Zusammenhang nicht bewusst ist, und man sich durch eine Reduzierung von Reizen nicht outen will.
Ganz schnell entsteht die Befürchtung, dass einem bestimmte Informationen entgehen, oder man zu einer bestimmten Gruppe nicht mehr dazugehört.

Je mehr ich mich der Reizüberflutung hingebe, umso weniger Raum und Zeit steht für wirklich wichtige Aspekte des Lebens zur Verfügung:

- Grundlegende Fragen: Sinn meines Lebens, Leben und Tod, Beziehungen
- Welche ungenutzten Talente sind in mir vorhanden?

- Wer bin ich wirklich und wie kann ich meine Persönlichkeit weiterentwickeln?

Anders ausgedrückt: Das „normale" Leben mit der Reizüberflutung der Informationsgesellschaft lenkt den Fokus nach „außen". Doch dort finde ich normalerweise keine Lösungen, die mein Innenleben bereichern und meine Persönlichkeit wachsen lassen.

Um den Fokus nach „innen" zu lenken, bedarf es

- der Erkenntnis, dass das „normale" Leben so nicht weitergehen kann (mit der Folge von Entfremdung, psychischer Überlastung oder Krankheit)
- der Entscheidung einen grundlegenden Richtungswechsel vorzunehmen
- einer Vertiefung der Reflexion des eigenen Innenlebens, und
- Zeit, Raum und Methodik persönliche Entwicklungen einzuleiten

Gesellschaftlichen Trends kann man sich nur bedingt entziehen und einseitige Verweigerung isoliert sehr schnell. Aber ein Bewusstsein dafür, wie die heutige Lebensweise psychische Störungen begünstigt, hilft Überlastungen, Sinnkrisen und Erkrankungen vorzubeugen.
Dieses Buch zeigt die Möglichkeit auf sich gezielte Auszeiten in einem Dunkelretreat zu gestatten. Einen Weg um – vielleicht schon lange - überfällige Korrekturen in der Lebensweise vorzunehmen.

Denn der Aufenthalt in einem Dunkelretreat ist die konsequenteste Form der Reizreduzierung bei gleichzeitiger Beschäftigung mit dem eigenen Innenleben. Eine solche Entscheidung zeigt auch, dass man neben den Aktivitäten im „Außen" auch dem „Innen" eine Aufmerksamkeit zukommen lässt.
„Endlich habe ich mal Zeit – nur für mich!"

In dem Sinne wünsche ich Ihnen beim Lesen gute Inspiration und Ideen, wie Sie ein Leben führen können, das Ihnen „innen" und „außen" gut tut.

Dunkelretreat - Was ist das?

Grundlagen

Unter einem Dunkelretreat versteht man den zeitlich befristeten Aufenthalt (von einigen Tagen bis viele Wochen) in Räumen, Häusern oder Höhlen mit völliger Dunkelheit.
Sämtliche Aktivitäten werden in der Dunkelheit durchgeführt (z.B. Gespräche mit Betreuer, Essen, Trinken, Meditieren, Hygiene, das schriftliche Dokumentieren von Erkenntnissen und Erlebnissen,…).

Für diesen Aufenthalt werden – je nach kulturellem Hintergrund und Intention des Anbieters – verschiedene Bezeichnungen benutzt. Verwendet werden die Begriffe Dunkelretreat, Dunkeltherapie, Dunkelklausur, Yangtik, Dunkelyoga und Tibetanischer Nachtyoga.
"Retreat" bedeutet Rückzug vom Alltag. In diesem Falle ein Rückzug in die Dunkelheit. Durchgeführt wird es als Solo-Dunkelretreat. Der Sinn liegt darin, dass man gedanklich nur bei sich selbst bleiben kann wenn man alleine in den Räumen ist. Eine Gruppen-Veranstaltung würde vom eigenen Innenleben mehr oder weniger ablenken.

Historische Hintergründe

Der Aufenthalt im Dunkeln gehört zu den archaischen Methoden der Selbsterfahrung. Manche vertreten die Auffassung, dass die Ursprünge der Dunkelretreats in allen alten Kulturen tausende von Jahren zurückliegen. Auch heute noch werden u.a. in Tibet, Indien, China, Thailand und Kolumbien Dunkelretreats durchgeführt. In Tibet wird diese Methode Tibetanischer Nachtyoga genannt. Dabei verbringen die Teilnehmer bis zu 49 Tage in der Dunkelheit.

[5.1]

Den Essenern wird nachgesagt, dass sie gezielt die Dunkelheit aufsuchten und dabei ihr Innenleben erforschten um sich weiterzuentwickeln.

Auch die Schüler von Pythagoras sollen Zeit in dunklen Höhlen verbracht haben um Weisheit durch ihre Visionen zu erhalten.

[5.2]

Welchen Zweck verbindet man mit einem Dunkelretreat?

Wie die vorherige Beschreibung des Wortes „Retreat" weiter vorne bereits verdeutlicht, ist damit ein Rückzug aus dem Alltag verbunden. Dies stellt schon mal eine starke und oftmals ungewohnte Reizreduzierung dar. Eine Intensivierung dieses Zustandes (weitere Reizreduzierung) ist durch die Abwesenheit von allem was unseren Alltag üblicherweise ausmacht gegeben: kein Licht, keine Musik, kein TV, keine sozialen Medien, kein Kontakt/ Gespräch – außer mit dem Betreuer, kein Blick aus dem Fenster, kein… .
Ein solches Dunkelretreat stellt die konsequenteste Form der Reizreduzierung dar. Dies hat zur Folge – und das ist der eigentliche Zweck -, dass der Fokus der Aufmerksamkeit sofort nach Innen gerichtet ist.
Auf das, was im Alltag oft genug zur Seite geschoben, nicht wahrgenommen oder ignoriert wird. Bei solchen Themen kann es um das Aufarbeiten von unerledigten Themen, die Auflösung von blockierenden Emotionen und dem Freilegen von bisher nicht genutzten Ressourcen gehen.

Was geschieht, wenn man sich längere Zeit in vollständiger Dunkelheit aufhält?

Die Auswirkungen betreffen Körper, Seele und Geist. Die Fortsetzung des vorherigen Absatzes bedeutet, dass man auf alles achtet, was sich im Innenleben zeigt. Die auftauchenden Aspekte der Persönlichkeit werden in Form von Gesprächen reflektiert und mit Hilfe von inneren Prozessen integriert.

Durch das Herunterfahren der kognitiven Filter – was eine natürliche Folge der Reizreduzierung darstellt – ist es viel leichter Erkenntnisse anzunehmen und Zusammenhänge zu begreifen als im Alltag.
Desweiteren führt dies zu einer mühelosen Egoreduzierung.
Im Dunkelretreat wird das Ego

„auf kleiner Flamme ganz langsam weich gekocht".

Man kann sich sofort und vor allem ganz leicht auf die Essenz des aktuellen Themas konzentrieren und diese annehmen. Im Alltag würde sich das Ego melden und mit der Erkenntnis hadern: „In dem Alter konnte ich das noch nicht wissen…", „Ich war überfordert…". Man ist in einem Zustand, in dem man zeitgleich die gewonnenen Erkenntnisse annehmen kann <u>und</u> z.B. Verständnis für die damalige Verhaltensweise aufbringt.

Zusätzlich findet eine Veränderung der Gehirnchemie statt. Im Dunkelretreat produzieren wir rund um die Uhr Melatonin, was eine immer tiefere

Entspannung, Regeneration und deutlich größere Klarheit von Träumen zur Folge hat. Nach einiger Zeit führt diese Produktion von Melatonin zur Ausschüttung des körpereigenen Hormons DMT. Dieses Hormon wird als Bewusstseinsmolekül bezeichnet und wird normalerweise nur bei Geburt, Tod, Nahtoderlebnissen sowie besonderen, spirituellen Erfahrungen ausgeschüttet.

Die Auswirkungen variieren auch in Abhängigkeit von der Dauer des Aufenthalts und der Anzahl der bisherigen Dunkelretreats. Es fällt dann immer leichter in die inneren Prozesse einzusteigen, die Erlebnisse zu reflektieren und zu integrieren.

Die Summe dieser einzelnen Punkte bedeutet eine einzigartige Erfahrung und geht deutlich über die Potenziale von anderen Rückzugsmöglichkeiten wie Stilleretreat, Klosteraufenthalt, Naikan oder Wüstenmeditation hinaus.
Auf den folgenden Seiten und Kapiteln werde ich diesen kurzen Einstieg vertiefen.

Weitere Facetten in einem Dunkelretreat

Sowohl in diesem Kapitel als auch in der Ausführung zum Protokoll der 49 Tage möchte ich auf weitere wichtige Facetten eines Dunkelretreats eingehen. Speziell solche, die sich – oft – erst nach einem längeren Aufenthalt zeigen.

Das Auftauchen eines inneren Lichts (Seelenlicht, Aura, Energiekörper) gehört sicherlich zu den besonderen Erfahrungen eines Dunkelretreats. Während meines 49-tägigen Dunkelretreats verstärkte sich meine Wahrnehmung meines inneren Lichts. Sonst zeigte es sich in Form von Mustern, doch diesmal erstreckte es sich über mein gesamtes Bewusstseinsfeld. Mein inneres Licht war teilweise so hell, dass ich erst gegen 2 Uhr oder sogar 5 Uhr einschlief (wie ich auf die Uhrzeit kam, erläutere ich im Protokoll). Dieses innere Licht nahm ich mit geschlossenen und mit geöffneten Augen wahr.
Bei so viel Licht beruhigt sich natürlich keine einzige Nervenzelle, sodass Schlaf erst spät in Frage kam. Darüber hinaus war die Wahrnehmung des Lichts mit einem enorm hohen Energielevel verbunden. Am letzten Tag des Dunkelretreats und in der Nacht danach war ich 35 Stunden hellwach und voller Energie. Ich legte mich zwischendurch hin und wollte auch schlafen, war aber mit so viel Energie und Licht „gefüllt", dass ein Einschlafen nicht möglich war. Erst nach einigen Tagen normalisierte sich mein Schlafverhalten.

Deshalb ergänzte ich auch den Buchtitel mit dem Hinweis „Das innere Licht erleben".

In dem 49-tägigen Dunkelretreat nahm ich – besonders abends – ein Hologramm wahr, in dem ich mich bewegen konnte. Da ich es mit geöffneten und geschlossen Augen erkannte, war es also eine Wahrnehmung in meinem Bewusstsein. Ich sah dabei verschiedene Situationen und Landschaften. Mehr dazu im Kapitel zum Protokoll.

Weshalb entschied ich mich für ein Dunkelretreat mit einer Dauer von 49 Tagen?

Um diese Frage zu beantworten gehe ich zunächst ca. 30 Jahre in die Vergangenheit. Ab Anfang 20 begann ich mich mit den verschiedensten spirituellen Themen zu beschäftigen. Ungefähr mit Mitte 20 kaufte ich mir **Das Totenbuch der Tibeter**. Ich fand es damals spannend, dass es eine Kultur gibt, in der es eine Wegbeschreibung für die Zeit **nach dem Tod** gibt. Auch heute finde ich es noch spannend:

- Da ich erst 30 Jahre später verstanden habe warum ich mich damals mit dieser Thematik beschäftigt habe **(siehe Traum am Tag 20).**
- In der tibetischen Kultur hat man die Erfahrung gemacht, dass die Erlebnisse in den 49 Tagen eines Dunkelretreats mit den Erlebnissen mit denen man in den 49 Tagen nach dem Tod konfrontiert wird, vergleichbar sind.

Da das Thema Sterben und Tod für die meisten Menschen mit vielen Rätseln und Ängsten behaftet ist, und ich ein unerledigtes Erlebnis damit hatte (siehe Traum am Tag 20), fühlte ich mich bewusst und unbewusst zu dem Thema hingezogen.
Seit einiger Zeit war für mich klar, dass ich mehr darüber erfahren möchte und auch herausfinden wollte, ob die Erlebnisse des Bardo vergleichbar denen des 49-tägigen Dunkelretreats sind.

Zu den Hintergründen der 49-tägigen Dauer

Sterben und Tod gehört zu den Themen, die uns ganz nah sind. Beides ist für alle unausweichlich. Und gerade weil es mit so vielen Rätseln, Ängsten und Trauer verbunden ist, hat sich die ganze Menschheitsgeschichte damit beschäftigt.

Diese und andere grundlegenden Fragen sind nach wie vor nicht vollständig beantwortet.
Wir wissen z.B. noch immer nicht wer wir sind und was Bewusstsein ist.

Eine der älteren Aufzeichnungen zu dem Thema stellt das Gilgamesch-Epos dar. Das vorhandene Schriftmaterial erlaubt die Rückdatierung der ursprünglichen Fassung bis mindestens in das 18. Jahrhundert v. Chr, reicht aber wahrscheinlich in die Abfassungszeit des Etana-Mythos im 24. Jahrhundert v. Chr. zurück.

[5.3]

Gilgamesch – ein König von Uruk – macht sich auf die Suche nach der Unsterblichkeit. Auf abenteuerlichem Weg gelangt er zu einem Fährmann, der ihn gegen einen Obulus über das Wasser des Todes zu Uta-Napischti – einem Vorfahren Gilgameschs – übersetzt. Unter großer Gefahr überquert Gilgamesch das jenseitige Meer und die Wasser des Todes. Am anderen Ufer trifft er endlich auf Uta-Napischti, den Unsterblichen. Dieser ermahnt ihn, statt das Unmögliche zu suchen, seine Pflichten als König zu erkennen und wahrzunehmen.

[5.4]

Am Ende muss Gilgamesch erkennen, dass Unsterblichkeit nur den Göttern vorbehalten ist und Leben und Sterben Teil der menschlichen Natur sind.

Zum tibetischen Totenbuch

Diese buddhistischen Schriften verfasste Padmasambhava – der Begründer des tibetischen Buddhismus – im 8. Jahrhundert.
Das Bardo Thödol (oder Thödröl) gehört zu den großen Weisheitsbüchern der Menschheit und ist ein Text aus einer Gruppe von Unterweisungen über sechs Arten der Befreiung (Ausstieg aus dem ewigen Kreislauf von Leben, Sterben, Wiedergeburt durch das Durchschauen der Illusion und eintreten ins Nirvana). Befreiung heißt in diesem Fall, dass wer immer mit dieser Lehre in Berührung kommt – und sei es auch nur in der Form des Zweifels oder auch mit unvoreingenommenem Geist – durch die in diesen Schätzen enthaltene Macht der Überlieferung einen plötzlichen Schimmer der Erleuchtung erfährt.
Das Buch beschreibt die Befreiung durch Hören. Dabei werden dem Verstorbenen diese Texte vorgelesen, die ihm den Weg durch die verschiedenen Phasen bzw. den Zwischenzuständen (Bardos) weisen.
Diese Unterweisungen bestehen aus Beschreibungen der verschiedenen Bardos. Falls die Erscheinungen in den Bardos nach dem Tod nicht als Projektion des eigenen Geistes erkannt werden, wird der Verstorbene – nach dem Durchschreiten der Bardos – erneut geboren.

[5.5]

Wichtig ist also zu erkennen, dass die in den Bardos auftretenden Phänomene Projektionen des eigenen Geistes sind. Darum nehmen verschiedene Individuen die in den Bardos erscheinenden Phänomene auch bis zu einem bestimmten Grad unterschiedlich wahr. Im Bardo Thödol wird das zugrundeliegende Muster der in den Bardos nach dem Tod auftretenden Phänomene beschrieben, die tatsächlichen Wahrnehmungen (Qualia) können sich von Individuum zu Individuum unterscheiden, orientieren sich aber immer am grundlegenden Muster. Ein ähnliches Konzept hat C.G. Jung mit den Archetypen entwickelt.

[5.6]

Der Buddhismus geht von 49 Tagen im Bardo aus, obgleich er betont, dass dies vielmehr einer Qualität als Quantität entspricht. Die 49 Tage untergliedern sich in 7 Phasen, in denen die Erfahrungen des Sterbens stets wiederholt werden. (Dalai Lama – der Weg zur Freiheit).

In dieser Zeitspanne befindet sich das "Geistselbst" in einer Art Wartezone, bis eine neue Wiedergeburt erfolgt. Dann erscheinen die 42 friedvollen bzw. die 58 zornigen Gottheiten. Erkennt der Betreffende nicht, dass es seine eigenen Projektionen sind, vertut er seine Chance auf Befreiung und wandert weiter.

[5.7]

Aus diesem Grund werden auch heute noch im tibetischen Buddhismus sowie Bön Dunkelretreats mit einer Dauer von 49 Tagen durchgeführt. Deren Teilnahme ist fortgeschrittenen Schülern unter Aufsicht und Betreuung eines Meisters vorbehalten.

Anmerkung:

An mehreren Stellen dieses Buches bringe ich meine Überzeugung zum Ausdruck, dass bei allem was wir erleben – Lebensereignisse, Träume, Albträume, Erinnerungen, Ideen, Phantasien,... aber auch beim Aufzeigen von unerledigten Themen beim Tod – unser Unbewusstes eine individuelle Darstellung wählt. Diese passt zu unserem Leben, Werdegang, Situation, kulturellen Hintergrund und wird vor allem in der Form dargestellt, die wir begreifen können um die richtigen Schlüsse daraus zu ziehen.

Auf die Darstellungen des Bardos bezogen bedeutet dies, dass ich – aufgrund meiner kulturellen Prägung – die 42 friedvollen bzw. 58 zornigen Gottheiten nicht wahrgenommen habe. Sondern mein Unbewusstes eine auf

mich angepasste Darstellungsform ausgewählt hat.
Die von mir in den letzten Tagen des 49-Tage-Dunkelretreats erlebte Struktur war vergleichbar mit den Beschreibungen des tibetischen Totenbuches.
Die im Kapitel <u>Protokoll</u> beschriebenen Erlebnisse wie detailliertem Lebensrückblick, Verabschiedung von meiner Vergangenheit (Situationen, Orte, Menschen) und <u>mentalem</u> Todeserlebnis waren beeindruckend, erkenntnisreich und absolut atemberaubend.

Diese individuelle Ausgestaltung - und deren Interpretation – zog sich nicht nur durch das ganze Dunkelretreat und dessen innere Prozesse (z.B. Träume, Phantasien), sondern betrifft auch unsere Alltags-Realität. Denn auch im Alltag teilt uns unser Unbewusstes mit, was nicht im Lot ist. Nur allzu oft merken wir es nicht oder entscheiden uns für die Belange des Alltages.

Ich denke, dass dies auch der Grund dafür ist, dass beim Sterben oder bei Nahtoderfahrungen Menschen ganz unterschiedliche – und manchmal auch ähnliche – Erlebnisse haben:

Weil es für sie passend ist, und um den Übergang „angenehm" zu gestalten, erleben manche Menschen die Begrüßung durch geistige Wesen, ihre verstorbenen Vorfahren, Wahrnehmungen von Licht/Musik/Farben, Tunnel, oder… .

Der Ablauf eines Dunkelretreats

Das Dunkelretreat beginnt schon Wochen oder Monate vor dem eigentlichen Aufenthalt in der Dunkelheit mit einem persönlichen oder telefonischen Vorgespräch. Dieses dient dem ersten Kennenlernen, Klärung der Motivation und der Erwartungshaltung. Zusätzlich hinterfrage ich die körperliche und psychische Verfassung, sowie die Bedürfnisse hinsichtlich Essen und Getränke.
Den Abschluss bilden die Klärung von bestehenden Fragen, die Erläuterung über den Ablauf in der Dunkelheit und das Festlegen eines Termins bzw. der Aufenthaltsdauer.
Ab dem Zeitpunkt der Entscheidung für die Teilnahme an einem Dunkelretreat „arbeitet" es in mir bzw. in den Teilnehmern. In jeder Vorbereitungszeit merke ich, dass Gedanken, Erwartungen und Erkenntnisse in mir auftauchen bzw. in mir reifen, damit ich im Dunkelretreat die Erkenntnisse „einsammeln" kann.

Der Beginn ist bei mir (und meinen Teilnehmern) grundsätzlich am Vorabend des Dunkelretreats. Dies hat den Zweck die Akklimatisierung zu verkürzen bzw. zu beschleunigen. Zum Einschlafen wird das Licht ausgemacht, die Sicherungen ausgeschaltet (um ein versehentliches Betätigen eines Lichtschalters zu vermeiden) und beim Aufwachen am nächsten Morgen ist man schon in der Dunkelheit des Dunkelretreats angekommen.

Am Vorabend steht noch einiges auf dem Programm:
- Besichtigung der Räumlichkeiten
- Ordnen der mitgebrachten Sachen
- Ein kurzes Gespräch über den Ablauf und eine kurze Erläuterung von inneren Prozessen
- Übergabe eines Senders für den Hausnotruf (hat bisher noch keiner verwendet)
- Übergabe eines leeren Buches mit Stift um in der Dunkelheit Notizen zu machen
- Einweisung in das Schreiben in der Dunkelheit
- Zum Abschluss ein Einstiegsritual in die Dunkelheit

Die folgenden Tage des Dunkelretreats verlaufen nach folgendem Schema:

- Morgens bringe ich das Frühstück und das Essen für den Tag.
- Vor dem Betreten der Räume klopfe ich, rufe den Namen und kündige mein Eintreten mit einer Klingel an.
- Es findet ein kurzes Gespräch statt. Bei Bedarf auch länger, wenn eine akute Thematik vorliegt.
- Tagesaktivitäten (siehe nachfolgende Seiten)
- Am späten Nachmittag bringe ich das Abendessen und es findet ein Gespräch mit einer Dauer von ca. 1 Stunde statt. Dabei werden die Erfahrungen und Erlebnisse des Tages reflektiert und in Form von inneren Prozessen integriert. Die Vorgehensweise orientiert sich immer an der speziellen Situation und der Individualität des jeweiligen Teilnehmers.
- Am letzten Tag findet ein Abschlussgespräch des letzten Tages und des gesamten Zeitraums statt. Danach schalte ich die Sicherungen wieder ein, und der Teilnehmer kann danach frei entscheiden in welcher Geschwindigkeit er/sie sich wieder an das Licht gewöhnt.
- Teilnehmer aus der nahen Umgebung lassen sich meistens am letzten Tag abholen.
- Teilnehmern, die eine längere Reise vor sich haben, biete ich eine weitere kostenfreie Übernachtung an, um am nächsten Tag gut angepasst an die Alltagsrealität die Heimreise anzutreten.
- Für Fragen, die sich nach dem Dunkelretreat ergeben, stehe ich weiterhin zur Verfügung.

Veränderte Gehirnaktivität/Gehirnchemie im Dunkelretreat

Wir nehmen unsere Umwelt über unsere Sinne wahr. Die so aufgenommenen Informationen zu verarbeiten, insbesondere im Bewusstsein aktiv zu verarbeiten, verbraucht einiges an Kapazitäten unseres Gehirns. Damit wir nicht ständig überreizt werden, und unsere Verarbeitung erleichtert ist, gibt es mehrere Mechanismen im menschlichen Gehirn: Erstens gibt es Erregungsschwellen der Nerven, was bedeutet, dass nicht jeder Reiz auch automatisch zu einem Impuls führt. Zweitens sorgt ein Teil des Gehirns, der Thalamus, dafür, dass nicht alle wahrgenommenen Reize auch im Bewusstsein (Verstand) des Menschen landen.

[5.8]

Der Thalamus hat eine Filterfunktion für unser Bewusstsein und wird deshalb auch als „Tor zum Bewusstsein" bezeichnet. Gesteuert wird diese Informationsverarbeitung von den Thalamuskernen, die wiederum von anderen Hirnarealen ihren Input bekommen. Diese Regulation ist notwendig, damit der Thalamus Entscheidungen auf die Gesamtsituation abstimmen kann.

[5.9]

Bedingt durch die massiv reduzierten Reize wird der Thalamus heruntergefahren. Die Adrenalinhormone werden auf niedrigstem Niveau gehalten, wodurch sich ein innerer Friede entwickelt. Der Hypothalamus befindet sich im vollkommenen Gleichgewicht und wechselt friedlich zwischen Wachsein und Schlaf.
In diesem Stadium ist das Wachsein ein Traumzustand und das Traumbewusstsein ein erwachendes Bewusstsein.

[5.10]

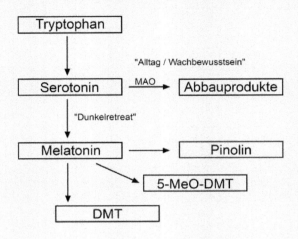

Im Alltag baut das Enzym MAO das meiste Serotonin ab, bevor es sich in Melatonin, 5-MeO-DMT, Pinolin und DMT umwandeln kann.

Unsere normale Wahrnehmung der Welt im Wachbewusstsein ist faktisch ein Zustand wacher Unwissenheit. Das Gehirn muss unsere wahre Natur und unsere göttlichen Verbindungen blockieren, um in der physischen Welt überleben zu können.

Eine Funktion des Gehirns ist es, zu filtern und den Fluss des göttlichen Bewusstseins zu blockieren, was uns ermöglicht, auf der Erde zu überleben, aber zugleich auch die Sicht auf alle transzendenten Wirklichkeiten trübt. Diese Trübungen werden durch Dunkelretreats beseitigt. Die hemmenden Funktionen des Gehirns werden aufgehoben.

[5.11]

Die L-Tryptophanreichsten pflanzlichen Lebensmittel sind: Nüsse, Bohnen sowie Samen (Sonnenblumenkerne, Sesam), Amaranth, Quinoa, Hafer, Hirse, Weizenkeime und Pilze.

[5.12]

Auszug der bekanntesten pflanzlichen Quellen für Tryptophan – Angaben pro 100 g

Quelle: www.bls.nvs2.de Bundeslebensmittelschlüssel (**BLS II.3.1**).
Irrtum vorbehalten - alle Angaben ohne Gewähr.

Tryptophan	mg
Spirulina getrocknet	597
Brennessel getrocknet	464
Leinsamen frisch	415
Cashewnuß frisch	368
Kürbiskern	366
Sonnenblumenkern	315
Erdnuß frisch	278
Weizen Keim	266
Bohnen dick getrocknet	251
Sesam frisch	248
Mohn frisch	242
Löwenzahn getrocknet	218
Erbsen grün getrocknet	212
Linsen frisch	212
Braunalge getrocknet	197
Haselnuß frisch	167
Kichererbsen getrocknet	162
Mandel	150
Paranuß frisch	149
Hirse	148
Gerste	138
Walnuß frisch	130

Der Serotonin-Spiegel kann auch bewusst erhöht werden

Serotonin wird auch als Glückshormon bezeichnet und in unserem Gehirn produziert. Ohne Serotonin sind wir schlecht gelaunt, ängstlich, anfällig für Migräne oder sogar depressiv.

Drei Voraussetzungen für eine Serotoninbildung im Gehirn:
- Die Ernährung sollte zu einem großen Teil aus vitalstoffreichen, pflanzlichen Lebensmitteln bestehen (am besten Rohkost).

- Diese Nahrung in vielen kleinen Portionen über den Tag verteilt essen. Die Lebensmittel sollten ausgiebig gekaut werden.
- Regelmäßige Bewegung bzw. schweißtreibendes Training/Ausdauersport.

Begünstigt wird die Serotonin-Produktion durch Lebensmittel, die B-Vitamine, Vitamin C, Magnesium, Mangan, Zink und Omega-3-Fettsäuren enthalten. Gehemmt wird die Serotonin-Produktion durch Fleisch- und Milchprodukte, sowie Kaffee.

Serotonin hat nun bekanntlich nicht nur eine positive Auswirkung auf Appetit und Stimmungslage, sondern ebenso auf viele andere Körperfunktionen. Stress beispielsweise verbraucht große Mengen des Glückshormons.
Ist jedoch ausreichend Serotonin vorhanden, kann Stress besser bewältigt werden, da das Glücks- oder Wohlfühlhormon die Stresshormone Cortisol, Adrenalin und Noradrenalin souverän im Zaum halten kann.
Auch wer regelmäßig mentale Techniken zur Stressbewältigung praktiziert, wird merken, dass sie mit einem hohen Serotoninpuffer in der Hinterhand sehr viel effektvoller sind.

[5.13]

Melatonin taktet unsere innere Uhr neu

Auf der Suche nach Studien zum Thema Dunkelretreat bin ich auf den zirkadianen Rhythmus (Schlaf-Wach-Rhythmus) gestoßen. Dabei fand ich interessante Zusammenhänge zwischen dem zirkadianen Rhythmus und den Auswirkungen auf Teilnehmer von Dunkelretreats.

Vor allem die Helligkeit dient als Zeitgeber für unseren 24-Stunden-Zyklus. Das Licht bzw. die Dunkelheit veranlasst die innere Uhr zu einer Umstellung. Eine zirkadiane Rhythmusstörung kann zu Schlafstörungen und psychischen Erkrankungen führen (Albträume, REM-Schlaf-Verhaltensstörung, affektive Störungen).
1981 entdeckte Alfred Lewy, dass während der Nacht eingeschaltetes, helles Licht die körpereigene Produktion von Melatonin unterdrückt. Es ist allerdings nicht das gesamte Farbspektrum, was dies auslöst, sondern blaues Licht (Wellenlänge von 400 – 490 nm).

In der Dunkelheit produziert unsere Zirbeldrüse/Epiphyse das Hormon Melatonin. Durch die erhöhte Ausschüttung des Hormons wird der Tag-Nacht-

Rhythmus reguliert und die Schlafqualität verbessert. Erst durch die Ausschüttung von Melatonin geht unser Körper in der Nacht in die Regenerationsphase über.

[5.14]

Doch wie sieht der Alltag und vor allem der Abend in unserer modernen Welt aus?

Viele Menschen sind tagsüber Kunstlicht und dem Licht von Bildschirmen (PC, Smartphone) ausgesetzt. Nach Feierabend ist damit noch lange nicht Schluss und die Bestrahlung durch blaues Licht geht weiter: TV, PC, Smartphone, Beleuchtung, auch Nachtlichter für Kinder. Dies führt wie erwähnt zu einer Blockade der Melatoninausschüttung am Abend, einer Störung des Schlaf-Wach-Zyklus und einer verkürzten Regenerationszeit in der Nacht.

Anmerkung:
Der Sehsinn liefert bis zu 80 Prozent der Informationen über die Außenwelt. Etwa ein Viertel des menschlichen Gehirns ist an der Verarbeitung visueller Information beteiligt; so viel braucht kein anderer der Sinne. Welche Bedeutung der Sehsinn besitzt, wird daran deutlich, dass etwa 60 Prozent der Großhirnrinde, dem Sitz höherer Hirnfunktionen, mit der Analyse der sichtbaren Welt beschäftigt ist.
Deshalb wird auch verständlich, dass durch den Wegfall von Licht eine beschleunigte Entspannung/Regeneration ermöglicht wird. Durch den reduzierten Informationsfluss steht unmittelbar mehr Energie zur Verfügung, die z.B. für die Selbstreflektion in einem Dunkelretreat genutzt werden kann.

Im Dunkelretreat ist durch den Lichtentzug dieselbe Wirkung vorhanden. Durch die Dunkelheit wird sofort das körpereigene Melatonin produziert. Das bewirkt eine erhöhte Müdigkeit, Entspannung, Start der nächtlichen Regeneration, erholsameren Schlaf, stärkeres Traumerleben bzw. die Erinnerung daran. Bei einem längeren Aufenthalt in der Dunkelheit führt die kontinuierliche Melatoninausschüttung zusätzlich zu einer Veränderung der Gehirnchemie mit speziellen Auswirkungen wie z.B. Außerkörperlichen Erfahrungen.

[5.15]

Durch eine Veränderung der Gehirnchemie, eine unterstützende Methode und eine qualifizierte Betreuung werden dem Teilnehmer eines Dunkelretreats die bestmöglichen Rahmenbedingungen geboten um die tiefen Schichten seines Innenlebens zu erforschen.

Für welche Menschen ist ein Dunkelretreat geeignet?

Prinzipiell für alle Menschen, die ihr Innenleben erforschen wollen um sich weiterzuentwickeln. Eine normale psychische Stabilität reicht aus. Es ist weder ein Vorteil noch ein Nachteil wenn sich ein Teilnehmer einer Religionsgemeinschaft oder spirituellen Gemeinschaft zugehörig fühlt. Wichtig ist eine Offenheit für die Wahrnehmungen, Erlebnisse und die Bereitschaft in innere Prozesse hineinzugehen.
In meinem Dunkelretreat braucht man sich kein Wissen einer anderen Kultur anzueignen.

Gibt es Gründe, die gegen eine Teilnahme an einem Dunkelretreat sprechen (Kontraindikationen)?

Eine psychische Stabilität sollte vorhanden sein. Durch Gespräche unterstütze ich die Integration der gemachten Erlebnisse, aber es dürfte klar sein, dass ein Rund-um-die-Uhr-Aufenthalt in völliger Dunkelheit für jeden eine mehr oder weniger große Anforderung darstellt.
Ein Dunkelretreat sollte bei folgenden Erkrankungen und psychischen Beeinträchtigungen nicht durchgeführt werden:

- Es gibt Krankheitssymptome, mit denen ein Facharzt aufgesucht werden sollte. Diese Symptome sind unter anderem bei folgenden Erkrankungen vorhanden: Schizophrenie, endogene Depressionen, manche Persönlichkeitsstörungen, Epilepsie und ähnliche Ausfallerkrankungen.
- Bei der Einnahme von Psychopharmaka, Herzerkrankungen, kürzlich vorgefallenem Herzinfarkt oder Schlaganfall, Thrombose oder Schwangerschaft rate ich meinen Klienten ebenfalls von der Teilnahme an einem Dunkelretreat ab.

Zusätzlich gibt es Kontraindikation, die durch die Dunkelheit bedingt sind:

- Bei der Einnahme von Medikamenten, die in bestimmten zeitlichen Abständen erfolgen sollen. (Dies ist in der Dunkelheit ohne Zeitmessung nicht möglich.)
- Bei der Einnahme von mehreren Medikamenten. (Eine Verwechslung von Medikamenten und eine Über- oder Unterdosierung ist möglich.)

- Diabetes – Blutzuckermessung (Bedingt durch die Dunkelheit ist eine Kontrolle des Blutzuckerspiegels nicht möglich.)
- Suchtverhalten – zum Beispiel bei Alkohol oder anderen Drogen. Durch den Konsum und/oder Entzugserscheinungen können Wechselwirkungen mit der Wirkung des Dunkelretreats entstehen, die nicht kalkulierbar sind.

[5.16]

Das ist Folter! - Das ist <u>keine</u> Folter!

Auf einer Messe war ich mit einem Messestand vertreten um meine Dunkelretreats zu bewerben. Ein Messebesucher las aufmerksam den Text auf meinen Standbannern durch, wurde immer aufgeregter und sprach entrüstet: „Das ist ja Folter!" Nachdem ich ihm die Hintergründe und Rahmenbedingungen erläuterte, beruhigte er sich recht schnell.

In manchen totalitären Staaten wurde/wird der Reizentzug (Sensorische Deprivation) als Methode eingesetzt, um Gefangene gefügig zu machen. Diese haben – so wie ein freiwilliger Teilnehmer im Dunkelretreat – vergleichbare Erlebnisse in der Dunkelheit. Die auftauchenden Bilder, Visionen, Träume, Albträume werden bei Gefangenen als „prisoner's cinema" bezeichnet.

Auf einer anderen Messe erzählte mir ein benachbarter Aussteller, dass er schon mal 30 Tage in der Dunkelheit gewesen wäre - allerdings nicht freiwillig. Um seine Psyche und seinen Lebenswillen zu brechen, habe ihn die Stasi in der ehemaligen DDR eingesperrt. Da er Meditationserfahrung hatte, habe er es geschafft mit den Erlebnissen in dieser Zeit konstruktiv umzugehen und überstand die Haft in einem guten Zustand - sehr zur Verärgerung und zum Erstaunen der Stasiwärter. Da sie ihn nicht gefügig machen konnten, haben sie ihn dann lieber gegen Devisen in den Westen verkauft.

Um eine klare Abgrenzung zwischen Dunkelretreat und Folter übersichtlich und schnell zu erreichen, habe ich die Rahmenbedingungen gegenübergestellt:

Dass der Aufenthalt in der Dunkelheit auch als Folter eingesetzt wird/wurde ist ein Beleg dafür, dass die Dunkelheit ihre Wirkung erzielt - selbst wenn man sich gegen seinen Willen darin aufhält.

	Dunkelretreat	**Folter**
Aufenthaltsdauer	Nach Absprache und vorheriger Festlegung.	Dauer ungewiss.
Motivation	Freiwillig, um das eigene Innenleben zu erforschen.	Staatliche Willkür. Nicht freiwillig.
Essen	Nach Absprache und frisch zubereitet.	Normalerweise wenig und minderwertig.
Auswirkung auf die Psyche	Gespräche, Unterstützung und Reflektion nach einer Methode durch einen qualifizierten und erfahrenen Betreuer.	Keine Betreuung und keine Unterstützung.
Kann die Dunkelheit verlassen werden?	Ja, jederzeit kann der Teilnehmer die Räume und das Haus verlassen.	Nein, die Tür des Raumes ist verschlossen.

Anmerkung:

Alternative Vorgehensweisen/Behandlungsmethoden – wie z.B. die Teilnahme an einem Dunkelretreat – können oft keine wissenschaftlich belegbare Wirkung vorweisen.

Im Falle eines Dunkelretreats ist ein wissenschaftliches Fundament belegt:

- Die Gehirnchemie verändert sich beim Aufenthalt in der Dunkelheit.
- Erhöhte und vielfältigere Wahnehmung des eigenen Innenlebens.

Aus diesen Rahmenbedingungen resultiert die Möglichkeit die tiefen Schichten des eigenen Innenlebens zu erforschen. Mit Hilfe einer passenden Methodik und der Unterstützung durch einen erfahrenen Betreuer können die Erlebnisse in der Dunkelheit zur persönlichen Entwicklung genutzt werden.

Angenehme und unangenehme Wirkungen

Anmerkung:

Das Unbewusste jedes Menschen führt einen Soll-/Ist-Vergleich bei aktuellen oder vergangenen Situationen durch. Das, was ein „unerledigtes Thema" darstellt, wird uns von unserem Unbewussten so lange in Form von Ideen, Erinnerungen, Träumen, Lebensereignissen,... dargestellt, bis wir die notwendige Erkenntnis daraus gezogen und eine Korrektur vorgenommen haben.
Die Darstellung des jeweiligen Themas ist immer individuell. Unser Unbewusstes „gestaltet" die Mitteilungsform so aus, dass sie zu unserem Leben, Werdegang, Situation, kulturellen Hintergrund passt. Und vor allem in der Form die wir begreifen können, damit wir das Richtige daraus lernen.

Diese individuelle Ausgestaltung - und deren Interpretation – zieht sich nicht nur durch das ganze Dunkelretreat und dessen innere Prozesse (z.B. Träume, Phantasien), sondern betrifft auch unsere Alltags-Realität. Denn auch im Alltag teilt uns unser Unbewusstes mit was nicht im Lot ist. Nur allzu oft merken wir es nicht, oder entscheiden uns für die Belange des Alltages.

Da diese Anmerkung von so hoher Bedeutung ist, werde ich sie nochmals bei der Traumanalyse und meinem 49-Tage-Protokoll erwähnen.

Aufgrund der obigen Anmerkung tauchen als subjektiv empfundene angenehme und unangenehme Wirkungen (z.B. unangenehmer innerer Druck, Einsamkeit, getrennt von Anderen, Isolation) im Dunkelretreat auf. Manche Prägungen lassen sich nur durch das (Nach-)Erleben der Ursprungssituation erfahren.

Abhängig vom Thema und der Darstellungsform findet oft eine subjektive Interpretation der Wahrnehmung statt. Sowohl „angenehme" als auch „unangenehme" Wahrnehmungen sind Mitteilungen meines Bewusstseins/ Unbewussten. Bei manchen Mitteilungen brauche ich nichts zu tun, sondern nur wahrzunehmen bzw. zu genießen. Bei den anderen Mitteilungen ist es eine Aufforderung in die Tiefe meines Unbewussten hinabzusteigen und „eine offene Rechnung" zu begleichen.

Die „unangenehmen" Wirkungen sind nicht wirklich unangenehm. Sie werden genauso wie die „angenehmen" Wirkungen als Grundlage einer Reflektion zur

Hand genommen. Oft sind die damit verbundenen Empfindungen intensiver, sodass sich manchmal größere und tiefer gehende Themen dahinter verbergen.

Meine Teilnehmer ermuntere ich immer wieder jede ihrer Wahrnehmungen ernst zu nehmen und entsprechend zu würdigen. „Hinter solchen Wahrnehmungen verbergen sich Geschenke. Davon gibt es hier im Dunkelretreat jede Menge. Sie warten nur darauf entdeckt und ausgepackt zu werden."

„Angenehme" und „unangenehme" Wirkungen im Dunkelretreat

Abhängig vom Thema und der Darstellungsform findet oft eine subjektive Interpretation statt. Sowohl „angenehme" als auch „unangenehme" Wahrnehmungen sind Mitteilungen meines Bewusstseins. Bei manchen Mitteilungen brauche ich nichts tun und nur wahrnehmen bzw. genießen. Bei den anderen Mitteilungen ist es eine Aufforderung in die Tiefe meines Unbewussten hinabzusteigen und „eine offene Rechnung" zu begleichen.

Tendenziell werden als „angenehm" empfunden:

- auftauchende Erkenntnisse
- auftauchende Inspirationen, Ideen
- Entspannung und Erholung
- keine Verpflichtungen
- „die innere Ruhe" nach einem inneren Prozess
- Gelassenheit
- endlich habe ich Zeit für mich um mein Bewusstsein zu erforschen
- Erinnerungen sind besser zugänglich
- Neue Facetten von Erinnerungen tauchen auf
- Wahrnehmung des eigenen inneren Lichts
- Außerkörperliche Erfahrungen (AKE/OOBE)
- Gespräche mit dem Betreuer und der Reflektion und Erklärung von Wahrnehmungen
- Mahlzeiten
- Höheres Energieniveau/präsent sein

Tendenziell werden als „unangenehm" empfunden:

- Albträume
- immer wiederkehrende Gedankenschleifen
- Intensive Gefühle von Wut, Angst oder Trauer
- Stimmungen, die durch die Resonanz (mit unerledigten Themen) zu den Rahmenbedingungen entstehen: Beklommenheit, Einsamkeit, sich verlassen fühlen, Kommunikationsarmut
- „Langeweile" - Wie gehe ich damit um? Was hindert mich daran sie als einen Hinweis auf ein unerledigtes Thema anzunehmen?
- Geräusche außerhalb des Raumes
- körperliche Beschwerden

© Arnold Wiegand   www.dunkelretreat.org

Eskalationsstufen des Lebens

„Offene Rechnungen", d.h. unerledigte Themen, verlaufen in Eskalationsstufen des Lebens, wenn diese nicht beglichen werden.
Unser Unbewusstes präsentiert uns unerledigte Themen so lange bis wir die notwendigen Schlüsse daraus gezogen haben. Diese „Präsentationen" steigern sich bzw. werden intensiver, damit wir endlich begreifen, dass eine Handlung notwendig ist.

Am Beispiel meines Traums (am 17ten Tag) über die fehlende Rücksicht im Alter von 19 Jahren möchte ich die Eskalationsstufen des Lebens erläutern.

Traum – Tag 17 (siehe Kapitel *Protokoll*)

Zwei Polizisten reiten auf Pferden einen staubigen Feldweg entlang. Ich will mit meinem Auto langsam vorbeifahren. Der eine Polizist signalisiert mir mit seiner rechten Hand, dass ich langsam fahren soll. Was ich nicht verstehe, da ich in Schrittgeschwindigkeit fahre. Er behält weiter seine Handbewegung bei. Als ich auf gleicher Höhe bin, packt mich der Polizist, zieht mich aus dem Auto heraus und wirft mich mit dem Rücken auf den Boden. In dem Moment wache ich auf, erinnere mich dieses Traumes und erlebe die körperliche Auswirkung des Wurfes. Mein Körper reagiert, als wäre es tatsächlich so passiert. Mein Rücken tut weh, ich spüre eine starke Atemnot und habe Schwierigkeiten normal weiter zu atmen. Ich liege also auf dem Rücken, schaue in den Himmel und denke mir „Was war das denn?"

Erkenntnisse >>> Sofort tauchen in mir mehrere Bilder und Erinnerungen von Situationen auf, in denen ich wenig Rücksicht aufbrachte. Vor 35 Jahren – also mit 19 – verbrachte ich einen Urlaub mit zwei Freunden auf einem Campingplatz in Spanien. Der Weg zu dem Campingplatz war von der Hauptstraße aus ein staubiger, gerader Feldweg. Breit genug, dass zwei Autos bequem aneinander vorbeifahren konnten, aber total uneben. Der Weg war gewellt wie ein Waschbrett. Das Fahren war äußerst unkomfortabel – entweder man fuhr mit Tempo 20, oder 120, oder wurde mächtig durchgeschüttelt. Mit 19 war ich allerdings nur in der Lage 120 zu fahren. Auf dem Weg fuhr vor uns ein Auto mit Tempo 20. An der Stelle, an der ich das andere Auto einhole, reduzierte ich mein Tempo nicht (da der Weg geradeaus ging), kein Auto entgegenkam und der Weg breit genug war und überholte das andere Auto mit Tempo 120.

Auf die Idee, dass ich eine kilometerlange Staubfahne hinter mir herzog, die dem anderen Autofahrer komplett die Sicht nahm, bin ich nicht gekommen. An unserem Zelt angekommen packten wir unseren Einkauf aus und fingen an zu essen. Nach einiger Zeit kam das andere Auto und fuhr vielleicht 15 Meter an uns vorbei. Damals verstand ich nicht weshalb der Fahrer wütend mit den Armen fuchtelte. Heute wurde mir klar, dass ich so viel Staub aufwirbelte, dass er minutenlang stehenbleiben musste, da er keine Sicht hatte.

Ca. 5-6 Jahre später fuhr ich einen Schotterweg entlang um zu den Streuobstwiesen meiner Eltern zu fahren um junge Bäume zu gießen. Den staubigen Schotterweg fuhr ich etwa mit Tempo 50. Weit vor mir ging ein Spaziergänger, der – so wie der Polizist in meinem Traum – mit einer Handbewegung signalisierte, ich möge wegen des Staubes langsamer fahren. Auch in der Situation reduzierte ich mein Tempo nicht und der Spaziergänger ging schnell vom Weg um den Staub nicht abzubekommen. Vor etwa einem Jahr fuhr ich eine Tempo-30-Straße mit Tempo 35 entlang. Eine Gruppe Frauen stand an der Straße und war mit meiner Geschwindigkeit offensichtlich unzufrieden. Auch wenn ich sie nicht hören konnte, war es klar, dass sie über mich schimpften. Dies verstand ich überhaupt nicht, da ich lediglich 5 km/h zu schnell fuhr. Den Gesamtzusammenhang verstand ich erst durch den Traum und die rabiate Art, in der mir mein Unbewusstes mitteilte, dass da noch eine „Rechnung offen war".

Ich nenne dies die Eskalationsstufen des Lebens. Wenn ein Fehlverhalten nicht reflektiert und korrigiert wird, bietet das Unbewusste eine Steigerung bei der nächsten Situation an um zu verstehen zu geben, dass ein anderes Verhalten angemessener gewesen wäre. Findet immer noch keine Korrektur statt, kreiert das Unbewusste eine weitere Steigerung. So lange bis ich es verstanden habe.

Zusammengefasst hatte ich folgende Defizite:
In der Situation habe ich nicht reflektiert oder Verständnis für den anderen Fahrer aufgebracht. Ebensowenig habe ich reflektiert als der Fahrer auf dem Campingplatz vorbeifuhr und ebensowenig bei dem Spaziergänger und der Frauengruppe. Deshalb wählte mein Unbewusstes den o.g. Traum in der rabiaten Form aus, damit ich diesmal verstehe und reflektiere.

Und so ist es bei wiederholt auftauchenden, unangenehmen Lebenserfahrungen. Erst wenn man begriffen hat worum es geht und sich dem Ursprungsthema stellt, findet diese Eskalationsstufe ein Ende. Die „Rechnung" ist bezahlt und wird nicht nochmal vorgelegt.

Der Hintergrund meines Handelns im Alter von 19 war das übernommene Verhalten meines Vaters. In manchen Situationen brachte er gegenüber anderen Menschen kein Verständnis auf und hatte nur seine Interessen im Sinn. Dies habe ich übernommen und seitdem nicht abgelegt. Erst in diesem Dunkelretreat habe ich mich durch die „Zwangsreflektion" dem Thema gestellt und es in mir integriert.

„Einfach so weitermachen" stellt keine Lösung dar.

Ungelöste Lebensaspekte kann man nicht aussitzen, und wenn man es trotzdem versucht, leidet die Lebensqualität im Zweifelsfall enorm.

Außerdem versperrt man sich im unter Umständen potentielle Entwicklungsmöglichkeiten.

Eskalationsstufen des Lebens

Die „Last", die man zu tragen hat wenn ein Thema unverarbeitet ist, wird immer größer, bzw. intensiver.

Ursprungserfahrung

© Arnold Wiegand   www.dunkelretreat.org

Wahrnehmungsbereiche

Was kann im Dunkelretreat in mir auftauchen?

Den Fokus meiner Wahrnehmungen kann – und sollte – ich auf alles richten, was in mir auftaucht: z.B. Gefühle, Gedanken, Phantasien, Erinnerungen, unangenehme Wirkungen der Dunkelheit im Dunkelretreat.

Die folgenden Wahrnehmungen stellen die Basis für die innere Arbeit innerhalb eines Dunkelretreats dar. Je mehr ich beachte, umso größer und intensiver ist der Erkenntnisgewinn durch ein solches Dunkelretreat. Absolut alles kann und sollte zur Reflektion genutzt werden. Selbst Banalitäten wie das Gefühl von „Langeweile" eröffnen durch die passenden Fragen einen Zugang zu einer Erkenntnis über mich selbst. Wenn man das alles beachtet und reflektiert, „kann" gar keine Langeweile entstehen.

Zusätzlich gibt es ja noch „feste" Aktivitäten wie z.B. Schlafen, Hygiene, Aufschreiben der Erfahrungen, Mahlzeiten, Ausruhen nach Prozessen, Gespräche mit dem Betreuer sowie „flexible" Aktivitäten wie z.B. Meditation, Yoga-Übungen, Atemübungen, Funktionsgymnastik.

Je mehr ich „bei mir" bin (und den Fokus auf meine Wahrnehmungen richte), umso mehr erkenne ich und kann den Aufenthalt und die damit verbundenen Erkenntnisse deutlich besser genießen - und zwar egal wie lange der Aufenthalt dauert!
Mit dieser Grafik will ich dem oft gestellten Vorurteil begegnen, dass in einem Dunkelretreat hauptsächlich Langeweile vorhanden ist. Dem ist nicht so.

Natürlich gibt es auch Phasen, in denen es innerlich etwas ruhiger ist, doch normalerweise tauchen ständig irgendwelche Empfindungen, Gedanken, Erinnerungen,... auf. Manchmal auch chaotisch, ungeordnet oder überquellend (so wie in der Grafik dargestellt).
Für den einen oder anderen meiner Teilnehmer war eine „Langeweile" zeitweise eine echte Herausforderung. Dies habe ich als Anlass genommen, mit der „Langeweile" zu arbeiten:

- „Langeweile hattest du? Das ist ja wunderbar.
- Wenn die Langeweile hier in der Dunkelheit so präsent ist, dann kennst du sie ja sicherlich auch im Alltag!
- Wann ist sie im Alltag vorhanden, was löst sie in dir aus, wie gehst du damit um,... ?"

Und schon geht es weiter in den nächsten inneren Prozess...

Wahrnehmungsbereiche im Dunkelretreat

Sonstige Wahrnehmungen (innerhalb und außerhalb des Körpers):
- Außerkörperliche Erfahrungen (AKE/OOBE)
- „Langeweile"
- Geräusche außerhalb des Raumes
- Körperliche Beschwerden
- Bewertungen des Raumes und seiner Einrichtung (im Dunkelretreat)
- Bewertungen des Essens und der Getränke im Dunkelretreat
- Bewertungen der Gespräche mit dem Betreuer im Dunkelretreat
- Höheres Energieniveau/präsent sein
- Bewertung des eigenen Lebens und Erlebens in der Dunkelheit

Wahrnehmungen im Bereich Kopf:
- Träume
- Gedanken
- Phantasien
- Albträume
- Innerer Dialog
- Melodien/Lieder
- Erinnerungen
- Immer wiederkehrende Gedankenschleifen
- Wahrnehmung des eigenen inneren Lichts

Wahrnehmungen im Bereich Bauch
- Intensive Gefühle von Wut, Angst oder Trauer
- Grundlose Freude
- Stimmungen, die durch die Resonanz (mit unerledigten Themen) zu den Rahmenbedingungen entstehen: Beklommenheit, Einsamkeit, verlassen fühlen, Kommunikationsarmut

© Arnold Wiegand   www.dunkelretreat.org

Aktivitäten im Dunkelretreat

Immer wieder werde ich gefragt: „Was machst du bzw. deine Teilnehmer denn den ganzen Tag in der Dunkelheit?"

Die Frage ist berechtigt und jeder der in ein Dunkelretreat geht sollte sich selbst eine Antwort geben können. Meinen Teilnehmer gebe ich entsprechende Hinweise, Anregungen und „Aufgaben".

Je mehr ich im Vorfeld Klarheit über meine möglichen Aktivitäten habe, umso gelassener gehe ich in die Dunkelheit. Ich weiß ja was mich erwartet und wie ich damit umgehen kann. Je mehr Möglichkeiten ich zur Tagesgestaltung habe, umso angenehmer gestalte ich mir den Aufenthalt. Dann bin ich – und meine Teilnehmer - nicht der Dunkelheit „ausgeliefert", sondern eröffne mir einen Handlungsspielraum. Sofern ein Teilnehmer sich einen solchen Handlungsspielraum nicht zugänglich macht, kann der Tag „sehr lang werden".

Die vorher genannten Wahrnehmungsbereiche – und deren Beachtung - sind ein wichtiger Teil der Aktivitäten im Dunkelretreat.

Aktivitäten im Dunkelretreat

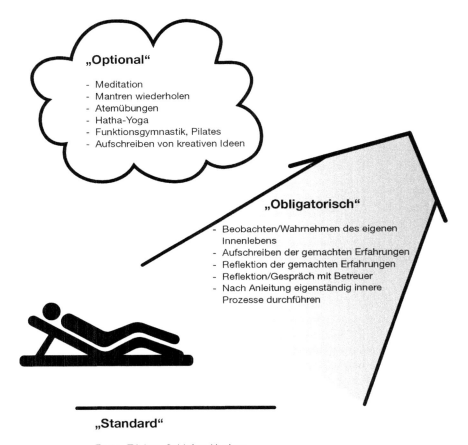

Grundlegende Überlegungen zum Sein

Nachfolgend einige grundlegende Überlegungen sowie Beschreibungen von Bewusstseinszuständen und Phänomenen, mit denen man in einem Dunkelretreat in Berührung kommen kann.

Was ist Bewusstsein?

„Bewusstsein" besteht aus verschiedenen Erlebniszuständen, von allgemeiner Wachheit bis zum Selbstbewusstsein. Diese entstehen durch spezifische Interaktion unterschiedlicher Gehirnzentren. Nur solche Hirnprozesse sind bewusstseinsfähig, die in der assoziativen Großhirnrinde des Schläfen-, Scheitel- und Stirnlappens ablaufen. Die für das Bewusstsein unabdingbare Aktivität subkortikaler Zentren wie Hippocampus, Amygdala und retikuläre Formation ist grundsätzlich unbewusst. Bewusstsein tritt auf, wenn das Gehirn mit kognitiven oder motorischen Aufgaben konfrontiert ist, für die noch keine „zuständigen" Nervennetze existieren.

Bewusstsein ist kein einheitliches Phänomen, vielmehr finden sich viele Formen von Bewusstsein, die sich in Intensität und Inhalt unterscheiden. Wachheit ist üblicherweise verbunden mit der subjektiven, bewussten Empfindung von „irgendetwas". Hieraus ergibt sich die Erfahrung meiner eigenen Existenz in der Welt als grundlegende Form von Bewusstsein. Ein spezieller Typ ist das Erlebnis der Körperidentität, das heißt die Überzeugung, dass dieser Körper mit seinen verschiedenen Teilen mein Körper ist. Weiterhin gibt es autobiographisches Bewusstsein, das heißt die Überzeugung, dass ich derjenige bin, der gestern existierte. Es gibt das Realitätsbewusstsein, das heißt die Fähigkeit zu beurteilen, was in der Vergangenheit passiert ist und gegenwärtig um mich herum geschieht. Aufmerksamkeit ist der prominenteste Zustand des erhöhten Bewusstseins. Schließlich gibt es noch Selbstbewusstsein und Selbstreflexion.

[6.1]

Bewusstsein ist Luxus

Nur für die wenigsten Entscheidungen hat man Zeit. Die allermeisten fallen schnell: Innerhalb von Sekunden treffen wir jeden Tag bis zu 100.000 Entscheidungen. Das Bewusstsein verschlingt 80 Prozent der Energie im Gehirn. Nur 20 Prozent stehen dem Unterbewusstsein zur Verfügung. Für alles, was die Routine übersteigt, muss der Organismus neue Netzwerke anlegen, Botenstoffe und Signalkaskaden in Sekundenschnelle hochfahren und andere Körperfunktionen drosseln. In einer schwierigen Prüfung versinkt alles um einen herum, die Füße werden kalt, die Hände klamm. Das Gehirn saugt alle Energie ab.

Bewusstsein ist Luxus. Deshalb schaltet das Gehirn so oft es kann auf Autopilot. Der arbeitet billig, schnell und exakt. „Bloß nicht nachdenken", lautet die Devise. „Wir sparen unsere Kraft für Neues, eventuell Gefahrvolles auf", sagt der Neurowissenschaftler Gerhardt Roth von der Universität Bremen. Und so ist auch der moderne Mensch oft gut beraten, seiner Intuition zu trauen. Immerhin hat sich diese Art, Entscheidungen zu fällen, in Jahrmillionen der Evolution entwickelt und bewahrt. Doch sie kann auch in die Irre führen – gerade in der modernen Informations- und Industriegesellschaft. Der Mensch ändert sein Leben schneller, als sein Gehirn es schafft hinterherzukommen.

Jede Sekunde schicken unsere Sinne Millionen von Einzeleindrücken an das Gehirn. Müssten wir diese Informationen bewusst auswerten, wären wir schlichtweg überfordert. Nach 40 Sinneseindrücken, die unser Gehirn erreichen, wird der stete Input daher auf einen anderen Speicher umgeleitet: ins Unterbewusstsein.
Hier lagert das Wissen so lange, bis wir es brauchen. Ein kleiner Teil davon gelangt ins Bewusstsein, und wir haben eine Intuition. Dann wissen wir plötzlich etwas, das wir uns nicht erklären können.

[6.2]

Leben wir in einer Traum-Realität?

Jeden Tag erleben wir Träume. Doch nur die wenigsten erinnern sich an alle erlebten Träume. Sie stellen eine Mitteilung des Unbewussten oder eine Verarbeitung des vorherigen Tages dar. Wenn wir unsere Träume beachten und analysieren, können wir herausfinden, was uns unser Unbewusstes damit mitteilen möchte.

Meine eigenen Erfahrungen und die meiner Teilnehmer zeigen, dass in einem Dunkelretreat das Traumerleben im Vergleich zum Alltag deutlich verändert ist:

- Gesteigerte Traumerinnerung, teilweise Erinnerung an mehrere Träume pro Tag
- Größere Klarheit und Intensität des Wahrnehmens
- Sehr oft erlebte ich luzide Träume mit einem atemberaubenden Erleben. Bei manchen luziden Träumen konnte ich nicht herausfinden, ob ich mich in einer Alltags-Realität oder einer Traum-Realität befand! Spannend, sehr lebendig bzw. intensiv und mit vielen Erkenntnissen verbunden!

Kurze Geschichte des Klartraums

Das alte Ägypten war eines der klassischen Länder der Traumdeutung. Die bekannteste Sammlung von Träumen ist das sogenannte „Hieratische Traumbuch", das etwa um 1150 v. Chr. niedergeschrieben wurde, dessen Text aber auf die Zeit aus dem Mittleren Reich (2040-1650 v. Chr.) zurückgeht.
[6.3]

Eine schriftliche Erwähnung zu Klarträumen findet man schon bei Aristoteles in seiner Abhandlung *Über Träume*, um einiges später, in einem Brief des Hl. Augustinus im Jahre 415.
In Tibet gibt es seit ca. dem 8. Jhd. die Praxis des Traumyogas, auf das ich noch genauer zu sprechen kommen werde.
Zur gleichen Zeit existieren auch in Indien tantrische Texte, die zu einer ähnlichen Praxis anleiten. Derzeit geht man im Allgemeinen davon aus, dass der Tantrismus von Indien nach Tibet gebracht wurde. Ob dies auch für diese Texte gilt, ist jedoch unklar, da es jene Praxis heute auch in der tibetischen Bön-Tradition (die Religion, die vor dem Buddhismus dort vorherrschte) gibt.
Da sich diese Religionen (hinduistischer und buddhistischer Tantrismus und Bön) wechselseitig beeinflusst haben, ist die Frage, wo die ersten Klartraumtechniken kultiviert wurden, sicherlich schwer zu beantworten.

Kurze Hinweise auf eine Kontrolle der Träume und Klarträume gibt es auch bei dem großen Sufimeister, dem sheik akbar, Ibn Arabi, der im 12. Jhd. von Andalusien ausgehend lehrte. Ein Jahrhundert später zeigten sich auch bei dem großen Kirchenlehrer Thomas von Aquin Ansätze zur gleichen Thematik. Dieser schrieb darüber in seiner Summa Theologiae.

[6.4]

Bekannte Autoren und Wissenschaftler in der westlichen Klartraumforschung sind oder waren Stephan LaBerge (Lucidity Institute, Stanford - USA) und Paul Tholey (Professor für Psychologie, Universität Frankfurt, † 1998).

[6.5]

Andere Kulturen verfügen über Erfahrungen mit Träumen und auch speziell mit luziden Träumen

Hinduismus
Im Hinduismus gilt die Welt allgemein gesagt als Traum von Vishnu. Damit sind auch die Träume nur eine andere Form von Maya, der großen Illusion. Bei der Vielzahl an Wegen zum göttlichen Bewusstsein gibt es zwei Arten, die mit dem Traumbewusstsein arbeiten.

Tibetischer Buddhismus
Historisch gesehen sind die tibetischen Buddhisten (ca. 8. Jhd.) die ersten, die sich um eine systematische Erlernbarkeit von Wachheit im Traum bemühten. Die Yogis werden dabei angewiesen durch meditative Übungen sowohl während des Schlafens als auch während des Wachens ihr Wachbewusstsein aufrechtzuerhalten. Sie sollen dabei die Trauminhalte verstehen und verändern lernen und in einem weiteren Schritt alle Trauminhalte in ihre Gegenteile verwandeln lernen. Diese Übungen haben zum Ziel, dass der Lernende sowohl den illusorischen Charakter des Traumzustands als auch den illusorischen Charakter des Wachzustands erkennt.

[6.6]

Traumyoga, wie es im buddhistischen Kontext geübt wird, ist ein Teil der Dzogchen Lehre. Dabei gibt es Übungen für den Tag und solche für die Nacht. Diese wiederum bestehen aus Übungen für den Abend, bevor man einschläft, und für den Morgen, vor dem Aufwachen.
Bei einer Übung soll der Träumer seine Träume bewusst steuern. Das heißt, Objekte erschaffen oder bewusst verändern. Auch hier geht es darum, den illusionären Charakter des Traumes zu verdeutlichen. Danach lernt der

Träumer den Traum zu verlassen und in die Wachrealität einzubrechen. Er hat erkannt, dass auch die Wachrealität „nur" ein Traum ist.

Bön
Auch im tibetischen Bön gibt es eine Traditionslinie und Praxis des Dzogchens. Tenzin Wangyal Rinpoche - ein tibetischen Bön-Meister - empfiehlt tagsüber ständig im Bewusstsein zu leben, alles sei ein Traum. Dies stimmt mit der buddhistischen Idee überein, dass alles nur Illusion sei. Er betont aber, dadurch nicht die Pflichten und Aufgaben des Tages zu vernachlässigen. Wichtig erscheint ihm einen Zustand der Bewusstheit ständig zu erhalten: So wie ich im Traum luzide sein soll, soll ich es auch tagsüber bleiben. Der illusionäre Charakter der Wirklichkeit bezieht sich besonders auf alles, was Begehrlichkeit und Anhaften erzeugt.

Taoismus
Ähnlich stellt sich die Situation im Taoismus dar. Die Traum-Techniken ähneln den Tibetischen sehr stark, sind jedoch eingebettet in die taoistische Philosophie.

Sufismus
Im Sufismus - damit wird die islamische Mystik bezeichnet - hat die Auseinandersetzung mit Träumen eine lange Tradition.

[6.7]

Aborigines
Die Traumzeit-Legenden handeln von der universellen, raum- und zeitlosen Welt, aus der die reale Gegenwart in einem unablässigen Schöpfungsprozess hervorgeht, um ihrerseits wiederum die Traumzeit mit neuen geschichtlichen Vorgängen zu „füllen". Dieses allumfassende *spirituelle Gewebe* erklärt somit, wie alles entstanden ist und begründet die ungeschriebenen Gesetze, nach denen die Aborigines leben. Die Ereignisse der Traumzeit manifestieren sich nach ihrem Glauben in Landmarken wie Felsen, Quellen und anderen Naturerscheinungen.

[6.8]

Klarträume bzw. luzide Träume sind extrem lebendige Träume, in denen man sich bewusst ist, dass man gerade träumt und in denen man nach eigenen Entscheidungen das Traumgeschehen steuern und verändern kann. Der Träumer ist also in seinem Traum erwacht - er ist gleichzeitig Akteur sowie Regisseur und nicht nur passiver Zuschauer.

Merkmale eines Klartraums:
- Man tritt aus der üblichen Ich-Perspektive und sieht sich selbst aus der Perspektive einer dritten Person.
- Man ist also Akteur und Beobachter zeitgleich.
- Man ist sich bewusst darüber, dass man gerade träumt.
- Man hat die bewusste Kontrolle über das Traumgeschehen.
- Man empfindet sich in einer außergewöhnlich spannenden und lebendigen Realität. Klarheit der Wahrnehmung: dessen, was man sieht, hört, riecht, schmeckt und fühlt.
- Man hat den Zugang zum gesamten Wissen, das man im Wachzustand hat.

Dies ist einer der interessantesten Bereiche der aktuellen Traumforschung. Ein Traumphänomen bei dem das Ich-Bewusstsein während des nächtlichen Träumens (im Traum) erwacht. Es ist damit möglich, die nächtlichen Träume bewusst zu steuern – seine Traumgeschichte selbst zu konstruieren und Regie zu führen, anstatt nur passiv "zuzusehen".
Das Luzide Träumen erlaubt den Zugriff auf das eigene Unbewusste. Fünf bis zehn Prozent der Bevölkerung sollen in der Lage sein, regelmäßig klar zu träumen.

[6.9]

Der Traumkörper kann jede Körperwahrnehmung absolut ununterscheidbar vom realen Körper produzieren.

Luzide Träume sind ein Phänomen, das vor allem während der REM-Schlaf-Phase auftritt und mit den Methoden des Schlaflabors zweifelsfrei nachgewiesen werden kann.

Sind wir Teil einer holografischen Welt?

Wahrscheinlich haben sich die meisten Leser beim Lesen dieser Überschrift die Augen gerieben und haben hinterfragt, ob sie wirklich das gelesen haben, was hier steht.
Das ist durchaus verständlich, da dieses Thema üblicherweise im Alltag kein Gesprächsgegenstand ist.

Wie komme ich zu dieser Fragestellung?

Ich beginne zunächst mit meiner eigenen Erfahrung in Dunkelretreats. Schon bei meinem ersten Dunkelretreat nahm ich Licht in meinem Bewusstsein wahr - sowohl mit geöffneten als auch mit geschlossenen Augen. Dies setzte sich bei den folgenden Dunkelretreats fort.
Während des 49-tägigen Dunkelretreats veränderte sich nach einigen Wochen dieses innere Licht in ein Hologramm (detaillierte Beschreibung im Kapitel *Protokoll*).
Dieses Hologramm nahm ich ab diesem Zeitpunkt täglich hauptsächlich abends über mehrere Stunden wahr. Es war statisch und umgab mich komplett (einschließlich des Sternenhimmels über mir). Mit der Begrenzung der Räumlichkeiten konnte ich mich innerhalb dieser Hologramme bewegen und deren Details betrachten. Dies „sah" ich sowohl mit geöffneten als auch mit geschlossenen Augen.

Daraus entstanden bei mir natürlich verschiedene Fragen:
- Was sehe ich da (wirklich)?
- Weshalb sehe ich dies?
- Was soll ich darin erkennen, bzw. welche Schlussfolgerungen soll ich daraus ziehen?

Da dieses Phänomen für mich neu war, fragte ich nach dem Dunkelretreat mehrere Menschen, die sich mit Bewusstseinseigenschaften beschäftigen, nach deren Meinung. Dieses Phänomen kannte keiner. Einer vertritt die These, dass wir mit unserem Selbst die Ganzheit des Selbst anstreben, dass diese Ganzheit aus mehreren Selbsten besteht (Seelenanteile) und wir uns im Laufe der Entwicklung der anderen Selbste bewusst werden um diese zusammenzuführen. Auf meine Erfahrung bezogen – meint er - wäre es denkbar, dass ich den Zugang zu einer parallelen Existenz hatte und ich die dortige Umgebung wahrgenommen habe.

Momentan favorisiere ich folgende Erklärung:

Unter der Annahme, dass wir tatsächlich in einer holografischen Welt leben, hatte ich während des Dunkelretreats Einblick in mein Hologramm - sozusagen in den Bauplan meiner Alltags-Realität.
In meinem Bewusstsein waren Details einer anderen Umgebung dreidimensional dargestellt und beim Blick nach oben sah ich auch den Sternenhimmel. Das Universum war in dieser Zeit in meinem Bewusstsein sowohl mit geöffneten, als auch mit geschlossenen Augen für mich sichtbar.

Dabei stellte ich mir die Frage:
„Wie findet das Universum Platz in meinem Bewusstsein, wenn ich ein Teil dessen bin?"

So abwegig ist der Gedanke an eine holografische Welt wiederum nicht:
Jeder der schon mal geträumt hat kann bestätigen, dass bei manchen Träumen kein Unterschied zum Erleben der Alltags-Realität vorliegt. Auch in Träumen können Sie Gegenstände anfassen, Worte hören und Gefühle empfinden.
In luziden Träumen haben Sie darüber hinaus u.a. die Möglichkeit Ihre Situation zu reflektieren und Einfluss auf den Verlauf des Traumes zu nehmen (in solchen Träumen nehmen Sie keinen Unterschied zu den Empfindungen der Alltags-Realität wahr).
Diese Träume finden ja auch „nur" im Bewusstsein statt. Es wäre also in gewisser Hinsicht logisch (bzw. zumindest möglich), wenn die Alltags-Realität auch „nur" in unserem Bewusstsein stattfindet und wir lediglich glauben, dass sie außerhalb von uns existiert.

Ich habe den Eindruck, dass ich in dieser Zeit eine Tür geöffnet habe um eine ganz besondere Erfahrung zu machen. Eine Erfahrung, die mich neugierig macht und anspornt mehr darüber zu erfahren.

Stand heute kann ich die o.g. Fragen immer noch nicht beantworten und bin neugierig, ob und wie ich beim nächsten Dunkelretreat eine Fortsetzung erfahren werde.

Die nachfolgenden Seiten stellen den aktuellen Kenntnisstand über das holografische Universum aus wissenschaftlicher Sicht dar.

Holographisches Universum

In den letzten Jahren hat sich in der Physik eine neue Theorie durchgesetzt: Die Stringtheorie. Es ist der Wissenschaft oberstes Ziel, die Weltformel zu finden. Eine Formel, die Quantentheorie und Relativitätstheorie vereint. Eine Formel, die alle vier Naturkräfte unter einen Hut bringt.
Bei der Entwicklung der Stringtheorie sind Physiker nun auf Hinweise gestoßen, die nahe legen, dass unser Universum ein Hologramm sein könnte.

[6.10]

Bislang war man der Meinung, dass es nur ein Universum gibt und dass unser Universum alles ist, was es gibt. Darum sollte es doch möglich sein, unser Universum und die Naturgesetze mit einer einzigen Formel zu beschreiben – der Weltformel.
Versucht man jedoch die Quantentheorie mit der Relativitätstheorie zu verbinden, entstehen gravierende Widersprüche. Wenn es aber doch nur unser Universum gibt, warum lassen sich dann die Naturgesetze nicht zu einer einzigen Formel verbinden?

„Wir müssen uns wohl darauf einstellen, dass es eine Zeit vor dem Urknall gab. Der Urknall stellt lediglich den Moment dar, an dem unser Universum entstand. Es stellt sich die Frage, ob es auch schon Naturgesetze vor dem Urknall gab. Es gibt bereits einige Anzeichen dafür, dass sich die Physik auf einen dramatischen Paradigmenwechsel bezüglich unseres Verständnisses von Raum und Zeit vorbereitet, ja dass sich dieser sogar bei einigen Physikern bereits vollzogen hat." - Prof. Dieter Lüst, Physiker.

Das Multiversum
Die Stringtheorie ist ein aussichtsreicher Kandidat für die Weltformel. Sie ist die erfolgreichste Theorie der heutigen Zeit – vor allem unter jungen Physikern. Sie ist aber auch umstritten. Lässt sich die Existenz von Parallelwelten beweisen?

[6.11]

„Leben wir in einem Hologramm?"
"Holometer"-Experiment soll die mögliche holografische Natur des Universums erforschen.
Alles nur eine Illusion? Ein einzigartiges Experiment soll herausfinden, ob wir in einem holografischen Universum leben – einem Kosmos, dessen drei Dimensionen nur eine Projektion winziger zweidimensionaler Grundbausteine sind. Das klingt verrückt, ist aber in der Quantenphysik denkbar. Das "Holometer" in den USA soll dieser Frage auf den Grund gehen und hat nun seine Arbeit aufgenommen.

Das Holometer-Expierment soll Hinweise auf ein hologafisches Universum finden. Ein Hologramm erzeugt die Illusion eines dreidimensionalen Bildes, dennoch ist die Information dafür nur in zwei Dimensionen gespeichert – auf einer speziellen Fotoplatte. Und so ähnlich stellt sich eine Theorie über die Natur unseres Universums auch den Kosmos vor: als Projektion winziger Grundeinheiten, die nur zwei Dimensionen besitzen. Diese "Grundpixel" der Raumzeit verbergen sich der Theorie des holografischen Universums nach in der kleinstmöglichen Größenordnung des Raums, der Plancklänge von 10 hoch minus 33 Zentimetern."

[6.12]

Anmerkung zu <u>Holometer</u>:

Das Fermilab Holometer ist ein seit Ende August 2014 in Betrieb befindliches Laserinterferometer des Fermilabs in Illinois (USA). Es soll das weltweit empfindlichste Laserinterferometer werden und somit die Empfindlichkeit der Experimente GEO600 und LIGO übertreffen. Theoretisch reicht seine Empfindlichkeit aus, holographische Fluktuationen der Raumzeit zu detektieren.
Nach Aussagen der Projektleiter soll das Holometer so empfindlich sein, dass es Fluktuationen des Lichts in der Größenordnung eines Attometers entdecken könne. Damit erreiche oder übertreffe es die Empfindlichkeit, die notwendig sei, im Bereich der kleinsten Größeneinheiten des Universums, der sogenannten Planck-Einheiten zu messen.

[6.13]

Anmerkung zu <u>GEO600</u>:

Indizien für ein holographisches Universum?
Am deutsch-britischen Gravitationswellendetektor GEO600 bei Hannover wollen sich Wissenschaftler nun einem eigentümlichen Störsignal widmen, dessen Ursache bislang ungeklärt ist. Der amerikanische Physiker Craig Hogan hält dieses Signal für ein Indiz dafür, dass wir in einem holographischen Universum leben. Weitere Experimente sollen nun Klarheit bringen.
Leben wir in einem holographischen Universum, also in einem gewaltigen kosmischen Hologramm? Einige Wissenschaftler sind dieser Ansicht und glauben mit dieser Theorie etwa gewisse Paradoxa bei der Betrachtung von Schwarzen Löchern elegant umgehen zu können.

[6.14]

CERN-Forscher entdecken, dass das Universum gar nicht existieren dürfte

Wissenschaftler des CERN in der Schweiz kamen zu dem Schluss, dass Materie und Antimaterie sich gegenseitig vernichtet haben sollten, da sie aus gleichen prozentualen Anteilen bestehen, allerdings unterschiedliche Ladungen haben. Wie die Johannes Gutenberg Universität Mainz in einer Pressemitteilung schreibt, sollten Materie und Antimaterie sich in einem Blitz purer Energie zerstören, sobald sie aufeinandertreffen — das Universum kann es also eigentlich nicht geben.

Die Schlussfolgerungen der Forscher: Entweder es gibt einen anderen Grund, den die Forscher erst noch ermitteln müssen — oder **wir leben alle in einer riesigen Computersimulation**.
[6.15]

Holographisches Universum - die Illusion der Wirklichkeit

Das holographische Realitätsmodell wurde bereits in den 1960er Jahren von Physiker David Bohm zusammen mit Neurowissenschaftler Karl H. Pribram entwickelt. Die Physiker Gerardus t' Hooft und Leonard Susskind entwickelten das Holographische Prinzip dann weiter. Ginge es nach diesen Wissenschaftlern, so könnte unser gesamtes Universum eine holographische Projektion sein.

Wie funktioniert ein Hologramm?

Die Informationen eines Hologramms sind als Wellenmuster auf einer 2D-Fläche gespeichert. Richtet man einen Laser auf dieses Wellenmuster, so ergibt die Reflexion ein dreidimensionales Bild. Eine wesentliche Eigenschaft von Hologrammen ist die, dass alle Informationen in jedem Teil der 2D-Fläche in Wellenform gespeichert sind. Zerbricht man die Fläche und richtet einen Laser auf ein Teilstück, so stellt man fest, dass jedes einzelne Teilstück wiederum das gesamte Bild des Hologramms wiedergeben kann. Je kleiner die Teilstücke werden, umso unschärfer wird das holographische Bild.
Bohm stellt einen Zusammenhang zwischen der Welle-Teilchen-Eigenschaft bei Materie und der Welle-Teilchen-Eigenschaft in einem Hologramm her.

Schon der antike griechische Philosoph Platon hatte die Vorstellung, dass unsere Wahrnehmung nur ein matter Abglanz einer Wirklichkeit außerhalb unserer Reichweite sei. Zwei Jahrtausende später sieht es so aus, als könnte Platons Sichtweise mehr als nur eine Metapher sein. Es könnte sein, dass sich unsere Realität an einer entfernten Grenzfläche abspielt und alles, was wir in unserer vertrauten Raumdimension wahrnehmen, eine Projektion jener entfernten Realität ist. Damit wäre unser Universum so etwas wie ein holographischer Film.

Wie ist die Wissenschaft zu dieser unglaublichen Ansicht gekommen? Diese Ansicht entwickelte sich aus verschiedenen Theorien wie der Relativitätstheorie, der Thermodynamik, der Quantenmechanik, der Stringtheorie und der jüngsten Erkenntnis aus der Erforschung von schwarzen Löchern. Diese Gebiete haben eine Gemeinsamkeit: Das Wesen der Information.

Information ist ein wesentlicher Grundbaustein unseres Universums. Es ist vergleichbar mit den Plänen eines Architekten: Die grundlegende Information eines Gebäudes steckt in den Plänen eines Architekten. Das Gebäude selbst ist nur eine physische Realisierung der Information. So verhält es sich auch mit unserem Universum, wobei sich die Frage stellt: Wer ist der Architekt?

Der Physiker Juan Maldacena von der Harvard University stellte das bislang beste holographische Prinzip auf. Ihm gelang es mit Hilfe der Stringtheorie das Innere des Universums und mit der Quantenfeldtheorie die Vorgänge am Rand des Universums zu beschreiben. Er konnte zeigen, dass die Prozesse, welche am Rand des Universums stattfinden, mit der Quantenfeldtheorie berechnet werden können, sowie die Spiegelungen dieser Prozesse im Inneren des Universums mit der Stringtheorie berechnet werden können.
Es ist verblüffend, aber es scheint, dass die Quantenfeldtheorie und die Stringtheorie jeweils eine Seite der selben Medaille beschreiben. Greene meint hierzu:
"Die Stringtheorie im Inneren des Universums ist identisch mit der Quantenfeldtheorie am Rand des Universums. Das ist Holographie, wie sie leibt und lebt."
[6.16]

Realität und Wirklichkeit sind nicht dasselbe!

Dem materialistischen Weltbild nach befindet sich das Ego im Gehirn des Menschen. Hinzu kommt sein Körper und die Welt, die in umgibt. Der Mensch und die Welt, die ihn umgibt, sind das, was wir im Materialismus als Wirklichkeit bezeichnen. Das Universum existiert um uns herum und würde auch ohne uns existieren.

Was diese materialistische Weltanschauung nicht berücksichtigt, ist die Rolle des Beobachters. Das Bewusstsein und die Fähigkeit, die Welt wahrzunehmen und zu erleben sind Produkte des Materialismus und können daher zur Beschreibung der Welt vernachlässigt werden.

Die Vernachlässigung des Beobachters und dessen Bewusstseins ist aber ein gravierender Fehler im materialistischen Weltbild. Die Annahme, dass wir uns innerhalb des Universums befinden, ist nur ein Glaube. Es könnte genauso gut andersrum funktionieren – dass sich das Universum innerhalb unseres Bewusstseins befindet.

Wenn man den Akt der Beobachtung und das Wahrnehmen der Welt genau betrachtet, kommt man zwangsläufig zur Einsicht, dass Wirklichkeit und Realität nicht dasselbe sind. Das soll nun im Folgenden anhand der Wahrnehmung von Farben erläutert werden.

Wie kommt die Farbe Rot einer Rose zustande?
Mit dieser Frage beschäftigt sich Christian Zippel in seinem Buch „Rosenrot und die Illusion der Wirklichkeit".

An der Wahrnehmung von Farben lässt sich das Rätsel der Qualia gut veranschaulichen. Unter Qualia versteht man das Erleben eines mentalen Zustandes. Unser Gehirn erzeugt ein Abbild der Wirklichkeit. Jedoch gibt es ja immer jemanden, der dieses Abbild der Wirklichkeit erlebt. Es ist das, was wir als unser „Ich", als unser „Selbst" oder als unser „Ego" bezeichnen. Von manchen Wissenschaftlern wird angenommen, dass dieses Erleben der Welt nicht mit Mitteln der modernen Wissenschaft zu erklären sei.

So wie wir uns keinen Begriff vom Geschmack einer Ananas bilden können, ohne sie zu kosten, so können wir einem Blinden nicht erklären, was Farben sind. Zwar können wir erklären, dass die Farbe Rot im Wellenlängenbereich zwischen 600 nm und 800 nm liegt, aber solch eine wissenschaftliche Erklärung genügt einem Blinden nicht, um zu verstehen, was „Rot" ist.

Wie kommen Farben zustande? Wo entsteht das Rot einer Rose? Ein Kind würde vielleicht sagen, die Rose ist rot. Das Rot ist die Eigenschaft der Rose. Diese Sichtweise wird wohl von den meisten Menschen geteilt. Ein Physiker würde sagen, das Rot ist die Eigenschaft des Lichts, das von der Rose reflektiert wird. Farben sind die Frequenz, mit der Photonen schwingen. Ein Neurologe würde sagen, auch das Schwingen der Photonen hat keine Farbe. Die Photonen reizen mit ihrem Zittern die Sehzellen unserer Netzhaut. Diese senden dann über den Sehnerv die Information mittels eines elektrischen Signals an das Gehirn und dort entsteht das „Rot".

Aber auch das stimmt nicht. Die Geisteswissenschaft stellt fest, dass wir in unserem Gehirn kein Bild einer roten Rose finden werden. Denn auch dort finden wir nur Zellen, die auf eine sehr komplexe Art Verbindungen eingehen und elektrische Signale austauschen. Aber Bilder, Geräusche, Gefühle und alles, was mit dem Erleben der Welt zu tun hat, werden wir dort nicht finden. Das Erleben der Welt kann die Wissenschaft nicht erklären. Genau das ist der Kern des Rätsels der Qualia.

Anmerkung:

Unter Qualia (Singular: das Quale, von lat. qualis „wie beschaffen") oder phänomenalem Bewusstsein versteht man den subjektiven Erlebnisgehalt eines mentalen Zustandes.
Das Verständnis der Qualia ist eine der ältesten Fragen der Philosophie, die heutzutage noch aktuell ist. Es ist die Frage nach dem Verhältnis zwischen Körper und Geist.
Ein Hauptproblem dabei liegt in der sogenannten „epistemischen Asymmetrie", d.h. dass wir Erkenntnisse und Erfahrungen aus zwei verschiedenen Perspektiven in Einklang bringen wollen. Nämlich einerseits aus der Sicht von innen, d.h. dem Erleben aus der Erste-Person-Perspektive und andererseits von außen aus der Dritte-Person-Perspektive.
Wir haben spezifische Farbeindrücke, befinden uns in Stimmungen, die sich für uns ganz speziell anfühlen, wir hören Töne und empfinden Wärme oder Kälte auf ganz bestimmte Art und Weise. Diese individuelle Erlebnisqualität, diese Empfindungen, dass sich etwas irgendwie anfühlt, sind die phänomenalen Eigenschaften unserer mentalen Zustände, unsere Qualia.
Beispiele für Qualia sind etwa die Wahrnehmungserlebnisse durch unsere Sinne, sowie etwa Schmerzerlebnisse oder Emotionen.
Die Diskussion um die Existenz von Qualia ist deshalb so brisant, weil jede physikalistische Theorie durch die Annahme von Qualia an Grenzen stößt.

[6.16_2]

Es ist keineswegs so, wie es in Schulbüchern oft dargestellt wird, dass die innere Realität eine 1:1 Kopie der äußeren Wirklichkeit ist. Die Welt „da draußen" ist farblos. Und so, wie wir Farben erleben, erleben wir auch alle anderen Sinneseindrücke. Es lässt sich genauso sagen, dass die Welt da draußen geräuschlos, geruchlos, geschmacklos und gefühllos ist. So sollte schnell klar werden, dass das, was wir erleben (die Alltags-Realität), ein Konstrukt innerhalb unseres Geistes ist.

Wir stehen niemals im direkten Kontakt zur Wirklichkeit.
Alles, was wir sehen, hören, riechen und fühlen ist eine Repräsentation von Informationen in unserem Gehirn. Es ist nicht die „Wirklichkeit an sich", die

wir erleben. Das Erleben der Welt ist eine ausschließlich innere Angelegenheit.
Unser Gehirn erzeugt die Welt, die wir wahrnehmen. Das einzige, was wir wahrnehmen, ist unsere Wahrnehmung!

Das Bild eines Baumes entsteht niemals „da draußen" sondern immer auf der zweidimensionalen Leinwand in unserem Verstand.
Der Beweis für die Existenz eines Baumes ist immer nur das Abbild in unserem Geiste, jedoch niemals der Baum selbst!
[6.17]

An dieser Stelle (Das Bild des Baumes...) schließt sich bei mir ein Kreis der beim Lesen eines Buches vor vielen Jahren seinen Ausgangspunkt nahm:

Ein Mönch bewirtete zwei tibetische Meister und beobachtete sie. Sie tranken Tee und sie sprachen nicht miteinander. Trotzdem schienen sie sich zu amüsieren.
Dann zeigte der Eine zu einem Baum und sagte zu seinem Gegenüber: „Und manche sagen Baum dazu." Woraufhin beide in ein schallendes Gelächter ausbrachen.

Soweit ich das mit meiner beschränkten Weisheit beurteilen kann, haben diese beiden Tibeter die Fähigkeit entwickelt, hinter die Kulissen der Illusion zu schauen.

Außerkörperliche Erfahrungen (AKE/OOBE)

Zu den Themen, die im Alltag kommuniziert werden, gehören „Außerkörperliche Erfahrungen" üblicherweise nicht. Diese sind nicht so verbreitet, als dass man sie als eine Erfahrung des menschlichen Bewusstseins in unserer Kultur akzeptiert. Wer möchte sich schon als Außenseiter mit einer solchen Erfahrung outen?
In meinen Dunkelretreats habe ich solche Erfahrungen schon gemacht. Allerdings – zu meiner Verwunderung – nicht in dem 49-tägigen Dunkelretreat.
Es liegt in der Natur der Sache, dass man nicht belegen kann, dass man eine solche Erfahrung gemacht hat.

Erst wenn eine entsprechend große Anzahl von Menschen eine bestimmte innerpsychische Erfahrung gemacht hat – zum Beispiel träumen – wird es kulturell sowie gesellschaftlich akzeptiert. Doch selbst beim Thema träumen – was jeden Menschen betrifft – stehen Wissenschaftler vor der Schwierigkeit, dass sie Ursache und Funktion des Traumes auch heute noch nicht vollständig erklären können. Es existieren unterschiedliche Hypothesen, die je nach wissenschaftlichem und weltanschaulichem Hintergrund zu vielerlei Aussagen kommen: So werden Träume von der Hirnforschung ausschließlich als physiologische Antwort neuronaler Prozesse betrachtet, während sie z.B. die Psychologie als Reflektion des Unbewussten ansieht.

Doch zurück zum eigentlichen Thema:
Was sind Außerkörperliche Erfahrungen (AKE)?

Eine Außerkörperliche Erfahrung ist ein Erlebnis, bei dem der Betroffene die Empfindung hat, sich außerhalb des eigenen Körpers zu befinden und diesen zu betrachten. Das AKE-Phänomen wird meist von Menschen geschildert, die sich in außergewöhnlichen Bewusstseinszuständen, beispielsweise in Todesnähe, befanden. Aber auch während des normalen Schlafes, beim Meditieren oder unter Drogeneinfluss sind solche Erfahrungen möglich. Verstärkt treten sie auch im Rahmen von Dunkelretreats auf.

Solche Erlebnisse sind von unterschiedlicher Länge und Intensität. Geschildert werden sie in der Regel als Gefühl, sich selbst neben sich stehend oder schwebend in einem gefühlten Wachzustand wahrzunehmen. Typisch ist ein Gefühl von Schwerelosigkeit sowie andere veränderte Wahrnehmungszustände.
Eine wissenschaftliche Untersuchung von mehr als 50 Kulturkreisen aus dem Jahr 1979 belegt, dass in den meisten die Vorstellung existiert, der Geist oder

die Seele könne den Körper verlassen. Auch die Struktur von außerkörperlichen Erfahrungen ähnelt sich weltweit. Allerdings ist die Interpretation dieser Erfahrungen wesentlich vom jeweiligen religiösen Umfeld abhängig.
[6.18]

Circa 10 Prozent der Menschen gaben in einer Befragung an, in ihrem Leben außerkörperliche Erfahrungen gemacht zu haben.
[6.19]

Der Philosoph Thomas Metzinger (Professor für Philosophie an der Universität Mainz) sagt über Außerkörperliche Erfahrungen:
„Solche Vorstellungen finden wir in allen Kulturen. Die tibetischen Buddhisten sprechen von einem Diamantkörper, der Apostel Paulus vom geistlichen Leib, die hebräischen und arabischen Traditionen vom Ruach oder Ruh. Ich glaube, dass es solch einen "feinstofflichen" Körper tatsächlich gibt. Der "feine Stoff" besteht allerdings aus reiner Information: Es ist das innere Bild, das sich das Gehirn vom eigenen Organismus macht. Übrigens sind außerkörperliche Erfahrungen nicht sehr ungewöhnlich. Etwa jeder zehnte Mensch hat in seinem Leben schon einmal welche gemacht. Und vielleicht rührt die Idee einer unsterblichen Seele zum großen Teil genau daher, dass sich Menschen zu allen Zeiten und in allen Kulturen solche Erlebnisse erklären mussten."
[6.20]

Innere Entwicklung durch Reizreduzierung

Was ist Stille?

Ist Stille erstrebenswert? Was kann Stille ermöglichen?

Unter Stille versteht man üblicherweise die Abwesenheit von Geräuschen in der äußeren Welt. Allerdings können wir auch Stille in unserem Inneren wahrnehmen - oder auch nicht.

In der heutigen Zeit leben wir normalerweise mit einer Reizüberflutung von Verkehrslärm, Musikbeschallung beim Einkaufen, Baustellen, Social-Media-Nachrichten, Leuchtreklame, TV, Radio, Telefon, e-Mails und was es sonst noch alles gibt. Von einer äußeren Stille kann also keine Rede sein.
Und wie ist es um unsere innere Stille bestellt? Kann sich in uns eine innere Stille entwickeln, wenn wir uns mit allen möglichen Alltagsthemen beschäftigen? Ist es möglich innere Stille zu entwickeln bei den heutigen Anforderungen in der Berufswelt und im Alltagsleben? Erschwerend kommt hinzu, dass wir uns mit vielfältigen eigenen Gedanken, Fragestellungen, hindernden persönlichen Blockaden und unerfüllten Wünschen beschäftigen.

Meistens sieht es also so aus, dass wir weder innere noch äußere Stille erreichen. Unter Stille verstehe ich nicht nur den akustischen Bereich, sondern Reize, die auf alle unsere Sinne einströmen. Ist es denn bei diesen Rahmenbedingungen überhaupt möglich unsere innere Stimme, Intuition oder unser inneres Erleben zu beachten?
Diplomatisch formuliert: Es wird schwierig und ist oft auf einzelne Situationen beschränkt.

Doch was wäre möglich, wenn wir mehr, öfter oder sogar regelmäßig unsere innere Stimme oder Intuition wahrnehmen würden?
Erst mit einer inneren Stille ist es uns möglich unseren eigenen Kern zu erkennen. Dann können wir besser nach innen lauschen und dadurch anderen Menschen wirklich zuhören und sie verstehen.
An diesem Punkt setzen manche Menschen, Künstler oder Schriftsteller an. Sie ziehen sich bewusst in eine reizarme Umgebung (meist in der abgelegenen Natur) zurück. Dort sammeln sie Kraft und entwickeln neue Ideen für ihre Zukunft.

Durch die Reizarmut entsteht etwas Interessantes: Die Wahrnehmungen unserer Sinne verfeinern sich und wir nehmen eine Art von Fülle in uns selbst

und in der Natur wahr. Auch Kleinigkeiten, über die wir im Alltag hinweg gesehen hätten.
Deshalb nutzen seit Jahrtausenden spirituelle Traditionen den Rückzug in die Stille. Äußerlich in Form von abgelegenen Orten und innerlich in Form von Kontemplation und Meditation.

Das ist einer der Hintergründe der Wirksamkeit von Dunkelretreats. Durch die Reizarmut nehmen wir fast nur unsere Innenwelt wahr und sind endlich mal in der Lage uns nur um uns selbst und unsere innere Entwicklung zu kümmern.

Kurzgefasst:

Religionen und spirituelle Richtungen werden durch einen Aspekt verbunden: Durch die Reduzierung der äußeren Reize ist es erst möglich eine innere Ruhe, Klarheit und Erkenntnisse zu erlangen. Dazu nutzen sie Orte, die wenig oder keinen Einfluss von außen haben (z.B. Lärm) und in den Räumlichkeiten Ruhe, wenig Licht und reduzierte Einrichtungen haben. Erst auf dieser Basis aufbauend werden die verschiedensten Konzepte und Glaubenssysteme eingesetzt.

Ein Dunkelretreat stellt eine effektive Variante der Reizreduzierung dar und schafft eine gute Grundlage um darauf basierend mit Methoden und Konzepten an sich zu arbeiten.
Deshalb ist ein Dunkelretreat auch für Anhänger aller möglichen Glaubensrichtungen und Weltanschauungen geeignet. Jeder kann seine „Weltsicht" mitbringen und seine eigene „innere Welt" erforschen.

Welche Bedeutung hat für Sie Ihre innere Entwicklung?

Auf welche Fragen hätten Sie gerne Antworten?
- „Wie soll mein weiteres Leben verlaufen?"
- „Welche Blockaden will ich loswerden?"
- „Über welche bisher unbekannten Ressourcen verfüge ich?"
- ...

Um die eigene innere Entwicklung zu forcieren, ist es hilfreich sich mit grundlegenden Kriterien zu beschäftigen. Die Antworten auf die nachfolgenden Fragen sind größtenteils individuell und würden im vollen Umfang den Rahmen dieses Buches sprengen.

Deshalb möchte ich mit diesen Fragen zum Nachdenken anregen:
- Welche Rahmenbedingungen begünstigen und ermöglichen eine innere Entwicklung?
- Welche Einflüsse erschweren bzw. verhindern inneres Wachstum?
- Was zeichnet einen Menschen aus, wenn er sich persönlich entwickelt hat?
- Woran erkennt man einen solchen Menschen?
- Ist es der vielfältige Zugang zu persönlichen Ressourcen der eine Entwicklung ermöglicht? Wie z.B. Intuition, Kreativität, Verständnis für Andere (Empathie), Reflektion von eigenen Gedanken, Gefühlen und Situationen,... ?
- Oder kann ich allgemein formuliert sagen: Je näher ich an meinen wahren Wesenskern komme, umso mehr erkenne ich wer ich wirklich bin? Denn dort schlummern meine ganzen Ressourcen und warten darauf genutzt zu werden.
- Wofür ist inneres Wachstum gut? Was verspreche ich mir davon? Erkenntnisse erlangen, Ziele erreichen, Lebensqualität steigern, persönliche leidvolle Erfahrungen verstehen und reduzieren?
- Wie schaffe ich eine gute Grundlage in meinem Alltag für inneres Wachstum?
- Die Basis ist eine Standortbestimmung. Wo befinde ich mich?
- Was beschreibt die Situation, in der ich mich befinde, am besten? Also eine möglichst objektive, vielschichtige und ego-reduzierte Reflektion - sowohl der äußeren Faktoren, als auch meines Innenlebens.
- Wie erreiche ich eine innere Entwicklung, und wie finde ich die Kraft und Willensstärke um die notwendigen Erkenntnisse zu gewinnen und in die Tat umzusetzen?

Bewusstsein + Unterbewusstsein oder Ein-Bewusstsein?

Die nachfolgende Grafik stellt die übliche Sichtweise – bzw. bildhafte Beschreibung – unseres Bewusstseins und Unterbewusstseins in Form von zwei getrennten Bereichen mit einer starren Grenze dazwischen dar.

Doch, ist das wirklich so?
- Sind die beiden Bereiche wirklich getrennt?
- Ist die Grenze zwischen diesen Bereichen wirklich starr?

Ich vertrete die Meinung (bzw. diese Erfahrung habe ich in der Praxis gemacht), dass diese beiden – üblichen – Annahmen nicht mehr zeitgemäß, bzw. nicht richtig sind.

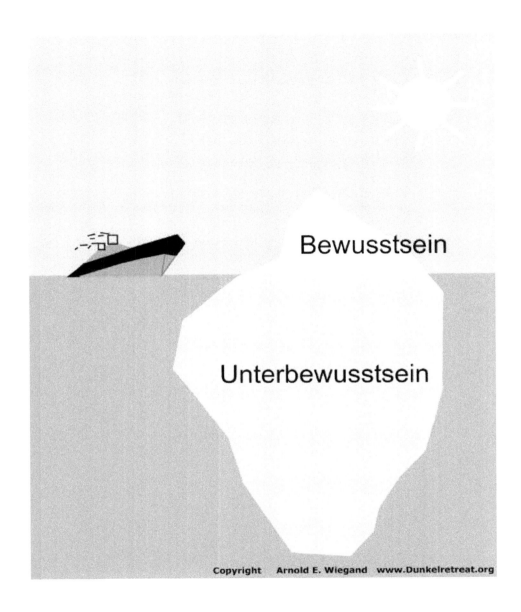

Ein-Bewusstsein?

Ich vertrete die Meinung, dass wir über „Ein-Bewusstsein" verfügen, das aus einem bewussten Teil und einem unbewussten Teil besteht. Der Unterschied liegt nur darin, dass wir auf unterschiedliche Art und Weise auf deren Inhalte zugreifen können.

Auf den bewussten Teil greifen wir mit unserem Wachbewusstsein zu. Auf das Unbewusste haben wir angeblich keinen Zugriff (deshalb „Unbewusst"). Doch stimmt das? Meine Antwort lautet ganz klar „Nein". Wir können auf den Inhalt des „Unbewussten" zugreifen, wenn wir verstanden haben was zu beachten ist.
Die Grenze zwischen dem bewussten und unbewussten Teil unseres Bewusstseins benenne ich als Wahrnehmungsschwelle. Diese ist beweglich: Das Heben und das Senken dieser Wahrnehmungsschwelle kann jeder Mensch über die Menge und Intensität der Reize steuern, denen er sich aussetzt.

Wer daran zweifelt kann gerne zu mir in ein Dunkelretreat kommen und mit Erstaunen feststellen wie viel und was alles im eigenen Innenleben auftaucht, wenn die äußeren Reize wegfallen.
Je länger eine Reizreduzierung vorhanden ist, umso mehr Informationen „tauchen" aus dem bisherigen Unbewussten auf.

Oder machen Sie ein gegenteiliges Experiment:
Stellen Sie sich für einige Zeit als Fußgänger an eine verkehrsreiche Kreuzung – am besten dort, wo viele Fußgänger und Radfahrer an Ihnen vorbei wollen. Hören Sie laute Musik, tippen Sie einige SMS, unterhalten Sie sich mit jemandem, der Sie begleitet, und dann achten Sie mal darauf wie viel Sie von Ihrem Innenleben wahrnehmen (z.B. Intuition, Kreativität, Erinnerungen, Gefühle, Gedanken, Phantasien,...).

Es dürfte recht wenig sein.

Konkret ausgedrückt:

Wenn ich auf den Inhalt des Unbewussten zugreifen will, muss ich mehr oder weniger eine Reizreduzierung vornehmen. Diese Reizreduzierung kann ich im Außen erreichen (Beruf, Wohnort, Medienkonsum, …) und/oder in mir erreichen (Innere Arbeit, Meditation,…).
Diese Entscheidung treffe ich Tag für Tag. Dabei spielt es keine Rolle, ob mir dies bewusst ist oder nicht, bzw. ob es schwirig oder einfach in meiner aktuellen Lebenssituation ist.

Jeder hat jederzeit Einfluss auf das Heben und Senken seiner eigenen Wahrnehmungsschwelle:

- In welche Richtung will ich mich entwickeln?
- Wie will ich leben?
- Will ich etwas von meinem bisher Unbewussten wahrnehmen?
- Oder auch nicht wahrnehmen?!
- Wovon sollen Reize ablenken?
- Welche Funktion haben sie?
- Will ich die Reize ab und zu senken (Meditation, Dunkelretreat,…)?
- Will ich die Reize dauerhaft senken (Alltag)?

Anmerkung:

Die nachfolgende Darstellung soll nur eine symbolhafte Darstellung der Auswirkung der verschiedenen Reize aufzeigen. Dies ist eine Verallgemeinerung und soll lediglich die Richtung weisen.

Selbstverständlich kommt es auf die individuelle Konstitution, Alter, sowie Anzahl, Dauer, Wiederholung und Intensität der Reize bzw. der Reizreduzierung an.

Bedeutung und Einflussfaktoren für das Heben und das Senken der eigenen Wahrnehmungsschwelle.

Reizerhöhung

In die Richtung
"Derjenige merkt nichts mehr!"
Der Fokus durch die Reize ist nach Außen gerichtet.

Unerledigte Themen aus Unwissenheit oder Ignoranz nicht reflektieren und bearbeiten.
"Alltags-Realität" durch Süchte ausknipsen:
(z.B. Drogen, Alkohol, Nikotin, Beruhigungsmittel/ Medikamente, hoher Konsum von Essen und Süßigkeiten).
Freizeit und Arbeitstag durchgetaktet (Hamsterrad)
Medienkonsum (TV, Internet, WhatsApp, Musik)
Umweltbelastung (z.B. Verkehrslärm, Luftverschmutzung)
Stress (z.B. Krankheit, Job, Beziehung, Nachbarn)
Job mit vielen Reizen
(z.B. intensiver Kundenkontakt, Reklamationen/ Beschwerden, Informationsflut)
Hektik, Zeitdruck
Überschuldung
Hoher Konsum/Shopping
Aktivurlaub, Essen in Eile
Eigene Kinder/Enkel

heben

Wahrnehmungsschwelle - Sie kann sich jederzeit heben oder senken. Durch mein Verhalten habe ich direkt einen Einfluss darauf.

senken

Reizreduzierung

In die Richtung
Viel wahrnehmen **was bisher unbewusst war,** und vielleicht irgendwann alles wahrnehmen.
Der Fokus durch die Reize bzw. die Reizreduzierung ist nach Innen gerichtet.

Entspannende Gespräche
Ausblick genießen
Spaziergang
Entspannungsurlaub
Auszeit
Meditation
Stilleretreat
Wüstenmeditation
Dunkelretreat

© Arnold Wiegand www.dunkelretreat.org

Die aufgeführten Reize haben in bestimmten Situationen und Lebensphasen ihre Berechtigung. Es ist nur die Frage, wie häufig ich mich ihnen aussetze. Wie viele Erkenntnisse will ich mir zugänglich machen? Ich entscheide dies über den Reizregler.
Mein persönlicher Reizlevel (Intensität und Umfang) stellt einen Schieberegler dar, mit dem ich selbst steuern kann, wie viel ich von meinem Unbewussten wahrnehmen kann bzw. will. Die Wahrnehmungsschwelle kann nach oben oder unten gehen „Der merkt nichts mehr", „Ich habe keine Zeit", „Ich bin kurz vor dem Burn-Out",… sind Indizien für die oberen Werte der Skala. Eine Reizüberflutung ist durch die verschiedensten Ausprägungen unseres modernen Lebens möglich.

Das Buch mit dem Protokoll der 49 Tage kann problemlos als Beleg für die Richtigkeit des Schaubildes verstanden werden. Manche Themen bzw. innere Prozesse waren mir im Alltag nicht zugänglich. Bei dem Inhalt einiger Träume war mir nicht mal klar, dass ich in dem Bereich ein unerledigtes Thema hatte. Und das in einer Vielzahl, die mich schon sehr überraschte.

Fazit:

Über die Reize, denen Sie sich im eigenen Leben aussetzen, entscheiden Sie selbst. Damit heben oder senken Sie in der Folge die eigene Wahrnehmungsschwelle. Dies gilt für den Alltag und genauso bei den Methoden zur Persönlichkeitsentwicklung (z.B. Meditation, Dunkelretreat). Durch das Senken der Wahrnehmungsschwelle nehmen Sie Themen/ Blockaden oder Ressourcen wahr, die Ihnen bisher nicht zugänglich waren, da sie unbewusst waren.
Die konsequenteste Reizreduzierung erfolgt über ein Dunkelretreat, bei dem Sie sich für Tage oder Wochen rund um die Uhr in völliger Dunkelheit aufhalten.

Die Fülle an Reizen legt die Richtung der eigenen Wahrnehmungs-möglichkeit fest: Geht es in Richtung „Der merkt nichts mehr!", oder in Richtung Erkenntnis? Jeder für sich steuert dies Tag für Tag.

Viele Reize <u>und</u> Erkenntnis schließen sich (normalerweise) aus.
Vollgedröhnt kriegen wir nicht mit was in uns vorgeht.

Ego oder doch lieber
„Ein Niemand, der nichts kann"?

Anmerkung: Ego

Positive und negative Aspekte bzw. Ausprägungen des Egos.

Das Ego stellt die menschliche Psyche dar und beinhaltet u.a. unseren Verstand und unsere Gefühle. Wie das Ego genutzt wird hängt von unserer Intelligenz und dem Grad unserer Bewusstheit ab. Nach verschiedenen spirituellen Richtungen und Religionen, erschafft das Ego den Schleier der Illusion, der uns in einer Traumwelt festhält.
Unser Ego schränkt den Zugang zu unserem vollen Potential ein.

Positive Ausprägungen unseres Egos:
In der Gesellschaft existieren, für sich und für Nachkommen sorgen. Des weiteren den Fokus auf persönliche Entwicklung bzw. Wachstum, Evolution und Lebensverbesserungen richten.

Negative Ausprägungen unseres Egos:
Materialistisches Denken, nur an sich denken, immer besser als andere dastehen wollen, rücksichtsloses Verhalten gegenüber anderen Menschen/ Ländern/Tieren/Umwelt und Fokussierung auf Macht.

Vor einigen Jahren entwickelte ich verschiedene Bestandteile meiner Methode in einem Dunkelretreat. Mitten in der Nacht – ich war hellwach, voller Energie und hatte ja außerdem nichts anderes zu tun – kam mir der Gedanke, meine Methode bei einem bei mir nicht gelösten Thema anzuwenden.

Ich wählte also eine bestimmte gedankliche Phantasie aus. Seit einigen Jahren tauchten ab und zu diese Gedanken auf, die ich nicht loswurde. Ich konnte sie mir nicht erklären, die Gedanken störten mich, aber auch Ursachenforschung half mir nicht weiter. Jedes Mal wenn die Gedanken auftauchten, war ich genervt und dachte: „Ach, der Mist schon wieder." Die Gedanken blieben und kamen immer wieder:

> **„Der Held, der alles kann"**
> *(Habe ich in der Kindheit zu viele Comics gelesen*
> *und mich damit identifiziert?)*

In dieser Nacht wählte ich also dieses Thema aus und stellte mir dazu einige Fragen: „Wenn ich diese Gedanken habe, worauf deuten sie hin? Was will ich damit kompensieren?"

Da ich nicht weiterkam, stellte ich mir die entscheidende Frage: „Was ist das Gegenteil von diesen Gedanken?"
Aus den tiefsten Schichten meines Unbewussten tauchte der Satz auf:

    „Ein Niemand, der nichts kann."

Ich spürte genau hin, was dieser Satz für mich bedeutete. Für mich stellte der Satz das bisherige Maximum an Ego-Reduzierung dar:
Das ist so ziemlich das Letzte was ein Ego über sich hören will!

Es tauchte in mir zeitgleich das Bild eines aufgeblähten Luftballons auf – der losgelassen wird – und dadurch laut zischend seine Luft verliert. Genauso kam es mir mit meinem Ego vor: Die Luft entwich und ich fühlte mich enorm erleichtert – regelrecht befreit. Von einer Sekunde auf die nächste konnte ich diese Ego-Reduzierung annehmen. Ich hatte den Eindruck, dass mein Ego durch diese Erfahrung in kürzester Zeit auf ein gesundes Maß schrumpfte. Die Rahmenbedingungen im Dunkelretreat machten es möglich: Die kognitiven Filter waren runtergefahren und durch die Melatoninproduktion war ich tiefenentspannt und gelassen.
Außerhalb des Dunkelretreats hätten wahrscheinlich keine zehn Menschen ausgereicht um eine solche Änderung in mir zu bewirken. In der Dunkelheit war es dagegen absolut einfach und mühelos. Bis auf ganz seltene Ausnahmen ist es der Normalfall, eine gewonnene Erkenntnis sofort umzusetzen, ohne dass das Ego hadert, diskutiert oder etwas relativiert. Einfach annehmen, Erleichterung spüren, wohlfühlen und gut ist!

Sowas zu erleben ist für mich eine ganz große Wohltat.

Danach nahm ich den Hintergrund dieses Erlebnisses wahr. Selbst das aufgeblähteste Ego verblasst in der völligen Bedeutungslosigkeit, wenn man eine oder mehrere Ebenen höher geht. Egal was ich in meinem Leben leiste oder bewirke, in einem größeren Rahmen betrachtet ist es bedeutungslos. Nicht im Sinne einer Abwertung und genauso wenig als Aufforderung, zukünftig nichts zu machen und nur die Hände in den Schoß zu legen. Stattdessen sollte man sein Bestes geben und sich bewusst machen, dass dies nur ein winziger – aber wichtiger – Bestandteil des großen Ganzen darstellt.
Also auf meine Aktivitäten bezogen: Egal wie groß oder klein die Beachtung meiner Aktivität ist, auf Europa oder erst recht weltweit bezogen ist meine Aktivität bedeutungslos. Damit stelle ich keinen Sonderfall dar. Dies trifft auf jeder Ebene zu. Wenn also z.B. ein Manager eines Sonnensystems sich rühmen würde, wie toll er das Sonnensystem organisiert hat, wäre das bedeutungslos im Vergleich zu dem Organisator einer Galaxie.

Eine solche Bedeutungslosigkeit auszuhalten fällt unserem Ego im Alltag sehr schwer. Deshalb bemüht sich das Ego, sich mit allen möglichen „Identitäten" zu bereichern um sein Ansehen ein Stück weit aufzupäppeln. Egal ob es um materielle Güter geht, oder um Ansehen/Status, unser Ego lässt sich schon was einfallen um uns das eine oder andere „schmackhaft" zu machen. Und so sind wir ständig auf der Jagd – bis wir diesen Zusammenhang begreifen – nach neuen Identitäten („Ich bin..." oder „Ich habe...").

Ein Ego haben bedeutet, sich an einer Identität festzuhalten. Eine solche Identität ist wie ein Mantel, den man sich umhängt (oder in der Kindheit umhängen lässt). Sofern es ein Mantel ist oder zwei sind, kann man noch davon sprechen, dass der Mantel schützt, wärmt,... . Dies ist z.B. in einer Krisensituation (Sinnkrise, Krankheit, Todesfall, Arbeitslosigkeit,...) der Fall: Da ist es förderlich, sich zu einer Gruppe (Familie, Freunde, Verein) zugehörig zu fühlen, sich damit zu identifizieren, um so auch von der Gruppe – allein durch die Mitgliedschaft in einer solchen – Halt und Unterstützung zu erfahren.
Vergleichbar ist es bei der Zugehörigkeit zu einer Trainingsgruppe, wenn man ein sportliches Ziel erreichen will, oder bei der Zugehörigkeit zu einer spirituellen Gemeinschaft, wenn man sich weiter entwickeln will. In beiden Fällen gibt es eine Unterstützung, die u.a. Kraft, Motivation und Stabilität fördert.
Eine Identität ist also nicht per Definition eine Belastung oder ein Hindernis. Sie kann aber ein Hindernis für die persönliche Entwicklung darstellen, wenn ich z.B. die Überzeugung habe, dass ich nur durch die Zugehörigkeit zu einer Gruppe etwas wert bin, oder nur durch die Gruppe etwas erreicht habe.

Ebenso stellt es eine Belastung dar, wenn ich mich mit Identifikationen überlade. Analog der Metapher mit dem Mantel, wird es mühsam und beschwerlich, wenn ich mir sehr viele Mäntel umhänge.

Nach diesem Prozess hinterfragte ich, welche Identitäten mich weiterhin in meiner Entwicklung bzw. auch in meinem Alltag fördern und welche aktuell nicht mehr angemessen sind. Daraufhin legte ich Identitäten ab und bin seitdem achtsam, ob bei mir eine Änderung beim Thema Identität ansteht.

Anhand von drei Beispielen möchte ich das näher erläutern:
- Jahrelang habe ich mich als Sportler bzw. Triathlet identifiziert. Man kann sagen: Ich lebte diese Identifikation regelrecht.
- Ebenso im Bereich Ernährung: „Ich bin Veganer."
- Von Kindheit an sagte ich: „Ich bin der Arnold."

Inzwischen bin ich zu der Überzeugung gelangt, dass diese Identitäten mich meinem wahren Kern nicht näher bringen. Sie helfen mir nicht dabei Antworten auf Fragen wie z.B. „Wer bin ich wirklich?" zu finden. Eine Unterstützung meiner Entwicklung findet über eine solche Identität nicht statt. Im Gegenteil – sie behindert sie. Denn bei Änderungen oder neuen Entscheidungen würde ich bewusst oder unbewusst immer prüfen, ob diese mit meinen bisherigen „Identitäten" kompatibel sind, also zu ihnen passen. In dem Moment, in dem ich z.B. Sport oder Ernährung auf die Verhaltensebene bringe und nicht glaube, dass es zu meinem Wesen gehört, bin ich frei in der Art und Weise wie ich über Änderungen oder Neuausrichtungen denke. Die Umsetzung eines neuen Gedankens oder einer Idee wird dadurch leichter und schneller.

Auf die oben genannten Beispiele bezogen habe ich folgende Änderung vorgenommen:

- Sport mache ich weiterhin, weil es mir gut tut und Spaß macht. Ich bringe es auf die Verhaltensebene: „Ich betreibe Sport." (Statt: Ich bin Sportler.)
- Bei meiner Ernährung ebenso: „Ich ernähre mich vegan." (Statt: Ich bin Veganer.")
- Bei meinem Vornamen: „Ich heiße Arnold." (Statt: Ich bin der Arnold.") Denn der Name beschreibt nicht mein wahres Wesen, sondern ist nur die „Bezeichnung", die mir meine Eltern gegeben haben.

Wenn ich also den Fokus auf meine persönliche Entwicklung lenke, ist es für mich unterstützend, wenn ich so viele „Identität-Mäntel" wie möglich ablege. Aber mir solche Identitäten bewahre – oder neu zulege – die mich unterstützen und meine persönliche Entwicklung fördern.

Ich möchte nochmals auf den Satz „Ein Niemand, der nichts kann." zurückkommen.
Je mehr ich darüber nachdachte, umso genialer fand ich ihn. Beim Gedanken daran, dass ich mich mit diesem Satz identifiziere, musste ich lachen. Und gleichzeitig empfand ich es als enorm befreiend und inspirierend.
Wie wäre es, wenn ich Gesprächspartnern auch diesen Status („Ein Niemand, der nichts kann.") gedanklich „zuweise"? Es gäbe keine „Ablenkung" durch irgendwelche Identitäten wie Status, Titel, Beruf, Position, Herkunft,… . Es wäre ein Gespräch, bei dem man sich auf gleicher Ebene von Mensch zu Mensch unterhält und sich auf den wesentlichen Kern (die Grundlage des Gespräches) konzentriert.

Nutzen Reizreduzierung/Risiken Reizüberflutung

Was sagt die Wissenschaft zu den Wirkungen von Reizen?

Speziell zu den Vorteilen einer Reizreduzierung und den Risiken einer Reizüberflutung?

Stress, Anspannung und damit einhergehende Symptome

Viele Menschen klagen über Stress und Anspannung im Alltag, ein reduziertes Wohlbefinden und damit einhergehende körperliche und seelische Probleme. Ein erhöhtes Ausmaß an Stress und Anspannung kann zu ungünstigen Veränderungen auf verschiedenen Ebenen führen (physiologisch, kognitiv, emotional, verhaltensbezogen; z.B. Erhöhung von Herzrate und Blutdruck, vermehrte Ausschüttung von Stresshormonen, Ängstlichkeit, Niedergeschlagenheit oder Gereiztheit, vermehrtes Grübeln, Aggression oder Rückzug). Ein Teufelskreis aus Stress, Anspannung und daraus resultierenden negativen Folgen kann entstehen und die Entwicklung verschiedener körperlicher und seelischer Erkrankungen begünstigen.

Warum Entspannung?

Durch gezielte Entspannungsmethoden können Stress und Anspannung effektiv reduziert und mögliche negative Folgen frühzeitig verhindert werden. Zahlreiche wissenschaftliche Untersuchungen belegen, dass die Anwendung gezielter Entspannungsverfahren mit positiven körperlichen und seelischen Veränderungen einhergeht, z.B. einer Abnahme von Muskeltonus, Herzrate, Blutdruck, Atemfrequenz und Hautleitfähigkeit, einer verbesserten Stimmung und erhöhter Kontrollüberzeugung.

[7.1]

Therapeutischer Nutzen: Achtsam ist heilsam

Die Achtsamkeitsmeditation ist in der breiten Masse angekommen, als Allzweckwaffe zur Optimierung sämtlicher Lebensbereiche. Gleichzeitig aber wird sie immer ernster genommen: Mediziner und Psychotherapeuten entdecken immer neue Anwendungsgebiete – etwa chronische Schmerzen, Depressionen, Süchte, Essstörungen und sogar Krebs. Was aber kann die Achtsamkeitsmeditation wirklich leisten? Und welche modischen Varianten haben mit der ursprünglichen Idee gar nichts mehr zu tun?

Ursprünglich stammt diese Form der Meditation aus dem Buddhismus, der Medizinprofessor Jon Kabat-Zinn entwickelte aber in den siebziger Jahren an der University of Massachusetts eine westliche Variante namens Mindfulness Based Stress Reduction (MBSR). Bei dem achtwöchigen Training beginnen Meditationsschüler meist damit, sich auf körperliche Empfindungen zu konzentrieren. So nehmen sie wahr, dass der Nacken verspannt ist oder der Bauch zwickt. Sie lernen, solche Zustände zu bemerken, aber nicht zu bewerten. Später übertragen sie das auf Emotionen – vielleicht beobachten sie, dass sie Angst haben, steigern sich aber weder in die Furcht hinein, noch versuchen sie, diese zu unterdrücken.

Damit schalten sie einen Schritt zwischen Reiz und Reaktion. Wer sich vor einer Präsentation im Job fürchtet oder im Keller einer besonders langbeinigen Spinne begegnet, wird nicht gleich in Panik verfallen, wenn er die neue Haltung beherrscht.

Unter Wissenschaftlern war die Achtsamkeitsmeditation lange nicht anerkannt. "Eigentlich wollte ich meine Diplomarbeit Ende der neunziger Jahre darüber schreiben", sagt der Psychologieprofessor Matthias Berking von der Universität Marburg. "Aber damals hätte man sich mit einem solchen Thema wissenschaftlich beerdigt." Noch vor etwa acht Jahren sei es bei Konferenzen gar nicht aufgetaucht. "Jetzt hat man speziell auf Kongressen der Klinischen Psychologie zuweilen den Eindruck, dass sich jeder zweite Vortrag auf achtsamkeitsbasierte Interventionsverfahren bezieht, vor allem in den USA sind die Kollegen diesbezüglich sehr euphorisch", sagt Berking.

Studien zeigen inzwischen sogar, wie Meditation die Hirnaktivität verändert: Mithilfe der Elektroenzephalografie (EEG) stellten Wissenschaftler fest, dass während tiefer Meditation zum Beispiel die Wellen im Beta- und Gamma-Bereich stärker und weitflächiger synchronisiert sind als im aktiven Wachzustand – ein Zeichen für intensive Konzentration und Aufmerksamkeit. Bildgebende Verfahren zeigen, dass etwa der orbitofrontale Kortex angeregt wird. Dieses Hirnareal ist wichtig für den Umgang mit Emotionen.

Immer mehr Studien belegen positive Wirkungen auf die Gesundheit.
[7.2]

Mehr dazu im Kapitel **Meditation**.

Stressstudie 2016

Die Krankenkassen verzeichnen seit 15 Jahren eine Zunahme stressbedingter Krankschreibungen. Von den gut 15 Fehltagen pro Kopf und Jahr entfallen 2,5 Tage auf psychische Beschwerden wie Depressionen, Angst- und Belastungsstörungen.

Woran liegt es, dass offenbar immer mehr Menschen Probleme haben, ihren Alltag zu bewältigen? Auf diese Frage gibt es nicht nur die eine Antwort. Zum einen sind psychische Erkrankungen heute erfreulicherweise weniger stigmatisiert als früher, sodass psychische Diagnosen auch eine größere Akzeptanz haben. Zum anderen sind Ärzte heute viel besser in der Lage, psychische Erkrankungen zu diagnostizieren, sodass viele seelische Beschwerden, die früher nicht erkannt oder mit einem falschen Etikett versehen wurden, heute dokumentiert und die Patienten entsprechend besser behandelt werden.
Der Anstieg der Diagnosen hat also auch positive Effekte. Zum anderen verschwimmen die Grenzen zwischen seelischem Stress und Beschwerden, die medizinischer Versorgung bedürfen, immer mehr. Auch bei Problemen der Lebensbewältigung wird immer häufiger professionelle medizinische Hilfe gesucht. Verlernen wir, mit Krisen umzugehen? In einer Studie wurden Studierende zu ihrem Lebensstil befragt: Es zeigte sich, dass viele bereits in jungen Jahren unter extremem Druck stehen. Mehr als ein Viertel der Hochschüler gibt an, dass sie schon Stress hatten, den sie mit üblichen Entspannungsstrategien nicht mehr bewältigen konnten, jeder Zweite von ihnen hat professionelle Hilfe in Anspruch genommen.

Stress ist in unserer modernen und digitalen Welt inzwischen ein Modebegriff. Für viele ist er geradezu ein Statussymbol – denn wer Stress hat, hat ja viel um die Ohren und ist damit wichtig. Wer würde da behaupten, er hätte keinen Stress? Aber Stress ist ja per se auch noch nichts Schlechtes. Evolutionsbiologisch sorgte Stress seit jeher dafür, dass wir in Notfallsituationen Höchstleistungen vollbringen können: kämpfen, flüchten, verstecken, totstellen. Dass man unter Druck über sich hinauswächst, erfordert aber auch einen erhöhten Energieeinsatz und kann deshalb immer nur für einen begrenzten Zeitraum gesund sein.
Wer also nicht regelmäßig für Ausgleich sorgt, fährt schnell auf Reserve. Auszeiten und Ausgleich sind also wichtig. Viele von uns haben jedoch nicht nur eine Rolle zu erfüllen, sondern gleich mehrere, sind Eltern, Partner, Arbeitnehmer oder Arbeitgeber. Und in allem wollen wir gut sein und mindestens 100 Prozent geben. Der Druck kommt also nicht nur von außen, sondern oft von uns selbst. Deshalb überrascht es nicht, dass diese Studie zeigt, dass ihre hohen Ansprüche an sich selbst 43 Prozent der Menschen in

Deutschland unter Stress setzen. Nur der Jobstress wird als Stressauslöser noch häufiger genannt als der Druck, den man sich selbst macht.
[7.3]

Wie sich Reizüberflutung äußert

Die menschliche Wahrnehmung besitzt eine Reihe von Schutzmechanismen um alles, was in unser Bewusstsein gelangt, auf eine Art und Weise aufzubereiten, durch die wir als Wahrnehmende nicht zu schnell von all den Eindrücken des Alltags überfordert sind oder zu viele Ressourcen durch die Wahrnehmung von Bekanntem verbrauchen.

Damit nun ein Reiz als besonders unangenehm gilt, muss er unsere Reizschwelle entweder über einen längeren Zeitraum hinweg überschreiten oder aber eine Stärke aufweisen, die vom Wahrnehmenden als unangenehm bewertet wird. Dies erzeugt zusätzlich Stress und stellt eine weitere Belastung für denjenigen dar, der ohnehin schon durch die Überreizung leidet.

Wer mit Reizüberflutung zu kämpfen hat, der findet sich gleichsam im Ringen mit den Reizen sowie seinem Innenleben wieder. Gleichzeitig muss man mit den Eindrücken der Umgebung umgehen und den Stress verarbeiten, wozu lediglich das Nervensystem zur Verfügung steht, welches bereits überreizt ist. Es ist kein Wunder, dass gerade Hochsensible immer wieder mit derartigen Situationen konfrontiert werden, wenn wir eben davon ausgehen, dass die Filter bei ihnen durchlässiger sind.

Die Symptome einer akuten Reizüberflutung bieten ein breites Spektrum:
- Reizbarkeit
- Aggressionen
- Unruhe
- Konzentrations- und Erinnerungsprobleme
- Kopf- und evtl. generalisierte Schmerzen
- Tinnitus
- Müdigkeit
- Missempfindungen
- Herzrhythmusstörungen

Das Durchleben der Reizüberflutung hinterlässt meistens einen Zustand der Erschöpfung. Anhaltende Reizüberflutung kann auch dauerhafte Zustände von Konzentrationsschwierigkeit und Reizbarkeit verursachen. Doch gerade

die Fähigkeit sich zu konzentrieren ist wichtig um Überreizungen zu verhindern, da durch Konzentration auf ausgewählte Inhalte störende Eindrücke ausgeblendet werden.
[7.4]

Hochsensibilität (HSP – Hochsensible Personen)

Was ist HSP?
Hochsensibilität ist eine erweiterte Ressource, bei der mehr Reize durch unsere Sinne im Bewusstsein aufgenommen werden. Es liegt also nicht daran, dass solche Menschen weniger Reize aushalten, sondern daran, dass sie mehr wahrnehmen. Hochsensibilität wird als eine normale psychologische Eigenschaft – und nicht als eine Beeinträchtigung – betrachtet.

Auch hochsensible Menschen unterscheiden sich voneinander.

Hochsensible haben zwar Gemeinsamkeiten, sind jedoch in vieler Hinsicht sehr verschieden, auch bezüglich ihrer Sensitivität. Hochsensible Menschen erkennen einander oft nicht, weil ihre hohe Sensibilität in verschiedenen Bereichen gelagert sein kann:

- <u>Sensorisch</u> sensible Menschen haben besonders feine Sinneswahrnehmungen: Geräusche, Gerüche, Licht und Farben wirken auf sie besonders stark. Oft haben sie in diesen Bereichen eine Begabung: musisch, künstlerisch, ästhetisch. Eventuelle Nachteile: oft besonders lärmempfindlich, leicht irritiert, von vielen Sinneseindrücken schneller überlastet.
- <u>Emotional</u> sensible Menschen nehmen besonders die Feinheiten in zwischenmenschlichen Bereichen auf. Sie sind mitfühlend, hilfsbereit, empathisch, oft besonders genaue Zuhörer mit starker Intuition. Herausforderungen: Sie fühlen sich oft überfordert von der Last all dessen, was sie wahrnehmen. Oft reagieren sie in Gesprächen auf die Untertöne stärker als auf die ausgesprochene Botschaft des Gesprächspartners.
- <u>Kognitiv</u> sensible Menschen haben ein starkes „Gefühl" für Logik, für „wahr oder falsch", und denken in sehr komplexen Zusammenhängen. Sie haben oft besondere Begabungen auf wissenschaftlichen oder technischen Gebieten. Probleme können sich ergeben, wenn das komplexe Denken die Kommunikation im Alltag behindert.

Viele hochsensible Menschen sind in zwei oder in allen Bereichen sensibel, aber meist haben sie einen Schwerpunkt in einem der Bereiche (spüren, fühlen, denken).

[7.5]

Hochsensibilität ist keineswegs eine Randerscheinung.
Ca. 15-20% der Bevölkerung – in allen Altersstufen und sozialen Schichten – haben dieses Persönlichkeitsmerkmal. Die Hochsensibilität wird vererbt, bleibt das ganze Leben erhalten und stellt gerade in zwischenmenschlichen Lebensbereichen ein großes Potential dar.

Ursache

Ein Bestandteil unseres Zwischenhirns/Limbischen Systems ist der Thalamus. Er stellt die sensorische Schaltstation im Gehirn dar und filtert alle ankommenden Reize – sowohl von außen als auch aus unserem Innern – und entscheidet in welches Gehirnareal ein Reiz weitergeleitet wird. Oder anders formuliert: welche sensorische Reize uns bewusst werden und welche nicht. Deshalb wird der Thalamus auch als **„Tor zum Bewusstsein"** bezeichnet.
Im Falle einer Hochsensibilität leitet der Thalamus deutlich mehr Reize in unser Bewusstsein als bei der Mehrzahl der Bevölkerung.
Ob es am besonders empfindlichen Nervensystem, geringerer Übertragungsverluste oder deutlich mehr der relevanten Neurotransmitter liegt, ist noch nicht vollständig erforscht.

Hochsensibilität – Fluch oder Segen?

Wie wirkt sie sich im Alltag aus?

Sofern ein Hochsensibler einer Reizüberflutung ausgesetzt ist, reagieren diese Menschen leicht empfindlich, überreizt, bzw. dünnhäutig. Eine Reizüberflutung hat eine Überforderung zur Folge, da sich diese Menschen den Reizen ausgeliefert fühlen.

Damit es kein Fluch wird:

Hochsensible sollten z.B. die äußeren Reize reduzieren. Dazu können ein geändertes privates Umfeld, Umzug, anderer Arbeitgeber oder ein anderer Beruf gehören. Ebenso kann der Umgang mit den jeweiligen Reizen hinterfragt werden.

Damit es ein Segen wird:
- Die Hochsensibilität als ein Persönlichkeitsmerkmal wie z.B. die Augenfarbe annehmen.
- Steigerung und Wertschätzung der eigenen inneren Wahrnehmung.
- Ein Umfeld suchen (privat und Beruf), in dem dieser Wesenszug geschätzt wird und weiterentwickelt werden kann. Dann ist Hochsensibilität keine Last, sondern stellt eine große Entwicklungschance dar.

Weshalb ein Dunkelretreat ein „Paradies" für Hochsensible ist

Meistens ist der Alltag – gerade in der heutigen, schnelllebigen Zeit – durch eine Fülle an Reizen und ständig ändernden Rahmenbedingungen sowie Anforderungen gekennzeichnet.
Genau diese Vielzahl an Reizen gibt es nicht in einem Dunkelretreat. Dies stellt eine große Wohltat dar – keine äußeren Reize und schon gar keine Reizüberflutung!

Im Dunkelretreat kann ein Hochsensibler sich dem widmen, was oft genug im Alltag zu kurz kommt:
- Erholung
- Bei sich ankommen
- Reflektion des eigenen Lebens
- Chancen erkennen und nutzen (Blockaden auflösen, Ressourcen zugänglich machen)

Die Rahmenbedingungen eines Dunkelretreats (besonders durch die Reizreduzierung) ermöglichen eine solche Entwicklungschance. Immer mehr Hochsensible erkennen dies und nehmen ein solches Angebot an.

Meditation

Meditation ist ein Oberbegriff für eine Vielfalt an mentalen Techniken, die den Übenden Ruhe, Entspannung, Gelassenheit, Glückserfahrungen, Klarheit des Geistes, Überwindung von Leid und Schmerz, Vergebung, Loslassen, aber auch Empathie, Einfühlung und Mitgefühl vermitteln soll.

Meditation kann eingebettet sein in religiös-spirituellen Glaubenssystemen verschiedenster Art, kann aber auch nicht religiös und psychologisch ausgerichtet betrieben werden.

[7.6]

Zwar spielt Meditation als spirituelle Übung in den verschiedenen religiösen Traditionen nach wie vor eine zentrale Rolle, doch es sind weitere Anwendungsfelder hinzugekommen: Meditation gilt heute auch in der säkularen Welt als Entspannungsverfahren mit nachgewiesener Wirksamkeit.

So werden zum Beispiel Trainingsprogramme mit Achtsamkeitsmeditation MBSR erfolgreich bei der Behandlung körperlicher und psychischer Erkrankungen eingesetzt. Auch ihr Nischendasein hat die Meditation längst überwunden. Und nur gesessen wird auch nicht: Neben der klassischen, bewegungslosen Sitzmeditation existieren auch Verfahren, die mit Bewegungen einhergehen.

[7.7]

Was ist Meditation?
- Sie sind alleine mit sich selbst.
- Sie sitzen aufrecht und bequem.
- Sie erhöhen Ihre innere Aufmerksamkeit.
- Sie betrachten alles, was Sie erleben, mit Interesse.

Was Meditation nicht ist:
- Meditation ist keine religiöse oder devotionale Übung.
- Man muss an gar nichts glauben, um zu meditieren.
- Meditation ist absolut nicht an Ergebnissen orientiert.
- Sie brauchen Ihre Meditation zu nichts zu "nutzen", müssen hinterher nichts vorweisen können, nicht entspannter oder sonst wie "weitergekommen" sein.

Kurzum: Meditation ist betrachtendes Innehalten im Tun.
[7.8]

Es gibt eine große Anzahl von Meditationsarten mit unterschiedlichen Wirkungen. Nachfolgend eine kleine Auswahl an Möglichkeiten:
- Mit offenen Augen ein Objekt fokussieren. Im Dunkelretreat z.B. auf einen Punkt in 50 cm Entfernung konzentrieren.
- Den Fokus auf körperliche Vorgänge richten (Atem, Herzschlag, Ruhe, Aufgeregtheit, Beschwerden)
- Eigene Psyche (Gedanken, Gefühle, Stimmungen)
- Visualisierung/Fokussierung im Körper (Herz, Zirbeldrüse, drittes Auge), Tummo-Meditation
- Visualisierungen außerhalb (Spiritueller Lehrer, Thangka, Symbol)
- Meditation in Bewegung bzw. mit dynamischen Aktionen
- Fokussierung auf die Wiederholung von Mantren

Im Dunkelretreat ist es kein „Muss" zu meditieren, es fördert aber die innere Ruhe und den leichteren Zugang zu bisher unbewussten Aspekten des eigenen Innenlebens.

Und ganz pragmatisch: Meditation ist eine sehr gute Unterstützung im Dunkelretreat. Sowohl zur Förderung innerer Prozesse, als auch als Aktivität in Zeiten, in denen „nichts los ist".

Auswirkungen der Meditation

Schon seit Jahrtausenden wissen die Menschen aus den verschiedensten Kulturkreisen um die Wirkungen von Meditation auf das geistige und körperliche Wohlbefinden. Lange Zeit wurde Meditation mit Esoterik in einen Topf geworfen - und hat sich dennoch in den letzten Jahrzehnten als effektives Entspannungsverfahren etabliert. Seit ein paar Jahren kristallisiert sich nun immer mehr heraus, dass Meditation noch viel mehr ist: ein mentales Training mit beeindruckender Wirkkraft. Denn auch wenn vor allem Mönche während ihres Lebens so fleißig meditieren, dass sie zehntausende Stunden Meditationserfahrung sammeln, funktioniert Meditation auch problemlos ohne Spiritualität.

Die psychische und körperliche Gesundheit sind eng miteinander verknüpft. Durch seelische Leiden können sich Krankheiten im Körper manifestieren und körperliche Erkrankungen haben oft auch psychische Probleme zur Folge. Meditation hat schon nach wenigen Stunden einen spürbaren Effekt auf die Psyche - weniger Stressanfälligkeit und ein Gefühl von innerer Ruhe und Ausgeglichenheit. Dies hat wiederum Auswirkungen auf die körperlichen Aspekte wie Blutdruck, Immunsystem oder Cholesterinspiegel. Neurowissenschaftler haben diese spürbaren Effekte in verschiedenen Studien untersucht und gemessen. Mit Hilfe von Bildgebenden Verfahren wie Kernspintomographie wurden die neurobiologischen Auswirkungen von Meditationsübungen auf die Hirnaktivität und Hirnstruktur sichtbar gemacht. Es zeigt sich, dass wir tatsächlich durch Meditation und Achtsamkeit unser Gehirn und unsere Persönlichkeit verändern können.

Zehn Prozent aller Deutschen befürchten wegen Stress irgendwann umzukippen und den Anforderungen unserer immer schneller werdenden Gesellschaft nicht mehr gerecht werden zu können. Schon lange sind Methoden wie autogenes Training, progressive Muskelentspannung oder Stressbewältigungsmethoden wie MBSR (Mindfulness-Based Stress Reduction) bewährte Methoden, Stress und Stressempfindung in den Griff zu kriegen. Die Resultate, wie Entspannung und ein Gefühl von Zufriedenheit, sind schnell spürbar. Unser körperliches und emotionales Stresserleben ist stark an das Stresshormon Cortisol gekoppelt, welches nachweislich durch Meditation gesenkt wird. Wissenschaftlich erwiesen wurde zudem ein Zusammenhang zwischen vermindertem Stresserleben durch Meditation: Die Substanz des rechten Mandelkerns (Amygdala) im Gehirn nahm bei Meditierenden ab, was signifikant mit einem reduzierten Stress- und Angsterleben einherging.

Balsam für Psyche und Körper

Effekte von Meditation auf unsere

- psychische Gesundheit: Verbessertes Stressempfinden, Achtsamkeit und Geduld, Gedächtnis/Konzentration und geistige Flexibilität, Intuition und Körperwahrnehmung, verlangsamt den Alterungsprozess
- körperliche Gesundheit: Besserer Schlaf, reduziertes Schmerzempfinden, Blutdruck sinkt, gestärktes Immunsystem, Cholesterinspiegel sinkt, verminderte Migräneattacken

[7.9]

Einige Studien über Auswirkungen von Meditation

<u>Meditation macht messbar glücklichere Menschen.</u>

Spezielle Meditationsmethoden verändern die Gehirnaktivität im präfrontalen Gehirn.

Praktizierende einer bestimmten Meditationstechnik sind auch nach wissenschaftlichen Kriterien glücklicher. So ist eine bestimmte Gehirnregion, der sogenannte linke präfrontale Lappen, bei den Meditierenden (mit etwas längerer Praxis) nahezu ununterbrochen aktiv – das ist ein für positive Emotionen typisches Merkmal. Das konnten mehrere Wissenschaftler mit Hilfe moderner neurologischer Untersuchungsmethoden zeigen. Mit einigen dieser neuen Erkenntnisse befasst sich der amerikanische Philosophieprofessor Owen Flanagan in der Zeitschrift „New Scientist".
Neurologen kennen mittlerweile zwei Hauptbereiche, die mit den Emotionen, Stimmungen und dem Temperament einer Person zusammenhängen: Dazu gehören die Amygdala im Vorderhirn und die präfrontalen Hirnlappen.

Aktivität im linken präfrontalen Stirnlappen deutet dabei auf positive, im rechten auf negative Emotionen hin. Einer der ersten Untersuchten praktizierte eine buddhistische Meditationstechnik. Dabei zeigte sich nun die höchste bisher gemessene Aktivität im linken präfrontalen Lappen, wie Owen Flanagan von der Duke Universität in Durham (USA) schreibt. Offenbar ist diese Gehirnregion bei den Meditierenden auch außerhalb ihrer meditativen Zustände aktiv. Erfahrene Meditierende sind damit in der Lage, ihr Gehirn so zu trainieren, dass sie auf Reize von außen nur noch mit positiven Emotionen reagieren.

[7.10]

Aktivierung der Selbstheilungskräfte

Wissenschaftler vom Massachusetts General Hospital haben mehr als 4.000 Patienten über einen längeren Zeitraum begleitet und untersucht (2015). Diese erhielten die Anweisung, Meditation oder andere Entspannungstechniken in ihren Alltag zu integrieren. Eine Kontrollgruppe von 13.000 Patienten machte nichts dergleichen.
Das Resultat war, dass 43% der gesundheitlichen Probleme, wie etwa Kopfschmerzen, Schlafstörungen oder Erkältungen dank der Entspannungsübungen von selbst verschwanden, was in vielen Fällen einen Arztbesuch überflüssig machte.

[7.11]

Meditation wirkt - bereits nach kurzer Zeit

Einige wissenschaftliche Studien geben mittlerweile Rückschluss auf die verändernde Wirkung von Meditation auf das Gehirn. Beispielsweise fördert es die Hirnaktivität bzw. die Verbindung zwischen Hirnarealen, die zur Emotionskontrolle beitragen. Diese Selbstregulation beinhaltet die Steuerung von bewussten oder unbewussten Impulsen, Gefühlen und Handlungen, sowie von Aufmerksamkeit und Entspannung. Fünf Tage können ausreichen, um bereits erste Veränderungen im Selbstregulationsmechanismus zu verzeichnen. Auch andere Methoden der Entspannung, wie beispielsweise autogenes Training, wirken sich positiv auf die Selbstregulation aus, nachgewiesenermaßen auch bei Kindern und älteren Erwachsenen im jeweiligen Durchschnittsalter von 4,5 bis 65 Jahren. Egal ob als spirituelle Übung, mentales Training oder lediglich als Entspannungsmethode, die Wirksamkeit von Meditation wurde mittlerweile durch viele Vergleichsstudien von Menschen mit langjähriger Meditationserfahrung und Kontrollpersonen gleichen Alters und Gesundheitszustandes belegt.

[7.12]

Die Methode: Dunkelretreat nach Wiegand®

Zu <u>Hintergrund</u> und <u>Abgrenzung</u> meiner Methode - Dunkelretreat nach Wiegand®

Die Methode dient dazu, erfolgreich die eigene Entwicklung zu forcieren und die Lebensqualität zu erhöhen.

Weshalb veröffentliche ich meine Methode?

Ich möchte damit erreichen, dass Menschen, die in Betracht ziehen in ein Dunkelretreat zu gehen um ihr Innenleben zu erforschen, über eine Methodik verfügen, um die auftauchenden Erlebnisse einwandfrei zu verarbeiten und zu integrieren.

Wenn man begreift, dass man den Erlebnissen in der Dunkelheit nicht hilflos ausgeliefert ist, sondern im Gegenteil diese zur persönlichen Entwicklung nutzen kann, entsteht Vertrauen.

Vertrauen zu sich selbst und zum Aufenthalt in der Dunkelheit. Dies fördert innere Ruhe, Gelassenheit und Selbstsicherheit. „Egal was ich in mir wahrnehme, ich werde damit konstruktiv umgehen."

Und im Falle meiner Teilnehmer:
Sie haben mit dem Buch die Möglichkeit sich vorher zu informieren, und erfahren wie ich sie in der Dunkelheit unterstütze.

Mit meiner Methode – Dunkelretreat nach Wiegand® – habe ich verschiedene Vorgehensweisen zusammengefasst um die auftauchenden Erlebnisse während eines Dunkelretreataufenthalts einwandfrei zu verarbeiten. Manche dieser Inhalte habe ich selbst entwickelt oder erweitert.

Weltweit gibt es einige Länder in denen Dunkelretreats – teilweise seit ewiger Zeit - angeboten und durchgeführt werden. Deren Methoden sind somit regional und kulturell geprägt. Da ich diese verschiedenen Methoden im Umgang mit den gemachten Erfahrungen im Detail nicht kenne, kann ich keine Aussage über deren Wirksamkeit treffen. Es kann aber ein Stück weit erschwerend sein, wenn man sich erst in die kulturellen Hintergründe, Symboliken und Begriffe in einem anderen Land (bzw. deren

Vorgehensweise) einarbeiten muss. Hinzu kommen eventuell feine Unterschiede/Nuancen im sprachlichen Ausdruck einer Fremdsprache.

Zur Abgrenzung meiner Methode von diesen anderen Vorgehensweisen habe ich mir den Markennamen beim Patentamt schützen lassen.

Dies umfasst mehrere Aspekte:

- Ich habe mit der Methode eine <u>Systematik</u> entwickelt mit den auftauchenden Themen und Erlebnissen in der Dunkelheit konstruktiv umzugehen.

- Bei jedem Bestandteil der Methode habe ich mir etwas gedacht und alles in eigenen Dunkelretreats getestet - bis hin zu den 49 Tagen, die ich ohne fachliche Betreuung in der Dunkelheit sehr erfolgreich durchführte. Die Dokumentation hierzu ist im hinteren Teil des Buches. In dieser Zeit ging ich durch über 200 innere Prozesse und schrieb parallel das Roh-Manuskript dieses Buches.

- In meiner Methode verwende ich Inhalte und Sprache unseres Kulturkreises. D.h. es ist keine Einarbeitung in eine andere Symbolik und Kultur notwendig. Von meiner Geisteshaltung bin ich aber sehr wohl für andere Kulturen und Weltsichten offen. Solange ein Teilnehmer auf konstruktive Art und Weise mit den Erfahrungen in der Dunkelheit umgeht und offen mit mir kommuniziert, ist jede Person – egal zu welcher Religion, Weltanschauung oder Kultur sie sich zugehörig fühlt – bei mir herzlich willkommen. Jeder Teilnehmer kann seine eigenen Atem-, Yoga-, oder Meditationstechniken als Ergänzung in den Zeiten einsetzen, in denen „weniger los ist". Wenn sich aber das Unbewusste des Teilnehmers bemerkbar macht, dann empfehle ich meine Methode einzusetzen. In meinen eigenen Dunkelretreats nutze ich verschiedene Meditations- und Atemtechniken aus dem tibetischen Buddhismus bzw. Bön. Im Alltag praktiziere ich auch regelmäßig eine europäische Meditationsform.

- Meine Methode ist flexibel und strukturiert. Intuitiv begleite ich meine Teilnehmer in deren inneren Prozessen.

- Meinen Teilnehmern vermittle ich meine Methode, sodass sie nach einiger Zeit im Dunkelretreat und zu Hause mit den verschiedensten Mitteilungswegen ihres Unbewussten erfolgreich umgehen können.

Ist meine Methode wirkungsvoll und nachhaltig?

Eindeutig: Ja. Sowohl bei meinen Teilnehmern, als auch bei meinen eigenen Dunkelretreats.
Egal ob ich einen Horrortraum nach 3 Wochen mitten in der Nacht oder in der 5. Woche eine Phase von Beklommenheit, Schwere bei der Atmung oder Angst erlebte, ich habe diese und viele andere Herausforderungen in einem sehr stabilen Zustand erfolgreich gemeistert.

Ab der 6.Woche blühte sogar grundlose Freude in mir auf.

Wobei ich verstehen kann, wenn das Wort Freude für Außenstehende in Anbetracht der Rahmenbedingungen und Aufenthaltsdauer möglicherweise befremdlich wirkt und ein Kopfschütteln auslöst.

Nachhaltigkeit:
Von mehreren Teilnehmern bekam ich Rückmeldungen über die eingetretenen Veränderungen. Viele äußern sich erst nach einigen Monaten, um zu sehen, ob die Verbesserungen Bestand haben.
Das haben sie.

Auch bei mir kann ich über sehr viele nachhaltige Verbesserungen berichten.

Analyse - Strukturierter Ablauf

Grundlagen

Die Basis meiner Arbeit sind die „Informationen" meines Unbewussten (Träume, Phantasien,…), Wahrnehmungen meines Bewusstseins oder Verstandes (Gefühle, Gedanken,…) und Erkenntnisse zu bestimmten Lebenssituationen.

Diese einzelnen Inhalte werden in verschiedenen Schritten behandelt: Wahrnehmen, Beachten, Analysieren und Konsequenzen daraus ziehen. Ich erarbeite mir einen Handlungsspielraum, indem ich mit den gewonnenen Erkenntnissen mit der Reflektion, Verarbeitung (z.B. Lösungen erarbeiten) und anschließender Integration durch meine Methode gehe.

Die Reihenfolge meiner Vorgehensweise hängt ganz von der Ausgangssituation ab.
Beispiele:
- Wenn ich mich an einen Traum erinnere, schreibe ich ihn zuerst auf und analysiere ihn danach,…
- Taucht ein Gefühl (von z.B. Wut) in mir auf, das in Verbindung zu einer nicht verarbeiteten Lebenssituation in meiner Vergangenheit steht, dann führe ich zuerst eine Gefühlsintegration durch, danach…
- Nehme ich eine Stimmung oder Phantasien in mir wahr, betreibe ich Ursachenforschung, woher ich das in meinem Leben kenne, danach…

Die einzelnen Bestandteile meiner Methode sind wie Bausteine, die ich in unterschiedlicher Reihenfolge zusammenstellen kann. Für mich ist nicht die Reihenfolge entscheidend. Ich gehe dabei nach meiner Intuition vor und fange mit dem Bestandteil an, der für mich am nächstliegenden erscheint.

Um zu verstehen, weshalb ich eine bestimmte Vorgehensweise durchführe, ist es vorher hilfreich zu begreifen, wie Blockaden bzw. hindernde Gedanken/Verhaltensweisen entstehen.

Von Geburt an sind wir darauf ausgerichtet Denk- und Verhaltensweisen von unserem Umfeld zu übernehmen. Wie ein trockener Schwamm saugen wir (fast) alles auf, was unser Umfeld uns so bieten kann. Durch Nachahmung übernehmen wir die uns umgebenden „Angebote".

- Darunter befinden sich hilfreiche und fördernde „Angebote", aber
- ebenso hindernde bzw. einschränkende Denk- und Verhaltensweisen, deren wir uns aber oft nicht bewusst sind,
- ebenso sind wir uns meist nicht bewusst, dass die „Angebote" nur einen Teil dessen darstellen, was uns das Leben bieten kann, es sich also lohnen würde über den Tellerrand zu schauen.

Wie übernehmen wir solche „Angebote" bzw. Muster?

Dies geschieht, indem wir durch regelmäßige Wiederholungen oder durch ein oder mehrere intensive Erlebnisse eine Verbindung zu uns herstellen.
Meistens sind uns solche Programme ja bekannt. Erst durch sie können wir unseren regelmäßigen Ablauf im Alltag bewältigen. Ohne sie wüssten wir morgens nicht warum wir aufstehen sollen, bzw. womit wir Geld verdienen können,…
Um die Kapazität unseres Bewusstseins nicht zu überfordern, werden diese Programme in das Unbewusste verschoben – von wo aus sie wirken.
Deshalb erinnert man sich meistens nicht an deren Existenz. Erschwerend kommt noch hinzu, dass die wenigsten Menschen wissen wie man die hindernden Programme abstellt bzw. auflöst.

Dies ist möglich, indem man die eigene Lebenssituation analysiert bzw. den eigenen Gedanken folgt.
Rauch zeigt untrüglich das Vorhandensein von Feuer an. Übertragen auf die eigenen, verdrängten Themen bedeutet dies: Wir brauchen nur dem Rauch (Gedanken und emotionale Ladungen) zu folgen um zu dem Feuer (eigene Schatten bzw. Programme) zu kommen.
Dann kämpfen wir nicht mehr gegen die Gedanken, die verschwinden sollen, sondern wir bestätigen ihre Existenz und verändern sie.

Fangen wir aber gedanklich nochmal von vorne an

Wie lernt ein Kind?
(stark vereinfachte Darstellung)

Ein Kind schaut sich an, was größere Kinder und Erwachsene machen. Unermüdlich wiederholt es etwas, bis es dies genauso macht wie seine Vorbilder. Das betrifft nicht nur Fähigkeiten wie Laufen, Besteck benutzen und mit Spielsachen umgehen, sondern auch Meinungen, Gefühle, Denk- und Verhaltensweisen.
Je nach Anzahl der Wiederholungen sowie der Intensität der Erfahrung

übernimmt das Kind diese Vorlagen. Ein solches Muster nenne ich Programm. Das Programm wird dann im Unbewussten abgespeichert, wo es auf seinen nächsten Einsatz wartet.
Dem Kind bzw. seinem Unbewussten ist es erst mal egal, ob diese Angewohnheit positiv, dienlich oder hilfreich für es ist, oder jetzt bzw. im weiteren Leben einengend, beschränkend oder überflüssig ist.

Und hier kommt meine Methode ins Spiel:
- Wie finde ich heraus, was in meinem Unbewussten eingelagert ist?
- Wie finde ich heraus, welche übernommenen Programme mir in meiner jetzigen Lebenssituation als Erwachsener gar keine Freude bereiten?
- Wie finde ich Aspekte, die mich im Leben einschränken oder zu zwanghaften Wiederholungen von Verhaltensweisen führen?

In der Kindheit, Ausbildung und später werden normalerweise immer nur neue Programme hinzugefügt.
Meistens überprüfen wir nicht – oder es fehlt das Wissen - ob von den vorhandenen Programmen einige überflüssig oder hinderlich sind.
Noch schwieriger wird es, wenn neben dem übernommenen Verhalten auch noch intensive, hindernde Gefühle beteiligt sind. Ein solches Programm zu entfernen gelingt nur, wenn diese Gefühle (die Grundgefühle Wut, Angst und Trauer) ebenfalls geklärt und integriert sind.
Meine Methode hat es mir ermöglicht meine Situationen zu verstehen und Lösungen zu erarbeiten.
Wichtig ist es, diese Gefühle (die in der konkreten Situation entstanden sind und nicht gelebt wurden) in dem inneren Prozess kurzzeitig in einer möglichst hohen Intensität auszudrücken. Erst wenn das Gefühl in dieser Intensität angenommen wird, entfernt man die negative Prägung und Bindung an die bisher unerledigte Situation.

Mehr dazu bei der Gefühlsintegration.

Zunächst möchte ich noch weiter auf das Lernen eines Kindes eingehen.

Wenn Sie zwei Kindern die gleiche Menge und Sorte an Süßigkeiten geben, kann das eine Kind sich trotzdem ungerecht behandelt fühlen.
„Warum bekomme ich nicht mehr – ich bin doch älter!"
„Doch nicht in grün – du weißt doch, dass mir grün nicht gefällt!"

So eine Ausgangssituation kann sich dann im Erwachsenenalter fortsetzen:

Wer wird von welchen Freunden für ein Abendessen eingeladen?

Wieso trinkt der Chef mehr Kaffee mit einem Kollegen als mit mir?

Es ist wichtig zu begreifen, dass es unerheblich ist, ob man sich als Kind berechtigt oder unberechtigt z.B. ungerecht behandelt gefühlt hat.
Im Erleben des Kindes sind beide Varianten die Realität des Kindes, was auch so als Erinnerung abgespeichert wird.

Das Kind verspürte ein Defizit und da es dieses nicht aushalten kann bzw. will, reagiert es darauf mit einer neuen Überzeugung oder einem geänderten Verhalten.
Es versucht dem Defizit zu entkommen und findet eine Lösung.
Dieser Ausweg ist oft mit dem Bewusstsein und der Lebenserfahrung eines Erwachsenen nicht zu verstehen und macht es auch deshalb so schwer, die Ursache für die Entstehung eines unerwünschten Programms zu finden.

Unsere Entscheidungen für das Aneignen einer bestimmten Denk- oder Verhaltensweise ist manchmal logisch nachvollziehbar und manchmal erscheint es unlogisch. Es folgt aber einer Logik, die man erst im zweiten Schritt versteht. Erst wenn man die Zusammenhänge in der Entwicklungskette offenlegt, kann man Verständnis für den Ablauf erlangen.

Je nachdem ob das, was einem Kind an Denk- und Verhaltensweisen vorgelebt wird, ob es ihm gefällt oder es ein Defizit verspürt, gibt es drei Varianten wie ein Kind damit umgeht:

Variante 1
Das Kind übernimmt etwas von seinem Gegenüber (der Apfel fällt nicht weit vom Stamm).

Variante 2
Das Kind entscheidet sich dazu das Gegenteil von dem zu machen, was sein Gegenüber macht, um diese Person z.B. zu provozieren oder eine größere Aufmerksamkeit zu erhalten.

Variante 3
Das Kind trifft eine Entscheidung für ein Verhalten, das unabhängig von dem

Verhalten des Gegenübers und dem Gegenteil dessen ist (weder Variante 1 noch 2).

Wenn ich mit meiner Methode durch den inneren Prozess gehe, ist damit natürlich auch klar, dass ich mich erst mit der Möglichkeit der Variante 1 befasse.

Wenn ich dort keine Übereinstimmung finde, gehe ich weiter zu Variante 2 und bei fehlender Resonanz weiter zu Variante 3.

Ich habe es immer wieder als sehr hilfreich empfunden, meiner Wahrnehmung im inneren Prozess zu vertrauen und intuitiv ergänzende Fragen zu stellen.

Es kann durchaus sein, dass zwar die Variante 1 zutrifft, aber bei meiner Betrachtung des gesamten Bildes empfinde ich es trotzdem als unschlüssig, und lege die Beteiligung weiterer Personen oder Umstände nahe.

Erst wenn ich Informationen gesammelt habe und ich ein gutes Gefühl bei der Analyse bekomme, bin ich zufrieden.

Ergänzend zu diesen übernommenen Angeboten/Programmen/Mustern gab es sicherlich Aspekte bzw. Erfahrungen, die eine Überforderung darstellten und nicht vollständig bewältigt wurden.

Meistens sind das Eigenarten der Eltern, die als Kind übernommen wurden. Natürlich gibt es auch Einflüsse außerhalb des Elternhauses, ich fange aber normalerweise zuerst beim familiären Ursprung an.

Mit dem eigenen Kind oder Kindern ist es genauso. Die Eigenarten und Schatten geben wir auch an unsere Kinder weiter. Egal, ob wir das wollen oder nicht wollen.

Die Schlussfolgerung daraus ist, dass das, was wir über unsere Eltern denken – oder ihnen vorwerfen - uns selbst beschreibt. Oder sofern schon einiges in der Vergangenheit reflektiert und bearbeitet wurde, den Weg beschreibt, den wir schon zurückgelegt haben.

Um das Verständnis für diese Zusammenhänge zu erhöhen, ist es hilfreich, wenn man sich mit dem Wesen der Projektion beschäftigt. Die Projektion ist einer von vielen unbewussten Abwehrmechanismen unseres Geistes.

Bei einer Projektion werden die eigenen unerträglichen Gefühle und Gedanken einem anderen Menschen zugeschrieben und dort stellvertretend verfolgt und bekämpft. Mit einem solchen unbewussten Verhalten wird verhindert (oder auf ein erträgliches Maß reduziert), dass z.B. unerträgliche Gefühle, Gedanken, Erinnerungen, Wünsche, Überzeugungen, Schuldgefühle, Aggressionen, Überforderung oder Minderwertigkeit ins eigene Bewusstsein gelangen.

Eine Projektion stellt also einen Schutz in einem konkreten Moment dar, damit unser Leben irgendwie weitergeht. Zu einem späteren Zeitpunkt macht es allerdings Sinn über solche Projektionen zu reflektieren und dieses "Spiel" zu beenden, da man diesen Schutz jetzt nicht mehr braucht.
Außerdem lebt man freier und angenehmer, wenn nicht in jedem Augenblick von außen eine Projektion angestoßen wird und wir wie auf Autopilot mit einem immer wiederholenden Verhalten reagieren.

Wenn wir uns unserer Vergangenheit stellen um „aufzuräumen", stehen wir vor einer wichtigen Frage:
„Wie gut können wir uns auf unser Gedächtnis verlassen?"

Woran liegt es, dass Menschen immer wieder von „der guten alten Zeit" berichten und manchmal förmlich davon schwärmen? Wie ist es möglich, dass die Vergangenheit nur selektiv erinnert und manchmal glorifiziert wird?

Reden wir uns unsere Erinnerung schön oder schlecht?

Lassen wir uns von unserem Umfeld so stark beeinflussen?

Was sind die Ursachen, und vor allem welche Konsequenzen müssen wir daraus ziehen?
Denn aus den physischen und psychischen Wirkmechanismen können wir uns nicht einfach rausziehen. Schon gar nicht nach dem Motto: „Bei Anderen ist das möglich, aber bei mir gibt es keine Verzerrung der Vergangenheit."

Da auch ich keine genaue Antwort liefern kann, möchte ich nur zum Nachdenken anregen um das eigene innere Erleben besser zu verstehen und wahrzunehmen.

„Das autobiografische Gedächtnis hat wenig mit der Vergangenheit zu tun, es ist vielmehr dafür da, dass wir uns in der Gegenwart und in der Zukunft orientieren können", sagt Hans Markowitsch, Professor für Physiologische Psychologie an der Universität Bielefeld.

Im autobiografischen Gedächtnis lagert die persönliche, subjektiv erlebte Lebensgeschichte. Es ist das komplexeste der Erinnerungssysteme und zugleich dasjenige, das bei Kindern als letztes entsteht, im Alter von etwa drei Jahren, wenn ein Kind eine Vorstellung von seinem Selbst zu entwickeln beginnt.
Dass Schimpansen und Menschen, die 99 Prozent des genetischen Codes gemeinsam haben, dennoch grundverschieden sind, liege vor allem am autobiografischen Gedächtnis, sagt Markowitsch. Nur der Mensch kann sich an seine Biografie bewusst erinnern, nur er weiß, wie er eine bestimmte Situation erlebt und wie er sich dabei gefühlt hat. Die Erinnerungen an die Lebensgeschichte prägen die Persönlichkeit, formen die Identität. Doch nicht etwa die objektiven Lebensdaten spielen dabei die Hauptrolle, sondern Gefühle.
Sie sind es, die filtern, was im Langzeitspeicher landet und was gelöscht wird. "Gefühle", sagt Markowitsch, "sind die Wächter unserer Erinnerung."

„In Erinnerung bleibt, was emotional berührt: globale Ereignisse und private sowieso. Nur, woran genau wir zurückdenken werden, heute in zehn Jahren, das weiß niemand.

Eines aber ist sicher:
Es wird nicht die Wahrheit sein." (false memory effect)

"Wir schaffen unsere Erinnerungen selbst", sagt der Bielefelder Gedächtnisforscher Hans Markowitsch. Erinnerungen sind dynamische Rekonstruktionen selektiv wahrgenommener Informationen, emotional gefärbt und manipulierbar. Woran wir uns erinnern, hängt zunächst einmal ab von der eigenen Verfassung im Moment des Erinnerns. Ein depressiver Mensch wird eher an trostlose Erlebnisse denken, ein glücklicher an die guten. Je stärker sich die ursprüngliche Situation und der Moment des Abrufens ähneln, desto leichter ist die Erinnerung zugänglich."
„An welche Details wir künftig denken werden ist unmöglich zu prophezeien. Denn jedes Mal, wenn eine Erinnerung aus dem Gedächtnis abgerufen wird, verändert sie sich. Die aktuelle Stimmung drückt ihr einen Stempel auf, stärkt oder schwächt Empfindungen, rückt Details in den Vordergrund und lässt andere verblassen. Dazu trägt auch bei, mit wem wir über vergangene Ereignisse sprechen, wie wir selbst beim Erzählen gewichten und welche Sicht ein anderer beiträgt. Die Erinnerung, die danach wieder im Gedächtnis gespeichert wird, ist eine leicht veränderte.
Im Extremfall entstehen völlig falsche Erinnerungen. Wir meinen, Dinge getan oder erlebt zu haben, die nie passiert sind."

[8.1]

Doch nun zum Ablauf

Diesen vollständigen Ablauf gehe ich so nur durch, wenn mir keine oder nur teilweise Klarheit mit allen Details zugänglich ist.

Ich gehe die Entwicklungskette von der Gegenwart als Ausgangspunkt rückwärts durch die Zeit in die Situation, in der der Gedanke, das Verhalten oder eine konkrete Situation das erste Mal auftauchte.

Aufmerksam schaue ich, ob Bilder, Aussagen, Erinnerungen und Gefühle auftauchen.
Auch wenn ich den Eindruck habe, dass das gar nicht dazu gehört, schreibe ich es auf, um es später auf einen Zusammenhang hin zu prüfen.

Wenn ich z.B. das Wort „Urlaub" in einem Gespräch höre, tauchen sofort Bilder, Erinnerungen und Gefühle in mir auf.
Genauso ist es auch bei den unerledigten Themen. Der Unterschied liegt oft nur darin, dass wir den Zusammenhang nicht begreifen und manche Wahrnehmungen (noch) nicht zuordnen können.

Um die Entwicklungskette aufzudröseln und in ihre Bestandteile zu zerlegen, gehe ich durch die folgenden Fragen:

Die Betrachtung in der Gegenwart

- Aus welchen Details besteht das unerwünschte Thema? Bilder, Wörter/Sätze, Erinnerungen, Gefühle, Träume, Überzeugungen,...
- Wie oft taucht dieses Thema auf?
- Wie intensiv ist dessen Präsenz?
- Wie belastend empfinde ich das Thema?
- Wie intensiv empfinde ich die daran beteiligten Gefühle (Wut, Angst, Trauer)?
- Womit kompensiere ich das ungelöste Thema? (Art, Umfang, Intensität)
- Welche Hypothese(n) habe ich über den Ursprung des Themas?
- Wie denkt mein Umfeld über den Ursprung und eine Lösung des Themas?
- Welche Reaktionen erfahre ich von meinem aktuellen Umfeld in Bezug auf das Thema?
- Welchen Nutzen erfahre ich durch das ungelöste Thema?

Die Betrachtung in der Vergangenheit

- Wann tauchte das Thema zuerst auf?
- Wie sah mein damaliges familiäres Umfeld aus?
- Wer waren die daran beteiligten Personen?
- Wer aus dem damaligen Umfeld hat mir diesen Gedanken oder das Verhalten vorgelebt?
- Wenn mir niemand einfällt:
  Wer aus dem damaligen Umfeld hat am ehesten/schnellsten/stärksten auf mein neues Verhalten reagiert? Bei wem löste meine Änderung im Denken oder Verhalten etwas aus?
- Das kann sowohl eine positive/angenehme Reaktion gewesen sein, als auch eine unangenehme (z.B. eine Strafe). Welche Reaktion geschah?
- Wer reagiert noch heute darauf?
- Wie war seine/ihre Reaktion?
- Wenn keiner darauf reagierte:
  Wer aus meinem Umfeld hätte am ehesten/schnellsten/stärksten auf meine z.B. Verhaltensänderung reagieren müssen?
- Welche Erklärung habe ich dafür, dass er/sie nicht reagierte?
- Welche Gedanken, Bilder, Erinnerungen, Gefühle tauchen in mir auf, wenn ich mir die Fragen stelle:

Weshalb habe ich mir diese Überzeugung oder Verhaltensweise angeeignet? Welches Ziel wollte ich damit erreichen?
- Was hat sich seitdem dadurch verändert?

Möglicherweise sind Vorfahren daran beteiligt, die während meiner Kindheit verstorben sind, sodass meine Erinnerung daran lückenhaft ist.

Alternativ:
Gab es Personen/Situationen in meinem erweiterten Umfeld (Freunde, Bekannte, Nachbarn, Kindergarten, Schule, Ausbildung, Vereine,…), durch die eine Änderung meines Verhaltens oder Denkens verständlich oder nachvollziehbar wird?

Ich versuche durch solche oder ähnliche Ansätze den in Frage kommenden Personenkreis bzw. Situationen einzugrenzen.
Es ist in so einem Fall auch hilfreich, wenn ich meinem Gefühl und aufblitzenden Gedanken oder anderen Wahrnehmungen Aufmerksamkeit schenke.

Falls ich trotz meiner genauen Suche den Grund für die Denk-/Verhaltensänderung keiner Person zuordnen kann, mache ich das Beste daraus, indem ich pauschal das Wort „Vorfahren" für den weiteren Ablauf in dem Prozess verwende.

Um- und Neugestaltung

Als Nächstes gehe ich folgende Punkte durch:

1. Ich **bestätige** mir den Zusammenhang und die vorherigen Details, die ich herausgefunden habe. Einfach bestätigen was ist - ohne Rechtfertigungen oder Erklärungen.

Anmerkung:
Ich verwende **Bestätigen** und nicht **Akzeptieren**. Akzeptieren suggeriert, dass es in Ordnung ist, so wie es war. Dies kann aber den weiteren Ablauf erschweren, wenn starke Emotionen daran beteiligt sind.

2. Ich übernehme die Verantwortung für die Entscheidung, die ich damals getroffen habe, und mache mir meine Handlungsfreiheit JETZT bewusst:

„**Ich habe damals die Entscheidung getroffen und (z.B.) diese Verhaltensänderung vorgenommen.**" Der Sinn dieser Aussage liegt darin zu begreifen: Wenn ich damals diese Entscheidung getroffen habe, kann ich sie auch heute widerrufen. Und danach kann ich eine neue Entscheidung zu einem Thema treffen.

Anmerkung:
Wie an anderer Stelle schon erwähnt, ist es wichtig, dass ich mir einen Handlungsspielraum erschaffe. Dies erreiche ich, indem ich die Verantwortung für die damals getroffene Entscheidung übernehme. Auch wenn es offensichtlich ist, dass ich von der erlebten Situation in der Vergangenheit z.B. völlig überfordert war. In dem Sinne ist mein „Ja" zu einer Verhaltensänderung nicht vergleichbar mit der freien Wahl beim Kauf eines Buches in einer Buchhandlung.

Ich bringe mir gegenüber Mitgefühl für meine damalige Situation auf.
Ich mache mir selbst keinen Vorwurf oder Schuldgefühl, sondern bringe Verständnis für mich auf, und schließe Frieden mit meiner Entscheidung in der damaligen Situation.

3. Ich **distanziere** mich von dem Ursprung, bzw. von der alten Konstellation und **widerrufe** die damals getroffene Entscheidung. Manchmal wiederhole ich dies und spreche den Widerruf laut aus.

4. Liegt noch eine emotionale Ladung auf dem Thema (ein oder mehrere Gefühle)? Also Gefühle, die ich damals – aus welchem Grund auch immer – nicht ausdrückte? Diese nicht gelebten Gefühle hängen immer noch an der Erinnerung und behindern mich.
Ich habe jetzt die Möglichkeit, dass ich mich diesen alten nicht gelebten Gefühlen stelle, um sie zu integrieren **(siehe Gefühlsintegration)**.
Dadurch nehme ich diesen Gefühlen ihre energieraubende Kraft.

5. Gibt es ein erstrebenswertes **alternatives Verhalten** (als Ersatz zum ursprünglichen Thema) welches meine eigene Gegenwart und Zukunft bereichern würde?
- Wie sieht die positive Formulierung eines solchen neuen „Programms" aus?
- Welchen Nutzen hätte ich dadurch?

Zusätzlich habe ich es als hilfreich empfunden zu überprüfen, in welche Richtung sich meine verschiedenen Lebensbereiche entwickelt haben, nachdem ich die damalige Entscheidung getroffen habe.
Daraus folgernd finde ich das Bild eines Mündungsdeltas eines großen Flusses unterstützend. Ausgehend von der damaligen Entscheidung fächern sich die Wirkungen dieser Entscheidung in viele Abzweigungen auf. Dies kann ich als Ausgangsbasis für weitere innere Prozesse nehmen.

Beim erstrebenswerten alternativen Verhalten kann ich das Bild eines Mündungsdeltas eines Flusses ebenso zur Hilfe nehmen. In welche Richtungen (Lebensbereiche) wird sich meine neue Entscheidung auswirken?

6. Ich habe es als eine gute Unterstützung empfunden für eine gewisse Zeit - z.B. die nächsten 21 Tage - an diese neue positive Formulierung zu **denken** und den dadurch entstehenden Nutzen zu **visualisieren**.

Wenn ich eigene Themen reflektiere, lasse ich keine Frage aus und halte mich an die Reihenfolge. Erst dann gehe ich den nächsten Schritt und kann schließlich den ganzen Prozess erfolgreich bewältigen.

Falls bei mir Zweifel auftauchen, ob ich alles erfasst habe, gehe ich den Prozess nochmals durch – manchmal zu einem späteren Zeitpunkt.

Der Prozess mit der Neugestaltung wird automatisch intensiver, wenn ich eine innere Haltung habe, in der ich mich verantwortlich für die eigenen Entscheidungen und mein Handeln fühle.

Und zu guter Letzt: Je öfter ich in solche inneren Prozesse hineingehe, umso leichter fällt es mir diese durchzugehen und umso größer ist die positive Wirkung auf meine Lebensqualität sowie Zukunft.

Interessant finde ich aufgrund meiner eigenen Erfahrung, dass wiederholt Gedanken oder Bilder im Laufe meines Lebens in meinem Bewusstsein auftauchten, deren große Bedeutung ich aber nicht begriff.
Deshalb ignorierte ich sie und schob sie zur Seite. Doch sie kamen immer wieder, bis ich meine Aufmerksamkeit darauf richtete und deren Hintergrund analysierte und verstand.

Um den Fokus auf die eigene Entwicklung zu lenken, habe ich es als sehr hilfreich empfunden mir Notizen über die gewonnen Erkenntnisse zu machen (im Dunkelretreat und im Alltag).
Immer wieder habe ich festgestellt, dass sich nach einem solchen inneren Prozess die Belange des Alltages sehr schnell in den Vordergrund drängen. Je mehr Zeit vergeht, umso ungenauer wird die Erinnerung an die Details, die Erkenntnisse und die eigenen Veränderungen.
Deshalb ist es sehr hilfreich, direkt nach einem inneren Prozess damit zu beginnen, Notizen über die Zusammenhänge und Erkenntnisse zu machen.
Die Reflektion solcher inneren Prozesse kann auch nach einiger Zeit – z.B. nach 3 Wochen, und dann nach 3 Monaten – durchgeführt werden.
Dies ist auch eine gute Motivation wenn man die Fortschritte sieht und erkennt, dass die „Innere Arbeit" Früchte trägt.

Gefühlsintegration

Der Hintergrund

Wenn jemand eine bestimmte Situation oder ein Lebensereignis nicht vollständig verarbeitet hat, ist es eine natürliche Reaktion, dass die nicht gelebten Grundgefühle (Wut, Angst, Trauer) zu einer Abspaltung - mit unterschiedlichen persönlichen Auswirkungen - führen.
Bei der Gefühlsintegration geht es darum diese abgespaltenen Gefühle bewusst wahrzunehmen, diese anzuerkennen und danach diese in sich selbst zu integrieren.
Auf diese Weise wird "eine offene Rechnung" beglichen und **die Selbstheilungskräfte des Organismus werden aktiviert.**

Bei bestimmten Themen, u.a. akute Belastungsreaktionen (z.B. Schock, Nervenzusammenbruch) oder Anpassungsstörungen ist es oft nicht notwendig eine langjährige persönliche Historie aufzuarbeiten.
In solchen Fällen reicht es aus, direkt zu einer Gefühlsintegration zu gehen.

Durch die Gefühlsintensität findet eventuell eine starke emotionale oder körperliche Belastung statt. Deshalb ist es wichtig, die Kontraindikationen zu berücksichtigen, oder im Vorfeld einen Arzt zu konsultieren.

Kontraindikationen (Gegenanzeigen) zur Gefühlsintegration:

Es gibt Krankheitssymptome, mit denen ein Facharzt aufgesucht werden sollte. Diese Symptome sind unter anderem bei folgenden Erkrankungen vorhanden: Schizophrenie, endogene Depressionen, manche Persönlichkeitsstörungen, Epilepsie und ähnliche Ausfallerkrankungen.

Bei der Einnahme von Psychopharmaka, Herzerkrankungen, kürzlich vorgefallenem Herzinfarkt oder Schlaganfall, Thrombose oder Schwangerschaft rate ich ebenfalls von der Anwendung einer Gefühlsintegration ab.

Die Gefühlsintegration führe ich wie folgt durch

Ich lege mich auf eine Matte und decke mich bei Bedarf mit einer Decke zu. Ich hole mir – so gut es geht – die Erinnerung an die Ursprungserfahrung in mein Bewusstsein. Ich steigere die Intensität des Gefühls möglichst nahe an die Intensität des damaligen (nicht gelebten) Gefühls. Dabei stelle ich mir vor, dass sich das Gefühl in meinem ganzen Körper bis in die letzte Zelle ausbreitet.

Manchmal bewege ich meinen Körper etwas hin und her (normalerweise beschleunigt dies die Ausbreitung des Gefühls im Körper).

Dabei stelle ich mir vor, wie ich mich damals für eine Verhaltensänderung entschieden habe und welche Einschränkungen sich in den folgenden Jahren und Jahrzehnten für mich daraus ergaben. Das entsprechende Gefühl halte ich dabei ständig auf dem hohen Stand. So hoch, dass es fast schon zu intensiv erscheint.

Dann treffe ich die Entscheidung – die ich in meinen Gedanken ausspreche:
„Ich bin größer als ... (das entsprechende Gefühl) **und nehme dieses Gefühl als einen Teil meiner Vergangenheit und als Teil meiner Persönlichkeit in meinem Herzen auf. Dort hat es einen guten Platz und wird transformiert."**

Gleichzeitig visualisiere ich, wie ... (das entsprechende Gefühl) aus allen Körperbereichen zu meinem Herzen strömt und in mein Herz hineinfließt.
Erst wenn ich den Eindruck habe, dass das komplette Gefühl sich in meinem Herz befindet, beende ich die Visualisierung.

Anmerkung:
Damit nehme ich das bisher abgelehnte (bzw. abgespaltene) Gefühl an und integriere es in mir.

Sollten mehrere Personen mit diesem Gefühl / dieser Situation verbunden sein, führe ich diesen Prozess der Gefühlsintegration mit jeder Person einzeln durch. Ebenso wenn mehrere Gefühle in der Ursprungssituation entstanden sind (z.B. Wut und zusätzlich Trauer).
Diese Gefühlsintegration ist zu Beginn einer solchen Prozessarbeit vielleicht ungewohnt. Bei weiteren Gefühlsintegrationen fällt es aber schon deutlich leichter sich darauf einzulassen.

Für den Erfolg des Prozesses ist es ganz wichtig, dass ich alle Punkte (siehe Ablauf 1. - 6.) gewissenhaft durchgehe.

Besonders die Gefühlsintegration hat bei meiner Arbeit einen hohen Stellenwert, da wir uns gegen nicht integrierte Gefühle noch weniger wehren können als gegen unliebsame Gedanken.

Traumanalyse

Träume stellen ein spannendes Phänomen in unserem Bewusstsein dar. Außer bei der Verarbeitung des Alltags, gehe ich davon aus, dass die Träume eine Mitteilung unseres Unbewussten sind, die wir beachten sollten.
Manchmal wissen wir sofort was ein bestimmter Traum ausdrückt und oft müssen wir erst die Traumdetails hinterfragen, um den Sinn zu ergründen. Wenn ein Traum sehr klar und deutlich erinnert wird und mit intensiven Gefühlen verbunden ist, bleibt er oft sehr lange in Erinnerung – erst recht wenn es sich um einen Albtraum handelt.
Wenn man nicht weiß wie man mit einem solchen Albtraum umgeht wenn man schweißgebadet aufschreckt, kann ein Albtraum – besonders wenn er sich wiederholt – zu einer Belastung werden.
Eine Besonderheit stellen luzide Träume dar. Darin ist man sich bewusst, dass man träumt und kann Einfluss auf das Traumgeschehen nehmen. In den 49 Tagen hatte ich mehrere solcher luziden Träume in einer so großen Klarheit, dass ich in einem Traum mich mehrfach hinterfragte, ob ich in einer Traum-Realität oder einer Alltags-Realität bin (Traum Tag 26). Mit allen Sinnen nahm ich etwas wahr, reflektierte meine Erfahrung (da ich Zweifel hatte) und konnte keinen Unterschied zu der Wahrnehmung in der Alltags-Realität feststellen.

Anmerkung:

Das Unbewusste jedes Menschen führt einen Soll-/Ist-Vergleich bei aktuellen oder vergangenen Situationen durch. Das was ein „unerledigtes Thema" darstellt, wird uns von unserem Unbewussten so lange in Form von Ideen, Erinnerungen, Träumen, Lebensereignissen,... präsentiert, bis wir die notwendige Erkenntnis daraus gezogen und eine Korrektur vorgenommen haben.

Die Darstellung des jeweiligen Themas ist immer individuell. Unser Unbewusstes „gestaltet" die Mitteilungsform so aus, dass es zu unserem Leben, Werdegang, Situation, kulturellen Hintergrund passt. Und vor allem in der Form, die wir begreifen können, damit wir das Richtige daraus lernen (können).
Diese individuelle Ausgestaltung - und deren Interpretation – zieht sich nicht nur durch das ganze Dunkelretreat und dessen innere Prozesse (z.B. Träume, Phantasien), sondern betrifft auch unsere Alltags-Realität. Denn auch im Alltag teilt uns unser Unbewusstes mit was nicht im Lot ist, nur allzu oft merken wir es nicht, oder entscheiden uns für die Belange des Alltages.

Traumanalyse – Die Vorgehensweise

Die Literatur zum Thema Traumanalyse ist sehr vielfältig. Abhängig von dem eigenen Hintergrund, der esoterischen/spirituellen/religiösen Ausrichtung hat jeder Autor einen anderen Schwerpunkt in der Interpretation gelegt. Manche der Interpretationen ähneln sich und manche sind total verschieden. In manchen Büchern werden sogar mehrere Begriffe zu einem Thema aufgelistet. Was soll der Leser damit anfangen? Würfeln, um sich nicht für eine Erklärung entscheiden zu müssen?

Bei meinen eigenen Dunkelretreat-Teilnahmen und der meiner Teilnehmer gehe ich wie folgt vor:
Ich habe die Überzeugung, dass das Unbewusste eines jeden Menschen eine bestimmte Thematik so verpackt, dass der Träumer die Intention des Traumes versteht (bzw. verstehen könnte): also so individuell, wie die Menschen und deren Vorgeschichte eben sind.
Das jeweilige Unbewusste möchte, dass der Traum beachtet und verstanden wird. Und natürlich dass der Inhalt reflektiert und das dahinterstehende Thema integriert wird.
Ebenso wird beabsichtigt, dass der Träumer sich unbearbeiteten Gefühlen stellt und alles zusammen als Ganzes vom Träumer als eine Projektion des Innenlebens begriffen und angenommen wird.

Soweit meine Vorannahme und Überzeugung, die ich aufgrund meiner bisherigen eigenen Erfahrungen und der meiner Teilnehmer durch die Reflektion der jeweiligen Thematik gewonnen habe.
Das Wichtigste ist, den Traum nach dem Aufwachen unbedingt direkt aufzuschreiben. Damit wird der Traum dokumentiert und aus dem flüchtigen Speicher in das Gedächtnis übertragen.
Im Protokoll der 49 Tage habe ich mehrere Träume aufgeführt, bei denen ich mich zwar erinnerte, aber noch so schläfrig war, dass ich liegen blieb und noch vor mich hindöste - mit dem Ergebnis, dass ich den Traum, bzw. die meisten Details vergaß. Auch sowas kann passieren.

Bei meiner Traumanalyse steht eine intuitive, individuelle Betrachtung im Vordergrund.

Nachdem ich mir den Traum aufgeschrieben habe, reflektiere ich welche Wirkung er auf mich hat und was er in mir auslöst, zum Beispiel ein bestimmtes Gefühl oder eine konkrete Erinnerung.
An diesem Punkt höre ich aber nicht auf, sondern schreibe meine Wahrnehmung und meine spontane Interpretation auf. Dieses Aufschreiben löst bei mir meistens einen kreativen Prozess aus. Beim Aufschreiben nehme

ich dann noch weitere Informationen, wie z.B. Sichtweisen und Gefühle von anderen Beteiligten oder Verknüpfungen zu anderen Erinnerungen von Lebenssituationen wahr.

Manchmal entstehen solch ungeahnte Informationen, dass ich über die Fülle an zusätzlichen Details sehr überrascht bin, obwohl ich vor dem Aufschreiben dachte, dass ich alle Erkenntnisse eingesammelt hätte.

Mit den gewonnenen Erkenntnissen gehe ich durch meine Methode mit der Reflektion, Verarbeitung und anschließender Integration.

Nun zu den Träumen, in denen sich die Erkenntnis nicht so einfach erschließt. Auch hier schreibe ich den Traum auf und schaue in mich um zu fühlen, was er auslöst. Oft genug ist da erst mal ein Schulterzucken. Davon lasse ich mich aber nicht beeindrucken, sondern führe die Analyse fort. Alles was ich dann feststelle schreibe ich auf, um so wie bei den o.g. Träumen einen kreativen Prozess auszulösen.

Damit will ich an weitere Informationen kommen:
- Ich schaue mir die Struktur des Traumes an.
- Was ist das übergeordnete Thema?
- Wer sind die Beteiligten?
- In welchem Alter werden die Beteiligten dargestellt?
- Was machen die Beteiligten?
- In welcher Umgebung findet der Traum statt?
- Welche Farben sind vorhanden?
- In welcher Verfassung sind die Beteiligten?
- Welche Gefühle drücken sie aus oder welche Gefühle unterdrücken sie?
- Wie und was sprechen die Beteiligten?

All dies entnehme ich dem Traum und schreibe es auf. Auch hier: Was löst das Aufschreiben dieser Details in mir aus? Dann kann ich daran anknüpfen und die Analyse fortfahren.

Die o.g. Fragen können – und sollten bei Bedarf – auch erweitert werden. Je nachdem was der Trauminhalt war und wie ich mit der Traumanalyse vorwärts komme.

Als nächstes stelle ich Analysefragen zu den Traum-Details. Wie z.B.:

- Wann in meinem Leben habe ich eine Situation erlebt, in der ich...?
- An was erinnert mich dieses Detail (Geruch, Aussprache, Wortwahl,...)?
- Was habe ich mit dem Traum-Detail... zu tun?
- Wer von meinen Vorfahren oder aus meinem Umfeld hat sich so verhalten?

Auch hier: Das sind nur einige Beispiele an hilfreichen, wirksamen und weiterführenden Fragen. Und natürlich ist es hilfreich, die Antworten und eventuelle Assoziationen, die in mir auftauchen, aufzuschreiben um so einen kreativen Prozess auszulösen.

Ich nähere mich den Trauminhalten über Aufschreiben, Fragen stellen und in mich schauen, was diese Fragen in mir auslösen.
Die Antworten wiederum aufschreiben, vertiefende Fragen stellen und in mich schauen, was es in mir auslöst.
Noch vertiefendere Fragen stellen,...

Genauso von Bedeutung sind Fragen zu Details, die aufgrund des Trauminhalts angemessen wären:

- Zum Beispiel ist ein Beteiligter in Lebensgefahr, spürt aber <u>keine</u> Angst. Wie ist das möglich und worauf deutet dies hin?
- Oder ein Unfall ist geschehen und keiner der Beteiligten hilft.
- Oder ein Haus brennt und keiner der Beteiligten ruft die Feuerwehr.

In solchen Fällen deutet das Detail auf eine Abspaltung hin, zum Beispiel eines Gefühls. In so einem Fall langsam, schrittweise – oder noch besser in halben Schritten/extremer Zeitlupe – die Entwicklung in dem Traum anschauen und das Innenleben der Beteiligten betrachten. Und auch hier wieder aufschreiben, hinspüren was es in mir auslöst und...

Weiter kommt es auf den familiären Hintergrund, Beruf, Ausbildung, Religionszugehörigkeit, Weltanschauung, Familienstand,... des Träumers an.

Fazit:
Bei all diesen Fragen und Details steht für mich im Vordergrund, was das Erlebte in mir auslöst. Erst wenn ich eine eindeutig positive gefühlsmäßige Bestätigung habe, bin ich auf dem richtigen Weg oder am Ziel. Vorher höre ich nicht auf.

Zweites Fazit:
Nach meiner Überzeugung bleibt eine Traumanalyse, die in manchen Büchern dargestellt wird und das Ablesen von Schlüsselwörtern in einer Tabelle nahelegt, lediglich an der Oberfläche. Jedes Detail kann in jedem Traum eine andere Bedeutung haben. Erst recht bei verschiedenen Menschen.
Zwei Beispiele:

- Worauf deutet Wasser in einem Traum hin? Ist es ein Symbol für Gefühle, soll ich öfter schwimmen gehen, mehr Wasser trinken, Urlaub an einem See verbringen,…?
- Worauf deutet ein Haus in einem Traum hin? Geht es um ein bestimmtes Zimmer in dem Haus, soll ich ein Haus kaufen, soll ich es renovieren, ist es ein Symbol - „Lebenshaus",…?

Wie soll eine Traumdeutung dem individuellen Erleben gerecht werden, wenn wie in manchen Büchern über Traumdeutungen viele Erklärungen in Tabellenform dargestellt werden? Mit einer Traumanalyse bin ich erst zufrieden, wenn ich eine gefühlsmäßige Übereinstimmung erlebe: „Das ist es!"

Ich empfehle deshalb eine individuelle Herangehensweise, die die Fragen, Wahrnehmung und die gefühlsmäßige Überprüfung im Fokus hat.
Die Herangehensweise erfordert also ein gewisses Geschick und Erfahrung.

Und wenn Details von mir unbeachtet und unbearbeitet links liegen bleiben?
Kein Problem: Unser Unbewusstes registriert dies und schickt uns diesbezüglich bei passender Gelegenheit dann erneut einen Traum, Gedanken,… . Und zwar so, dass das Detail diesmal mehr auffällt.
Was ist, wenn es mir dann wieder nicht auffällt?
Dann präsentiert unser Unbewusstes eben solange das Thema/Detail, bis wir uns der Sache stellen.
Es gibt genug Menschen, die immer wieder den selben Traum erleben, oder sich bestimmte eigene Denk- und Verhaltensweisen ein Leben lang nicht erklären können.

Schreiben in der Dunkelheit

Was sich auf den ersten Blick wie ein Scherz anhört, hat einen wichtigen Hintergrund. Wenn ich selbst in ein Dunkelretreat gehe, nehme ich mir ein leeres Buch mit – abhängig von der Dauer auch mehrere. Darin mache ich mir Notizen über meine gemachten Erfahrungen, die daraus resultierenden inneren Prozesse, kreative Ideen, sonstige Gedanken. Wenn genug „Material" zustande kommt, schreibe ich ein Roh-Manuskript für ein neues Buch.

Ebenso erhält jeder Teilnehmer von mir ein leeres Buch um sich Notizen machen zu können.
Die Notizen sind ein ganz wesentlicher Teil der Integration des Erlebten und fördern oft weitere Informationen ans Tageslicht.

Das Schreiben in der Dunkelheit hat viele Vorteile:
- Die Dokumentation der gemachten Erfahrung ist authentisch. Auch Jahre später kann man nachlesen was man erlebt und empfunden hat.
- Die gemachten Erfahrungen geraten nicht in Vergessenheit. Wenn man längere Zeit in einem Dunkelretreat verbringt, ergeben sich so viele Erfahrungen und Erkenntnisse, weshalb durch die Vielzahl einiges in Vergessenheit geraten würde.
- Die Hand- und Armbewegung fördert ebenso wie die Wiederholung während des Schreibens die Integration der gemachten Erfahrungen.
- Sehr oft habe ich die Erfahrung gemacht, dass durch das Schreiben ein kreativer Prozess angestoßen wird. Mit der Folge, dass viele weitere Informationen auftauchen und eine enorme Bereicherung darstellen.
- In dem Moment, in dem die Gedanken auf dem Papier festgehalten wurden, kann man sich zurücklehnen und Ausschau nach weiteren Wahrnehmungen halten. Der Kopf ist frei für neue Wahrnehmungen, Erfahrungen und innere Prozesse.

Manch ein Teilnehmer bringt ein Diktiergerät mit um die gemachten Erfahrungen darauf zu sprechen. Sofern kein LED-Licht vorhanden ist, kann so ein Gerät natürlich auch verwendet werden. Ich empfehle trotzdem die Variante mit leerem Buch und Stift. Die Hand- und Armbewegung fördert die Integration der gemachten Erfahrungen. Ebenso lösen diese Bewegungen leichter einen kreativen Prozess aus, der viele weitere Informationen und Ideen zu Tage fördert.

Auf meiner Website **www.Dunkelretreat.org** sind Videos eingebettet. Ein Video handelt von dem Schreiben in der Dunkelheit. Darin zeige ich wie man es erlernt und dann in der Dunkelheit richtig handhabt.

Eine eingescannte Seite aus den Notizen eines meiner eigenen Dunkelretreats als Beispiel:

Wir sehen, was wir sehen wollen (und können)

Können Sie sich erinnern wie Sie vor 10 oder 20 Jahren über bestimmte Themen Ihres Lebens gedacht haben? Bei vielen Themen werden Sie feststellen, dass sich Ihre Meinung und Haltung deutlich geändert hat.
Ich empfinde es als sehr erkenntnisreich mir solche Veränderungen immer wieder bewusst zu machen. Damit schärfe ich meine Wahrnehmung über meine eigene Entwicklung und erhöhe meine Sensibilität in Bezug auf anstehende Entwicklungen.

> Man kann nur sehen, worauf man seine Aufmerksamkeit richtet, und man richtet seine Aufmerksamkeit nur auf Dinge, die bereits einen Platz im Bewusstsein einnehmen.
> *[8.2]*

In dem Moment, in dem ich im Trubel des Alltags regelmäßig innehalte und nach innen schaue, kann ich leichter „am Ball bleiben" um auf den neuesten (erstrebenswerten) Stand zu kommen.

In den großen Geistesschulen der Menschheit sind denn auch seit jeher Techniken entwickelt und geübt worden, die geeignet sind, Menschen auf die Konfrontation mit ihrem Unbewussten vorzubereiten. Zu den geistigen Schulungstechniken dieser Art gehören alle Formen der Meditation. Diese Techniken schulen den Geist in der nüchternen Betrachtung der inneren Realität und verleihen ihm im Laufe der Zeit eine große Standfestigkeit.
[8.3]

Manchmal sind es Gedanken, die meine bestehenden Gedankenkonstrukte sowie meine Weltsicht in Frage stellen. In dem Moment, in dem ich solche Gedanken reflektiere, besteht die Chance meine Sichtweise zu erweitern.

Zum Beispiel faszinierte mich besonders ein auftauchender Gedanke in den 49 Tagen:

„Ich lebe in einem Traum und alles ist ein Konstrukt."

Auch das Konzept der 49 Tage im Dunkelretreat und der Bardozustände nach dem Tod in der tibetischen Kultur ist ein solches Konstrukt. Mit einem Schmunzeln und einer Leichtigkeit habe ich den Gedanken angenommen. Auch wenn alles ein Konstrukt ist, ist es trotzdem hilfreich und sinnvoll solche „Konstrukte" anzunehmen und für die eigene Entwicklung zu nutzen.
Also solche Gedankenexperimente ernst nehmen, aber auch nicht zu ernst.

Protokoll: Dunkelretreat – 49 Tage

Anmerkung:

Meiner Erfahrung nach führt das Unbewusste jedes Menschen einen Soll-/Ist-Vergleich bei aktuellen oder vergangenen Situationen durch. Das was ein „unerledigtes Thema" darstellt, wird uns von unserem Unbewussten so lange in Form von Ideen, Erinnerungen, Träumen, Lebensereignissen,… dargestellt, bis wir die notwendige Erkenntnis daraus gezogen und eine Korrektur vorgenommen haben.
Die Darstellung des jeweiligen Themas ist immer individuell. Unser Unbewusstes „gestaltet" die Mitteilungsform so aus, dass es zu unserem Leben, Werdegang, Situation, kulturellen Hintergrund passt. Und vor allem in der Form, die wir begreifen können, damit wir das Richtige daraus lernen.

Diese individuelle Ausgestaltung - und deren Interpretation – zieht sich nicht nur durch das ganze Dunkelretreat und dessen innere Prozesse (z.B. Träume, Phantasien), sondern betrifft auch unsere Alltags-Realität. Denn auch im Alltag teilt uns unser Unbewusstes mit, was nicht im Lot ist. Nur allzu oft merken wir es nicht oder entscheiden uns für die Belange des Alltages.

Aufgrund dieser individuellen Darstellungsweise möchte ich auch auf meine Erlebnisse zum Ende der 49 Tage hinweisen:
Meine Erlebnisse hinsichtlich Lebensrückblick, Verabschiedung von der Vergangenheit und <u>mentalem</u> Todeserlebnis sind nicht allgemeingültig. Da jeder Mensch einzigartig ist, gibt es für jeden Menschen auch eine eigene Wahrheit.
D.h. die Darstellungsformen/Informationen des jeweiligen Unbewussten können sich mehr oder weniger voneinander unterscheiden.

Motivation

Meine Motivation 49 Tage in der Dunkelheit zu verbringen bestand aus drei Teilbereichen:
- Ich wollte herausfinden, ob die in der tibetischen Kultur (Tibetisches Totenbuch) beschriebenen Abläufe und Bardos (Zwischenzustände) für mich erlebbar sind.

- Ich wollte weiter mein Innenleben aufräumen um mich weiterzuentwickeln.
- Ich wollte meine Methode einsetzen und auf Wirksamkeit bei einem sehr langen Aufenthalt in der Dunkelheit hin überprüfen. Deshalb machte ich die 49 Tage ohne fachliche Betreuung.

Ich lasse mich vom tibetischen Buddhismus/Bön inspirieren, setze aber in meiner Methode – bis auf die Gefühlsintegration – selbst entwickelte Verfahren ein.
Lediglich außerhalb der „Prozesszeit" greife ich auf das Wissen des tibetischen Budddhismus/Bön in Form von Meditationen, Atemübungen und Mantren zurück.

Vorbereitung

Mental bereitete ich mich etliche Monate vorher auf das Dunkelretreat vor. In Bezug auf die Dauer von 49 Tagen und die damit verbundene potentielle „Tiefe" der Erfahrungen war ich mir bewusst, dass ich Neuland betrat. Da weder andere Menschen noch ich wissen konnten, mit was ich konfrontiert werden würde, suchte ich mir alle möglichen Informationen diesbezüglich zusammen (Literatur, Filme, Erfahrungsberichte).

Aber letztendlich musste ich mir eingestehen, dass die Informationen und meine Methodik zwar gut und hilfreich sind, aber die Auswirkungen auf mich durch die lange Aufenthaltsdauer letztlich unbekannt sind.
Wie heißt es doch so schön: „Erfahrung ist durch nichts Anderes zu ersetzen!"

Die potentiellen Defizite und Ungewissheiten wollte ich durch eine umfangreiche Vorbereitung so weit wie möglich eingrenzen.

Da das Schreiben in der Dunkelheit ein wesentlicher Bestandteil der Integration darstellt, habe ich mir mehrere leere Bücher und mehrere Stifte bereit gelegt.

In Bezug auf Essen versorgte ich mich eher spartanisch. Für jeden Tag plante ich morgens zwei Äpfel und abends ein Glas mit Nussmischungen plus Rosinen zu essen. Für besondere Anlässe wie z.B. meinen Geburtstag, erreichen einer bestimmten Aufenthaltsdauer, sowie als Reserve, legte ich mir weitere Mandeln und Erdnüsse bereit.

Meine Vorräte:
90 Liter Wasser, 49 Schraubgläser mit Nussmischungen, einige Kilogramm Mandeln + Erdnüsse und 30 Äpfel. Mit meiner Frau vereinbarte ich, dass sie mir alle 14 Tage eine Kiste mit frischen Äpfeln bringt.
Soweit meine Planung. Nach etwa 30 Tagen gab es eine notwendige Anpassung an die „Realität". Details dazu im Protokoll.
Um mich mit den notwendigen Nährstoffen zu versorgen, nahm ich täglich Vitamin B12, Vitamin D und Spirulina-Algen zu mir.

Anmerkung:

Die Versorgung meiner Dunkelretreatteilnehmer mit Essen ist völlig anders. Nach vorheriger Absprache bereite ich Essen, das die inneren Prozesse unterstützt und von den Teilnehmern gemocht wird, frisch zu. Ich gehe auf den individuellen Geschmack, Abneigungen und eventuelle Lebensmittelunverträglichkeiten ein.
Das Essen besteht dann üblicherweise aus frischem Obst, verschiedenen Nusssorten, Salaten, Broten mit veganem Aufstrich, Smoothies und Tee. Manche Teilnehmer intensivieren ihren Aufenthalt, indem sie in dieser Zeit fasten.

Für meine Tagesgestaltung entwarf ich mir einen groben Plan. Dabei war es mir nicht wichtig diesen einzuhalten, sondern mir einen Handlungsspielraum zu erarbeiten für Zeiten, in denen nichts in meinem Bewusstsein auftauchen würde, mit dem ich arbeiten könnte.
Ich plante u.a. zu meditieren, Atemübungen und Funktionsgymnastik zu machen. Nur als eine Möglichkeit und nicht als ein starres Programm. Der Fokus sollte ganz klar auf meinen inneren Wahrnehmungen, deren Verarbeitung und Integration liegen.

Technik: Stromsicherungen und Türklingel ausgeschaltet, Lüftungsanlage und Klimagerät getestet, Hausnotruf bereitgelegt.

Wäsche: Ersatzkleidung und Ersatzhandtücher bereitgelegt.

Hygiene: Genügend Shampoo, Zahnpasta und Toilettenpapier bereitgelegt.

Anmerkung:

In dem folgenden Protokoll habe ich meine wesentlichen Erlebnisse aufgeführt. Manche andere habe ich aus den verschiedensten Gründen nicht veröffentlicht.

Eingerahmte Träume/Gedanken/Erlebnisse hatten eine besondere Bedeutung für <u>mich</u> - was für die Leser nicht unbedingt verständlich und nachvollziehbar ist.
Ihr Auftreten kennzeichnete Schlüsselmomente, die meiner inneren Arbeit sehr zuträglich waren. Da ich im Protokoll auch die eher ereignislosen Ruhephasen erwähne, möchte ich im Gegensatz dazu ebenso diese produktiven Momente und Anstöße für weitere Prozesse für jeden erkennbar hervorheben.

Protokoll Dunkelretreat – 49 Tage   Beginn 02.06.2017

Kurzfassung

So wie bisher auch reflektierte ich meine inneren Erlebnisse sofort, integrierte sie und zog daraus meine Schlussfolgerungen. Meine Traumanalyse führte fast immer zu einer unmittelbaren Erkenntnis. Sehr oft hatte ich durch das Aufschreiben noch weitere. Manche Erkenntnisse nahm ich erst eine Stunde später – nach wiederholtem Reflektieren - wahr. Lediglich bei drei inneren Prozessen (von über 200) brauchte ich einige Tage um den Hintergrund der Erlebnisse zu begreifen.

Meistens war meine Stimmung sehr gut – Ausnahmen habe ich im Protokoll aufgeführt. Ich hatte mich für eine ganz besondere Zeit entschieden: Ich schaute 49 Tage nur nach innen, und achtete nur auf meine Bedürfnisse und Wahrnehmungen. Im Gegensatz zum Alltag habe ich keinerlei Anforderungen zu erfüllen (e-Mails, Anrufe, Beruf, Familie,…). Ganz ungewohnt und sehr entspannend!

Die Belüftung hat sich auch bei der langen Aufenthaltsdauer bewährt. An einigen Tagen war der Sommer recht warm, sodass ich daraufhin ein Klimagerät zur Belüftung nutzte.

Da ich mich in dieser Zeit nur wenig bewegte und keinen Ausdauersport machte, hatte ich nach der dritten Woche einen spürbaren Muskelabbau (besonders an den Beinen). Doch nach sechs Wochen nach der Beendigung hatte ich durch mein normales Ausdauertraining den Muskelabbau wieder komplett ausgeglichen.

In Anbetracht der 7-wöchigen Aufenthaltsdauer, keiner fachlichen Betreuung, sowie der vielen inneren Prozesse mit ihren Höhen, Tiefen und der Vielzahl an Erkenntnissen, habe ich das Dunkelretreat in einer ausgezeichneten Verfassung überstanden.

Anmerkung Zeitempfinden:

Im Protokoll erwähne ich regelmäßig die Tageszeit, wann ich in etwa einschlafe und wie lange ich geschlafen habe. Wie ist mir dies möglich ohne auf eine Uhr zu schauen?

Jede Tageszeit löst bei mir ein spezielles Empfinden aus. Erklären und beschreiben kann ich diese subjetive Wahrnehmung nicht. Ich schätze, dabei habe ich eine Genauigkeit von ca. 1-2 Stunden.
Äußere Reize nahm ich in geringem Maße ebenfalls wahr. Einige Beispiele: Vogelgezwitscher ab 3:30 Uhr und zwischen 22:00 und 23:00 Uhr, gegen 4:30 Uhr beliefert der Zeitungsausträger die Nachbarn, gegen 7:30 Uhr fährt die Müllabfuhr vorbei.

Meine Teilnehmer haben eine zusätzliche Orientierung durch meine beiden täglichen Besuche (Gespräche und Essen bringen) am Morgen und am späten Nachmittag.

Tag 1 (Die bedeutsamsten Erlebnisse)

Traum tagsüber: Ich habe eine spezielle Blockade im Gehirn; Andere Bilder: vielfältiges, großes Essen und Trinken. Fahrt zu zweit auf verbundenen Rollbrettern im Haus um eine bestimmte Geschwindigkeit zu erreichen.

Erkenntnisse - kurzgefasst >>> Durch die Angst (Blockade), auch Todesangst. Worum geht es? Vorbereitung auf eine mentale Todeserfahrung im Rahmen der 49 Tage?
Alles angenommen und integriert.

Meine Verfassung: Sehr gut – durch die Rückenschmerzen zeitweise etwas getrübte Stimmung

Sonstiges: Funktionsgymnastik, Atemübungen, Meditation

Essen: Morgens zwei Äpfel, abends ein Schraubglas Nussmischung mit Rosinen

Tag 2 (Die bedeutsamsten Erlebnisse)

Viele kurze Träume aus dem Alltag: Treffen Ehemaliger (Schule), Vater sitzt auf der Bank, Feier.

Es machen sich bei mir Schmerzen an der Lendenwirbelsäule bemerkbar. Gestern fing es ganz leicht an. Doch heute ist klar: Ich habe ein unerwartetes Problem und muss schnellstens nach einer Lösung Ausschau halten.

Die lange Aufenthaltsdauer wird mir bildhaft ganz deutlich. Pro Tag habe ich mir ein Schraubglas mit Nussmischungen und Rosinen bereit gestellt. Also stehen hier 49 Gläser. Soweit so gut. Davon habe ich allerdings erst zwei geleert. Das heißt es stehen noch 47 gefüllte Gläser, wobei ich mir vorgenommen habe, pro Tag nur ein Glas zu leeren. Und dies bei den unerwarteten sowie sehr unangenehmen Rückenschmerzen. Durch die Reizarmut stehen diese Beschwerden natürlich präsent im Vordergrund.
Wenn diese weiterhin vorhanden sind, wie werden die restlichen 47 Tage verlaufen?

Foto Symbolische Darstellung - Es geht nur um die Auswirkung der Verhältnisse von 2 zu 47 Schraubgläsern. Das Foto habe ich nach dem Dunkelretreat gemacht, weshalb ich nicht erneut 47 Gläser füllen wollte.

Erkenntnisse - kurzgefasst >>> So einen Einstieg in das Dunkelretreat hatte ich nicht erwartet. Also steht es für mich an, so schnell wie möglich die aktuelle Situation anzunehmen und Lösungen zu entwickeln.

Meine Verfassung: Ein kleines Tief

Sonstiges: Yoga-Übungen, Funktionsgymnastik, Meditation, Mantren wiederholen; Lüftung und Raumklima der Räume sind sehr gut.

Essen: Ein Schraubglas Nussmischung mit Rosinen; Ich habe nur ganz wenig Appetit.

Tag 3 (Die bedeutsamsten Erlebnisse)

Rückenschmerzen deutlich weniger durch Yoga, Funktionsgymnastik und Cattlebell.
Traum: Kinderlied Geburtstag – Wut und Trauer.

Das Schlagen einer Schamanentrommel löst Bilder eines Indianerstammes und von Tieren aus: Wolf, Braunbär, Eule, Seeadler.

Angst zu scheitern, bzw. dass die Erkenntnisse des Dunkelretreats unbefriedigend sind.

Erkenntnisse - kurzgefasst >>> Meine Lösungen fangen an zu wirken. Indem ich mir einen Handlungsspielraum erarbeite, wird mir erneut deutlich, wie wichtig die mentale Verfassung ist.

Meine Verfassung: Recht gut

Sonstiges: Meditation, Mantren wiederholen

Essen: Morgens 4 Äpfel

Anmerkung:

In den ersten Tagen notierte ich mir recht wenig. Meine inneren Wahrnehmungen waren noch nicht so intensiv und die unerwarteten intensiven Rückenschmerzen standen im Vordergrund.

Tag 4 (Die bedeutsamsten Erlebnisse)

Luzider Traum
Ein Freund fliegt mit mir eine leere Maschine von „Scandinavian Airlines". Auf dem Vorfeld fährt er kreuz und quer und pflügt etliches um. Er lacht. Das macht er immer so. Dann fliegen wir wieder und zeitgleich beobachte ich von einem Berg aus, wie das Flugzeug im Wasser landet (ich bin Akteur und Zuschauer in einem) und in die Tiefe gleitet. Es kommt neben einem anderen Flugzeug derselben Airline zum Stehen. Beide Flugzeuge sind unbeschädigt. Sie stehen in 500 m Tiefe. Das ist doch kein Zufall!
Die Landung haben wir - und auch das Flugzeug - gut überstanden.

Plötzlich stehen wir auf einem Berg vor einem Metallgebilde. Durch den Aufprall sind in meinen linken Finger Sesamsamen eingedrungen. Jetzt lösen sie sich fast von alleine aus der Haut und werden von dem Metallgebilde angezogen. Sie bleiben daran hängen.

Absturzursache eine starke elektrostatische Ladung? War es denn überhaupt ein Absturz?

Erkenntnisse - kurzgefasst >>> Ich tauche in tiefe Gefühle (tiefes Wasser) ein, ich bin dort gut aufgehoben und lande unbeschadet. „Ich gehe den ungelösten Themen auf den Grund." War das Eintauchen in die tiefen Gefühle meine Entscheidung oder wurde dies von einer höheren Macht ausgelöst?
Was erwartet mich an und von dem Metallgebilde (das alles anzieht)? Etwas Gutes – denn ich bin ja sicher gelandet. Ich staune.

Regelmäßig Lichterscheinungen im Bereich der Stirn.
Ansonsten neige ich dazu, Phantasien zu entwickeln. Haus kaufen für Dunkelretreats, Resonanz Dunkelretreats, Beziehung

Meine Verfassung: Akzeptabel; Rückenschmerzen sind deutlich reduziert.

Sonstiges: Yoga-Übungen, Funktionsgymnastik, Meditation, Mantren wiederholen

Essen: Morgens zwei Äpfel

Tag 5 (Die bedeutsamsten Erlebnisse)

Traum
Ich fahre mit einer Frau gemeinsam - jeder mit seinem Auto - zu einer Tankstelle um zu tanken. Während des Tankens fallen mir zwei heruntergekommene Männer auf, die uns beobachten. Später springen diese in unsere Autos und wollen damit losfahren. Ich greife durch ihre Fahrertür nach dem Schlüssel und zerre den Dieb aus dem Auto. Meinen Autoschlüssel habe ich in der Hosentasche. Den Anderen zerre ich auch raus, halte beide fest und telefoniere mit der Polizei. Ich bin ortsfremd und nenne den Straßennamen – „Kreuzung Alte Gasse 4/Feuerwehr". Andere Menschen schauen zu.

Erkenntnisse - kurzgefasst >>> Ich bin präsent und nehme mein Umfeld aufmerksam war. Ich handle entschlossen und konsequent.

Traum
Ich kippe einen Eimer mit Müll in den Abfallkorb einer Tankstelle. Das was vorbeifällt, hebe ich auf und gebe es in den Eimer. Ob ich Mitarbeiter oder Kunde bin weiß ich nicht. Der Inhaber mault rum, dass so viele ihren Müll hierher bringen.

Erkenntnisse - kurzgefasst >>> Ich bringe den Müll an die Stelle, an die er gehört. Da ich im Alltag keinen Müll woanders entsorge, geht es anscheinend darum, dass ich (unbewusst) „geistigen" Müll in Form von ungelösten Themen an einen „unangemessenen" Platz (andere Menschen) bringe.

Ich habe erwartet, dass das Dunkelretreat so verläuft wie die bisherigen Dunkelretreats. Es tauchen ständig Themen auf, die ich analysiere und integriere. Was mache ich aber, wenn nur ganz selten (oder gar keine) Themen auftauchen? Was bedeutet diese Leere und wie gehe ich damit um - sofern ich mich nicht in Phantasien oder Erinnerungen begebe?
Dass wenige Themen auftauchen ist meiner Meinung nach eine natürliche Folge meiner bisherigen inneren Arbeit. Wobei ich nicht glaube, dass da nichts mehr auftaucht.
Insofern betrete ich Neuland und muss klären, welche Folgen und Chancen sich für mich daraus ergeben!
Wenn ich die Leere nicht aushalte und Gedanken produziere, weshalb mache ich das und wie kann ich das verhindern? Was ergibt sich daraus, wenn ich in der Leere verbleiben kann?

Ist das Gefühl von Langeweile (auch im Alltag) ein Zeichen dafür, dass ich die Leere bzw. es mit mir selbst nicht aushalte? Ist Langeweile (bzw. das Bedürfnis nach vielen Aktivitäten) somit ein Gradmesser wie weit ich von meinem wahren Kern – wahres Selbst – entfernt bin?
Doch wie gehe ich weiter, wenn kein Thema auftaucht und ich gedanklich von der Leere abschweife oder die Langeweile als sehr unangenehm empfinde?

Da ich keinen Betreuer habe, der diesen Schritt schon gegangen ist, werde ich einiges ausprobieren und nach meiner Intuition vorgehen. Auf jeden Fall haben diese Fragen und Erkenntnisse bei mir zu einem deutlich besseren Gefühl geführt. Ein wenig mehr Klarheit.

Luzider Traum

Ich bin in einem Schwimmbad. Ein kleiner Junge ist in einem Aquarium (unter Wasser) und schaut mich an. Ich renne zu ihm hin und nehme ihn raus. Danach gehe ich zu einem anderen Aquarium, in dem ein Mädchen ist (ebenfalls unter Wasser). Um sie herum haben sich lange Algen gelegt. Ich nehme sie ebenfalls sofort heraus.

Erkenntnisse - kurzgefasst >>>   Ich reflektiere Gefühle. Der kleine Junge schaut mich an und anscheinend erwartet er von mir eine Reaktion. Ich „befreie" den kleinen Jungen aus der Wut, in der er gefangen ist. Danach helfe ich dem Mädchen sich aus einschränkenden Gefühlen und Verstrickungen (von Algen lose umschlungen) zu befreien.

Nachfolgend steige ich in dem Schwimmbad einen sehr hohen, filigranen Sprungturm ganz nach oben. Ich bin zeitgleich Akteur und Beobachter. Beim Raufgehen komme ich an anderen Springern vorbei und höre den Kommentar: „Ah, jetzt kommt der Könner!" Oben angekommen mache ich einen Kopfsprung, tauche ins Wasser ein und gleite eine sehr lange Strecke unter Wasser.

Erkenntnisse - kurzgefasst >>> Ich stelle mich meiner Gefühlswelt (Wasser) und nutze sie für meine Entwicklung. Ich gleite im Wasser – als Sinnbild für keine oder nur geringe Widerstände beim Umgang mit auftauchenden ungeklärten Gefühlen. Das Sammeln von Erkenntnissen steht im Vordergrund. Auch beim Notieren des Traums spüre ich noch den Luftwiderstand beim Springen (ich sprang mit einer dünnen Trainingsjacke).

Beim Gleiten unter Wasser nehme ich allerdings keinen Widerstand wahr, obwohl die Dichte des Wassers erheblich höher ist als das vorangegangene Fallen beim Sprung.

Meine Verfassung: Sehr gut

Sonstiges: Yoga-Übungen, Funktionsgymnastik, Atemübungen, Meditation, Mantren wiederholen

Essen: Morgens zwei Äpfel, abends ein Schraubglas Nussmischung mit Rosinen

Tag 6 (Die bedeutsamsten Erlebnisse)

Traum
Ich sehe eine englische Gesellschaft. Die Autos fahren links und haben das Lenkrad rechts.
Es geht um eine Hochzeit und um die Aufklärung eines Mordes. Eine Frau entdeckt ein Familiengeheimnis, als sie die Gruft ihrer Mutter betritt. Der Liebhaber hat deren Mann von hinten erstochen und dabei auch die vor ihm stehende Ehefrau/Geliebte. Woran er selbst starb ist unklar. Die Frau ist von der Entdeckung schockiert und will mit niemandem darüber sprechen. Auch nicht mit ihrem Mann. Auf die Spur kam die Frau dem Familiengeheimnis durch ein Foto, das ihre Mutter – das erschreckte Gesicht – zum Zeitpunkt des Todes zeigt. Die Frau verschließt die Gruft wieder und eilt durch den Wald.
Ich stehe auf einem Berg (zu zweit?) und schaue wie die Hochzeitsgesellschaft mit den Autos wegfährt. Es regnet und das Hochzeitspaar fährt mit einem Cabrio - dessen Verdeck halb geöffnet ist – weg.
Ich denke mir: Auch kein schöner Tag für sie.

Erkenntnisse - kurzgefasst >>> Mit dem Traum kann ich gar nichts anfangen. Da mein Unbewusstes mir den Traum präsentierte, muss es einen Bezug zu mir haben. Warum sollte mir sonst ein solcher Traum gezeigt werden?
Deshalb meine Hypothese: Ich bin der Beobachter und der Bräutigam. Überschattet wird die Ehe von einem Familiengeheimnis, das sich über die Epigenetik (unerledigte Auswirkungen von vorherigen Generationen) auf mich

und die Ehe auswirkt. Von welcher Ahnenreihe das herkommt ist unklar und ich denke es ist auch zweitrangig.

Traum
Ich kenne einen Autor, der Ratgeber und Bücher für IT schreibt (ich?). In einer Vitrine sind alle Bücher aufgestellt. In einem Ausstellungsraum dekoriert eine gut aussehende Frau die Sachen achtsam und liebevoll. Es sind viele Menschen da und ich sage dem Autor (mir?) voller Stolz: Ich habe ein Buch und eine USV (unterbrechungsfreie Stromversorgung) gekauft.

Erkenntnisse - kurzgefasst >>> Erfolg und Unterstützung durch eine Frau.

Ich nehme regelmäßig Licht in verändernden Formen an meiner Stirn wahr. Bei offenen und geschlossenen Augen. Ich sehe das Licht der unteren Chakras. Mein Körper wirft einen Schatten. Wenn ich mich drehe, wandert der Schatten mit (bei geöffneten Augen). Manchmal sehe ich Konturen von Gegenständen (z.B. Bett) im Zimmer (das war auch das einzige mal, dass ich Konturen sah).

Meine Verfassung: Gut

Sonstiges: Yoga-Übungen, Funktionsgymnastik, Atemübungen, Meditation, Mantren wiederholen

Essen: Morgens zwei Äpfel, abends ein Schraubglas Nussmischung mit Rosinen

Tag 7 (Die bedeutsamsten Erlebnisse)

Stundenlang passiert nichts.

Es hat sich eine deutliche Veränderung zu bisherigen Dunkelretreats ergeben. Es kommen weniger Themen hoch, die reflektiert werden wollen. Im Zentrum steht mein Umgang mit/das Aushalten der Leere. Manchmal ergreife ich jeden Gedanken oder jede Erinnerung die auftaucht als einen Strohhalm, an dem ich mich festhalten kann um die innere Stille auszuhalten. Immer wieder fokussiere ich meinen Blick im Raum oder auf meine Stirn und merke, dass es mir damit sehr gut geht. Den Fokus kann ich aber nicht lange halten, ich schweife ab und es wird wieder anstrengend. Dann fokussiere ich wieder. Und so geht das „Spiel" dauernd hin und her. Da ich aber mit der Fokussierung Einfluss nehmen kann (ich muss halt nur üben), bin ich weiterhin guter Dinge.

Heißt es nun im Umkehrschluss, wenn ich mich nicht mehr auf die Leere fokussiere, dass ich automatisch „leide" und die Situation als unangenehm empfinde?
Auf den Alltag bezogen: Nur wenn ich auf das, was ich gerade mache, fokussiert bin geht es mir richtig gut?! Ansonsten schweife ich ab und empfinde die Situation als unangenehm. Wie schaffe ich es dauernd fokussiert zu sein, oder zumindest so oft wie möglich? Reicht es aus zu wollen - die Entscheidung hierzu zu treffen, und so oft wie möglich daran zu denken? Woran zu denken? Ich werde es ausprobieren. Und dafür ist die Dunkelheit ein hervorragender und sehr anspruchsvoller Übungsplatz. Ich hoffe, es fällt mir irgendwann leichter daran zu denken <u>und</u> fokussiert zu bleiben.

Traum
Ein Schmied schmiedet ein Meisterschwert. Ein Lehrling macht es ihm nach, doch denkt nicht an alle Anweisungen oder hat noch nicht das hierfür notwendige Geschick. Zum Beispiel taucht er das Schwert nicht in das ganz kalte Wasser, sondern nur in das kühle Wasser. Nachdem beide mit ihren Schwertern fertig sind, vergleichen sie sie. Der Schmied zerschlägt mit einem Hieb einen faustgroßen Stein. Das Schwert hat keinen Kratzer. Der Lehrling zerschlägt einen solchen Stein nicht und das Schwert hat eine Beschädigung. Der Meister nimmt dessen Schwert, zerbricht es und schenkt ihm sein eigenes Schwert.

Erkenntnisse - kurzgefasst >>> Bis zur Meisterschaft ist es normal, dass manches nicht perfekt ist. Ich bin wohl der Lehrling, der sein Bestes gibt, aber es reicht noch nicht aus, um ein Meister zu sein. Bis dahin gebe ich aber mein Bestes.
Gleichzeitig heißt es aber auch für mich verständnisvoll und mitfühlend mit mir und anderen Menschen zu sein. Es kann sehr wichtig sein einen Zwischenschritt ganz genau auszuführen. Auch wenn ich die Auswirkung noch nicht überblicken kann. Zum Schluss ist es erst erkennbar.
Ich erhalte auf jeden Fall eine „Belohnung" - „Damit du weißt wofür du die Mühe auf dich nimmst."

Meine Verfassung: Sehr gut

Sonstiges: Yoga-Übungen, Funktionsgymnastik, Atemübungen, Meditation, Mantren wiederholen

Essen: Morgens zwei Äpfel, abends ein Schraubglas Nussmischung mit Rosinen, Erdnüsse

Tag 8 (Die bedeutsamsten Erlebnisse)

Mehrere Träume, die als übergeordnetes Thema „Grenzüberschreitung" haben, sowie „die Verantwortung für das eigene Handeln nicht übernehmen".

Kinder, die an Bahngleisen spielen; Eltern, die ihre Kinder bei Dunkelheit mit einem zu großen Fahrrad (ohne Licht) nachts auf die Straße lassen. Ein Klein-Lkw der in der Stadt nachts mit hoher Geschwindigkeit unbeleuchtet fährt. Das macht mich alles wütend. Beim Tod gibt es keine zweite Chance einen Fehler gut zu machen.

Erkenntnisse - kurzgefasst >>> Zu den Trauminhalten habe ich keinen Bezug. Ich sehe es aber als Aufforderung an mich, die übergeordneten Themen Grenzüberschreitung, Verantwortung, sowie die damit verbundene Wut zu reflektieren.

Rückenschmerzen – Krisenmanagement: Ich will herausfinden wodurch sie im Dunkelretreat ausgelöst wurden. Wie kann ich diesen Umstand beseitigen oder welche Alternativen stehen mir zur Verfügung? Diese probiere ich nacheinander aus: Matratze, Isomatte mit Decken, mit Schaumstoffunterlage für meine Beine, auf Luftmatratze schlafen (im Dunkeln aufgeblasen).

Reflektion: Was lässt meine Gedanken entstehen? Selbst eine Wahrnehmung an meiner Haut löst einen Gedanken oder eine Erinnerung ganz automatisch aus.
Wie kann ich trotzdem die Fokussierung auf die Leere halten? Klar, indem ich die Entscheidung dazu treffe. Das Halten ist in der Dunkelheit schon anspruchsvoll. Dann muss ich wohl den Willen entwickeln, immer die Entscheidung hierzu zu treffen, wenn ich merke, dass ich abschweife oder mir langweilig ist.

Bisheriger typischer Tagesablauf:
Träume, aktuelle Wahrnehmungen sowie aktuelle Gedanken reflektieren. Den

Inhalt und die Analyse im Buch aufschreiben.
2-3 Äpfel essen, Algen plus Vitaminpräparate zu mir nehmen, Yoga, Funktionsgymnastik, Cattlebell, Mantren, hinlegen um in der Liege die Leere zu fokussieren, abends Nussmischung, meditieren, beobachten, mehrfach Atemübungen. Nach dem Fitnessprogramm dusche ich.

Gestern hatte ich regelmäßig unterschiedliche Lichtwahrnehmungen. Manchmal an mir (untere Chakren) oder als Fließmuster über mir, Strahlen wie von einer Lichtquelle aus – ohne eine Lichtquelle zu sehen – besonders in der Nacht.

Erkenntnisse - kurzgefasst >>> Ein Tiefpunkt
Liegt es daran, dass manche Nachbarn heimwerken und es mich an Aktivität erinnert? Oder ist der noch zu gehende lange Weg (noch 40 Tage) so einschüchternd, dass ich nicht weiß, wie ich das hinkriegen soll?
Theoretisch einfach: Ich bin fokussiert auf die Leere und dann ist es egal ob ich noch Tage oder Wochen vor mir habe. Aus dem Sport habe ich mir das Setzen von Teilzielen angeeignet. Das war dort sehr gut und hilfreich. Beim 3-fach Ironman habe ich mir bei jeder Teildisziplin Zwischenziele ausgesucht und diese angestrebt. Und danach das nächste… Bis ich schließlich nach 41-42 Stunden im Ziel war und in der Zeit keine Schlafpause gemacht hatte.
Im Dunkelretreat vergeht aber eine lange Zeit bis ich z.B. ¼ erreicht habe (12 Tage). Ich denke wenn ich erst mal die Hälfte überschritten habe, ist meine Stimmung eine ganz andere. Schließlich habe ich dann „schon fast das Ziel" vor Augen.
Wie im Alltag kompensiere ich diese Stimmung mit Essen. Oder geht es mehr um das Risiko zu scheitern? Also Misserfolg statt Erfolg?

Ich gehe in die Themen rein:
Habe ich die Themen Misserfolg sowie Motivation (demotiviert sein, wenn ein Ziel meinen Horizont übersteigt und nicht sichtbar ist) von meinem Vater übernommen? Die Heimwerker erinnern mich daran, dass ich gern in Aktivitäten bin und nicht „nichts tue". Ich treffe neue Entscheidungen und integriere alles.

Diese Situation zeigt mir ganz deutlich wie sehr sich mein Erleben in den vergangenen Dunkelretreats verändert hat und anspruchsvoller wird in der Be- und Verarbeitung. Es wird mir auch in solchen Situationen deutlich, wie sehr mich das Aufschreiben meiner Erlebnisse in der Dunkelheit unterstützt. Das Essen bei Unwohlsein oder Stress habe ich in der Kindheit von meinem Vater übernommen.

Meine Verfassung: Ein kleines Tief

Sonstiges: Yoga-Übungen, Funktionsgymnastik, Atemübungen, Meditation, Mantren wiederholen

Essen: Morgens zwei Äpfel, abends ein Schraubglas Nussmischung mit Rosinen

Tag 9 (Die bedeutsamsten Erlebnisse)

Traum
Fallschirmspringen auf der Insel Texel
Mit einer Gruppe und einem Sprunglehrer steigen wir in ein Flugzeug und fliegen über einem stark bewaldeten Gebiet mit einigen freien Flächen dazwischen. Es begegnet uns ein schnelleres Flugzeug. Wegen dem Aussehen sage ich: „Die Wildgans ist aber laut." Alle lachen. Die Stimmung ist gelöst. Wir springen. Auch andere Springer sind in der Luft. Im Fall drehen wir über dem Landeplatz noch eine Kurve. Ich öffne den Schirm. Ich sage zu einer Frau: „Viel zu spät geöffnet, aber wir landen sicher." Wir gehen zu einem Sammelplatz. Dort gibt es eine große Tüte mit belegten Baguette und frisch gebackenem Apfelkuchen. Wir gehen zum nächsten Sprung. Eine Frau sagt: „Die Tüte können wir aber nicht hier liegen lassen." Doch wohin? Ich frage den Sprunglehrer wie viele Sprünge er in der Saison täglich macht: 14. Wir gehen.

Erkenntnisse - kurzgefasst >>> Dieser Traum und der Traum am Tag 20 sind die Seiten ein und derselben Medaille. Teil 1 – Spaß steht im Vordergrund. Aber auch die Überwindung von Angst. Teil 2 – siehe Erläuterung an Tag 20.

Die auftauchenden Themen bzw. ihre Darstellungsweise hat sich zumindest aktuell deutlich verändert. Als Hausaufgaben stehen weniger Erinnerungen oder Gefühle, die nicht gelebt wurden und sonstige Blockaden im Vordergrund. Stattdessen fokussiere ich Gedanken, die mich im Alltag beschäftigen und die ich kulturell und gesellschaftlich übernommen habe. Heute Morgen kamen dauernd Gedanken hoch, die die Gesellschaft mit der männlichen Rolle identifiziert: Macht, Frauen, Actionfilme, TV-Serien, Verschwörungen. Diese Gedanken kamen nicht mehr nachdem ich die Themen integriert habe. Ich traf die Entscheidung, mich davon unabhängig zu machen und so zu leben und zu denken, wie ich es für richtig empfinde und es meinem Wesen entspricht.

Bin schon gespannt wie es weitergeht und hoffe, dass es mir leichter fällt, den Fokus auf die Leere gerichtet zu halten. Es stellt sich wohl weniger die Frage womit ich mich habe prägen lassen (Vorfahren, Gesellschaft), sondern mehr wovon ich mich jetzt prägen lassen will (Medien, Werbung, TV, Umfeld). Ich stehe also vor der Herausforderung mich so zu prägen/prägen zu lassen, wie es meinem Wesen entspricht und mich zeitgleich mit solchen Themen auseinanderzusetzen, die mir das Bestehen und die Integration in der Gesellschaft ermöglichen.
Gleichzeitig will ich darauf achten, wie und womit ich meinem wahren Kern immer näher komme. Es tut mir gut, dass ich merke, wie sich mein Innenleben im jetzigen Dunkelretreat verändert und ich sofort in der Lage bin mit der Änderung mitzugehen.

Heute fiel es leicht den Fokus auf die Leere zu halten. Den ganzen Nachmittag gab es wechselnde Lichtwahrnehmungen. Meistens waren sie mit offenen und geschlossenen Augen sichtbar. Das innere Licht habe ich vor allem an den oberen Chakren wahrgenommen. Der Tag ging schnell rum.

Meine Verfassung: Sehr gut

Sonstiges: Funktionsgymnastik, Atemübungen, Meditation, Mantren wiederholen

Essen: Morgens zwei Äpfel, abends ein Schraubglas Nussmischung mit Rosinen

Tag 10 (Die bedeutsamsten Erlebnisse)

Traum
Ich sehe einen Mann der Unrechtsurteile anprangert und aufarbeitet. Also Urteile, bei denen z.B. der Angeklagte schuldig gesprochen wurde, obwohl selbst von offizieller Seite bestätigt und dokumentiert wurde, dass er nicht der Täter sein kann. Man wollte einen unliebsamen Kritiker mundtot machen. Stasi – Aufarbeitung? Weiter ging es zu Maßnahmen anderer Staaten (z.B. Russland), die Aktivitäten unterstützen, die den Westen destabilisieren sollen. Anscheinend soll ich mich damit auseinander setzen, dass es staatliche Stellen gibt, die auch interessensbezogene Entscheidungen treffen können, die nicht dem Wohl der Menschen dienen, sondern um Menschen klein zu halten, Macht zu erhalten, oder Einnahmequellen zu sichern. Verstärkt wird

dieses potentiell mögliche Handeln durch die Lobbyarbeit von Interessensgruppen, die selbst Regierungen manipulieren (wollen) - zum Beispiel bei Gesetzentwürfen mitarbeiten.

Erkenntnisse - kurzgefasst >>> Ich habe anscheinend das Bedürfnis hinter die Kulissen zu schauen. Vor allem bei einzelnen Menschen um wahrzunehmen welche Absichten sie haben, was sie motiviert, was sie blockiert, und wie ich sie unterstützen kann/könnte um sich weiter zu entwickeln.
Staatliche Willkür – Lügen von Menschen - wie im Großen so im Kleinen.

Und selbstverständlich meine Reflektion:
Welchen Anteil habe ich daran, wie gehe ich damit um? Weshalb hat mir mein Unbewusstes den Traum präsentiert?

Wenn es um nichts geht, ist es in einem Gespräch ganz einfach. Da fällt es leicht authentisch zu sein. Doch wie schnell kann diese Haltung kippen, wenn die Aussicht auf einen Vorteil oder die Befürchtung eines Nachteils vorhanden ist? Und wenn es bei einer schwierigen Parkplatzsuche ist und man sich nur kurz auch mal dorthin stellt, wo man es nicht sollte.

Luzider Traum
Wir sind in einem eingestürzten Autobahn-Tunnel gefangen. Es dauert Wochen(?) bis der Tunnel frei geräumt wird und wir wieder frei sind. Luft, Wasser, Essen ist genug da. In der Zwischenzeit gehen wir durch unsere Prozesse und Träume. Nach der Befreiung geht es uns besser als vorher.

Erkenntnisse - kurzgefasst >>> Ich finde es trifft die Beschreibung des Lebens und den Nutzen eines Dunkelretreats mit der anschließenden Befreiung (im buddhistischen Sinne) sehr gut. Oft genug stürzt etwas in unserem Leben auf uns ein und wir müssen damit klarkommen. Haben wir es verarbeitet und die richtigen Erkenntnisse daraus gezogen, dann empfängt uns als Belohnung die „Befreiung".
Danach kann ich anderen berichten wie ich es gemacht habe und sie können entscheiden, ob und was sie daraus lernen wollen.

Beim Reflektieren darüber wie Gedanken entstehen bin ich auf einen interessanten Denkansatz gestoßen: Ich denke sie entstehen, wenn äußere oder innere Reize bestimmte Erinnerungen oder Assoziationen auslösen. In diesen Prozessen muss aber ein kreativer Aspekt enthalten sein, der uns neue Ideen – also etwas, was ich in einem Erinnerungsfundus nicht habe –

liefert. Sonst wäre eine Weiterentwicklung und Evolution nicht möglich. Dabei stellte ich mir die Frage, ob die Gedanken im Bewusstsein oder Unterbewusstsein entstehen. Ich bin zu der Erkenntnis gelangt, dass es nur **ein** Bewusstsein gibt, aber eine individuell unterschiedliche Wahrnehmungsschwelle. Im Dunkelretreat nehme ich Träume klarer wahr und kann mich besser an sie erinnern. Meine Rückenschmerzen habe ich im Alltag normalerweise nicht gespürt (nur in sehr seltenen Situationen), im Dunkelretreat aber sehr intensiv. Also führt der Reizentzug im Dunkelretreat zu einer Senkung meiner Wahrnehmungsschwelle in Bereiche unterhalb meines Alltags-Bewusstseins. Ich habe den Eindruck, je öfter und länger ich in Dunkelretreats bin, umso mehr verschiebt sich diese Schwelle nach unten. Genauso ist es beim Meditieren oder wenn ein toller Gedanke in einem ruhigen Moment in uns auftaucht.

Erkenntnisse - kurzgefasst >>> Der Nachmittag fällt mir recht schwer. Ich bin nicht so präsent. Heute habe ich selten Lichtwahrnehmungen. Die Zahl 49 (Aufenthaltsdauer) ist eine ordentliche Herausforderung. Ich versuche so oft wie möglich im aktuellen Moment zu sein und zu fokussieren. Wenn ich nicht so präsent bin, passiert es öfter, dass ich im Raum für einen Moment keine Orientierung habe, bzw. wenn ich gehe, die Richtung in die ich gehen will abweicht. Eine schöne Metapher für das Leben und gut übertragbar.

Meine Verfassung: Akzeptabel

Sonstiges: Yoga-Übungen, Funktionsgymnastik, Atemübungen, Meditation, Mantren wiederholen

Essen: Morgens zwei Äpfel, abends ein Schraubglas Nussmischung mit Rosinen

Tag 11 (Die bedeutsamsten Erlebnisse)

Traum
Ich bin in einem Baumarkt und will zwei Absperrgitter á 79.- Euro kaufen. Ob die auch die Halterungssteine haben? Will ich einen oder drei kaufen? Weshalb kostet eine Folienverkleidung für das Absperrgitter 29.- Euro obwohl da auch noch der Name des Baumarktes darauf steht? Direkt nebenan ist ein Gehege für große Würgeschlangen. Es sind ca. zehn verschiedene Arten, die sehr friedlich und zahm einer Betreuerin/Pflegerin über eine Wiese folgen.

Ich soll am Gehege etwas umbauen. Darin sind noch zwei Schlangen, die träge sind und keine Lust haben sich zu bewegen. Dann tun sie es doch und ich mache den Umbau des Geheges.
Plötzlich erscheinen ca. 20 Seehunde, die neugierig (hungrig?) an das Gitter kommen. Jetzt bin ich im Gehege und füttere die Seehunde. Die Schlangen auch?
So ganz geheuer ist mir die Situation nicht. Anscheinend liegt es daran, dass die Situation für mich neu ist.

Erkenntnisse - kurzgefasst >>> Für welche „Abgrenzung" brauche ich Absperrgitter? Bedeuten die Schlangen Gefahr oder Heilung/Problemlösung (da sie friedlich sind)? Oder geht es um Entwicklung, da Schlangen sich häuten um zu wachsen? Die Seehunde weisen auf die Tiefe meiner Seele hin – sie zeigen die wahren Ursachen meiner Gefühle. Da ich sie füttere ist es für mich ein Hinweis, dass ich mich dem, was sie repräsentieren, stelle. Sie repräsentieren spirituelles Wachstum und spielerische Leichtigkeit.

Luzider Traum

Tagsüber legte ich mich wieder hin und erlebte einen unglaublich realitätsnahen und doch offensichtlich in eine Kunstwelt projizierten Traum. So ineinander fließend, dass ich manchmal nicht wusste, was real und was künstlich ist. Andererseits: Gibt es da überhaupt einen Unterschied?

Plötzlich ging das Licht an und ich wollte schon im Dunkelretreat aufstehen und mich beschweren, dass jemand das Licht angemacht hat. Zeitgleich merkte ich, dass das Licht mich nicht blendete (also war es ein Traumerleben) und plötzlich stand ich auf einem Steg, der zu einem Haus führte. Noch bevor ich überlegen konnte was ich machen will, sank plötzlich der gesamte Steg ohne einen ersichtlichen Grund ins Wasser. Ich war sofort bis zu den Schultern im Wasser. Meine reale körperliche Reaktion war eine mehrfache tiefe Atmung, so als würde ich gerade in Eiswasser gehen (die Atmung war bei mir körperlich vorhanden/verändert). Gleichzeitig sah ich, dass das Wasser künstlich war. Als wäre ich in einem 3D-Film als Akteur ins Wasser gegangen. Ich sah Spielzeug-Menschen, auch ein Spielzeug-Flugzeug war im Wasser. Plötzlich bin ich in einem futuristisch gestylten Haus. Eine Gruppe befasst sich mit einer Art Gehirnmanipulation. Sie erschaffen Kunstmenschen als eine Art Kopie und geben bestimmte Informationen in die Gehirne von echten Menschen. Bei dieser Prägung spielt ein Anzug eine Rolle, der getragen werden soll. Meinen Anzug habe ich gerade nicht an und er ist an einem Kabel angeschlossen. Ich gehe im Haus

umher und sehe in einem Becken die Kopien anderer Menschen treiben (anscheinend zur Regeneration). Ich bekomme einen Schreck und werde nachdenklich. Ich beginne das Spiel zu begreifen und will daraus aussteigen. Die anderen merken das irgendwann und wollen das verhindern. Ich tauche ins Wasser und bin plötzlich in einer anderen Welt (andere Dimension?). Eine Frau (echt, virtuell oder künstlich?) tippt mit ihrem Finger ins Wasser, in dem ich gerade bin. Damit überträgt sie irgendetwas sehr Bedeutsames an mich. Sofort ändert sich der Fokus meiner Wahrnehmung bzw. meines Sehfeldes. Das, was ich bisher als meine Welt gesehen habe, ist nur ein Kanalsystem in einem anderen System. Und das ist nur ein Teil eines noch größeren Systems.
So als wären Welten in unterschiedlichen Dimensionen miteinander verbunden. Unabhängig und doch irgendwie gegenseitig beeinflussend.
Mit einem „Wow!" erwache ich und fange gleich an, das Erlebte einzuordnen und zu integrieren.

Erkenntnisse - kurzgefasst >>> Matrix - Ausstieg aus der Manipulation durch das Element Wasser (wahrnehmen und reflektieren eigener Gefühle). Die innere Entwicklung wird es mir ermöglichen hinter die „Illusion" des Lebens zu schauen und Zugang zu anderen Welten/Dimensionen zu erhalten.

Anmerkung - Matrix:

Virtueller Datenraum, der von denjenigen, die sich darin aufhalten als real empfunden wird (siehe auch Kapitel zur holografischen Welt).

Ich dachte sofort an die Überlieferungen mancher alten Kulturen, in denen unsere Welt, in der wir leben, als Illusion bzw. Traum angesehen wird. Egal ob wir uns im Schlaf befinden oder im Wachbewusstsein – wir träumen. Erst wenn wir aufwachen oder besser erwachen(!) schauen wir hinter die Kulissen der Trugbilder. Diese „große Befreiung" wäre also das Ausstiegsticket.

Im Kapitel *Sind wir Teil einer holografischen Welt?* habe ich folgende Erinnerungen schon erwähnt. Da es hier aber auch den Kern trifft, erwähne ich es erneut:

Ich erinnere mich an ein Buch, das ich vor etlichen Jahren gelesen habe. Ein Mönch bewirtete zwei tibetische Meister und beobachtete sie. Sie tranken Tee und sie sprachen nicht miteinander. Trotzdem schienen sie sich zu amüsieren. Dann zeigte der Eine zu einem Baum und sagte zu seinem Gegenüber: „Und manche sagen Baum dazu." Woraufhin beide in ein schallendes Gelächter ausbrachen.

Soweit ich das von Außen betrachtet beurteilen kann, haben diese beiden Tibeter die Fähigkeit entwickelt, hinter die Kulissen der Illusion zu schauen.

Folgende Frage tauchte in mir auf: Wie nennt man die Instanz, die uns durch Träume, Albträume oder Erinnerungen aufzeigt, dass zwischen meinem aktuellen Entwicklungsstand und dem „Idealen" (was auch immer das ist) eine Diskrepanz vorliegt?
Erst wenn ich das Thema integriert habe, taucht dieses nicht mehr auf.

Meine Verfassung: Euphorisch

Sonstiges: Yoga-Übungen, Atemübungen, Meditation, Mantren wiederholen

Essen: Morgens zwei Äpfel, abends ein Schraubglas Nussmischung mit Rosinen

Tag 12 (Die bedeutsamsten Erlebnisse)

Mehrere Träume

Ich helfe dabei einen sehr großen Speicher für Vorräte zu bauen (Heu, Stroh,...). Jeder ist mit jedem zufrieden. Alles klappt sofort. Der Boden besteht aus Felsquadern und ebenfalls die Decke. Die Deckensteine werden durch frierendes Wasser zusammengehalten. Ich sehe das Eis in den Fugen ganz deutlich.

Erkenntnisse - kurzgefasst >>> Durch Kooperation mit anderen Menschen kann man etwas Großes realisieren. Platz und Bedarf zum Einlagern für Vorräte. Für mich oder für andere? Für Vorräte, Geld oder vielleicht auch für Erkenntnisse oder einen Erfahrungsschatz?

Ein Vater (im amerikanischen Stil der 60er Jahre) will seinen Sohn (14) langsam für den Militärdienst vorbereiten. Wenn er 16 wird, soll er die Familientradition fortführen. Er erkundigt sich bei dessen Lehrerin ob er sich denn gut bewege. Er hofft, dass sein Sohn dann in einem Land stationiert wird, in dem keine kriegerischen Auseinandersetzungen herrschen. Denn dort ist die Überlebenschance um 50% höher.

Erkenntnisse - kurzgefasst >>> Militärteilnahme aus Tradition, keine Reflektion des Vorhabens. So wie ich zur Bundeswehr ging, wobei ich bisher dachte, dass „ich" die Entscheidung traf und es wollte. Bis heute spürte ich nicht mal ansatzweise, dass ich die Denkweise meines Vaters übernahm. Entsprechende Äußerungen hat er nie gemacht. Erst zum Ende der Bundeswehrzeit reflektierte ich meine Entscheidung und stellte den Antrag auf Kriegsdienstverweigerung.

Kommentar: Niemand hätte mich überzeugen können, dass nicht ich die Entscheidung für die Bundeswehr getroffen habe. Nicht die Spur eines Verdachts war in mir. Im Dunkelretreat werden aber die kognitiven Filter reduziert, und ich konnte die Erkenntnis sofort und vorbehaltlos annehmen.

Ich bin am Haus meines Vaters und kehre die Straße. Er will dort parken, wo er immer parkt, doch dort steht teilweise ein alter VW-Käfer. Dies will er anscheinend nicht wahrhaben und rollt immer weiter bis zu „seiner" Parkposition. Dabei schiebt er den VW-Käfer zur Seite (ohne ihn zu beschädigen). Obwohl ich mehrfach „Stop" sage und auf seine Motorhaube schlage, reagiert er viel zu spät. Er will den Rückwärtsgang einlegen und zurückfahren, was ihm aber nur sehr schwer gelingt.

Erkenntnisse - kurzgefasst >>> Sehr passende Metapher dafür, wie mein Vater seine Vorstellungen/Absichten durchsetzt ohne bzw. zu spät auf sein Umfeld zu achten. Durch die Reizüberflutung, in der er lebt, ist seine Wahrnehmung deutlich eingeschränkt.
Ich hinterfrage ob und in welchem Bereich ich von seinem Verhalten etwas übernommen habe.

Meine Verfassung: Sehr gut

Sonstiges: Yoga-Übungen, Funktionsgymnastik, Atemübungen, Meditation, Mantren wiederholen

Essen: Morgens zwei Äpfel, abends ein Schraubglas Nussmischung mit Rosinen

Tag 13 (Die bedeutsamsten Erlebnisse)

Heute Nacht hatte ich ein besonderes Erlebnis. Außerhalb des Hauses war es total still. Auch die Vögel hatten aufgehört zu zwitschern. Ich schätze es war Mitternacht als ich einschlafen wollte. Den ganzen Abend hatte ich schon Lichtwahrnehmungen gehabt, aber jetzt wurde es in mir richtig hell. Egal ob ich die Augen geöffnet oder geschlossen hatte, es blieb hell. Nicht dauernd, sondern das Licht bewegte sich langsam und wurde zwischendurch auch schwächer. So ging das bestimmt zwei Stunden und ich war im wahrsten Sinne des Wortes hellwach. Dann schlief ich ein und wurde wach bevor die Vögel anfingen zu zwitschern. Ich habe also maximal zwei Stunden geschlafen. An einen Traum kann ich mich in dieser Zeit nicht erinnern.

Traum
Anscheinend habe ich in meiner Kindheit die Entscheidung getroffen (von meinen Eltern übernommen) mich für die Zufriedenheit meiner Mutter verantwortlich zu fühlen, sie sozusagen glücklich zu machen. Damit rückte ich meine Bedürfnisse in den Hintergrund, ignorierte sie teilweise oder äußerte sie nicht. Diese Entscheidung wirkt(e) sich natürlich auch auf meine Beziehungen aus. Ich widerrufe diese Entscheidung und treffe eine neue – der Situation angepasste – Entscheidung.

Ein Viertel der Zeit habe ich hinter mir. Es tut mir gut einen solchen Fortschritt zu erleben. Dann ist es nicht mehr so weit bis zur Hälfte... Ich bin guter Dinge. Mit den gewonnenen Erkenntnissen bin ich sehr zufrieden. Ich bin gespannt, was noch kommt. Heute hatte ich wieder sehr viele Lichtwahrnehmungen in meinem Kopf. Sie wechselten von der Stirn zum Scheitel und manchmal auch nach vorne. Es war für mich spannend, dies zu beobachten.

Meine Verfassung: Sehr gut

Sonstiges: Funktionsgymnastik, Atemübungen, Meditation, Mantren wiederholen

Essen: Morgens zwei Äpfel, abends ein Schraubglas Nussmischung mit Rosinen

Tag 14 (Die bedeutsamsten Erlebnisse)

Traum
Ich sitze mit einer Kollegin an einem See. Wir unterhalten uns übers Schwimmen im Winter. Sie geht auch im Winter im See schwimmen. Sie ist eine sehr gute Schwimmerin. Dabei lege ich weggeworfene, alte Batterien auf einen Haufen. Wir sehen mehrfach Autos vorbeifahren, die einen Aufkleber von einer Schule haben. Ich sehe auch einen Bus eines Sportvereins, der auf einer Werbetour für neue Vereinsmitglieder ist.

Erkenntnisse - kurzgefasst >>> Alltagsverarbeitung

Traum
Ich bin für einen Kindergeburtstag als Spontan-Clown von ehemaligen Nachbarn engagiert worden. Es ist Winter, es liegt Schnee und es ist sonnig. Die Kinder essen zuerst Kuchen und dann bringe ich sie dazu, Albernheiten mitzumachen. Ein Kind ist nachdenklich und hat nicht so richtig Lust mitzumachen. Es ist älter als die Anderen. Dieses Kind stellt mich dar.
Plötzlich unterhält sich meine ältere Cousine mit mir. Sie ist gut gelaunt. Der Kindergeburtstag verändert sich zu einem Familientreffen in meiner Kindheit am Geburtsort meines Vaters.

Erkenntnisse - kurzgefasst >>> Alltagsverarbeitung – Ich bin das nachdenkliche Kind, das sich lieber Gedanken über die Landschaft/Natur oder sonst was macht, als bei den Spielen der kleinen Kinder mitzumachen. Dadurch stehe ich auf der Feier etwas im Abseits. Das Familientreffen ist für mich eine sehr angenehme Erinnerung.

Traum
Ich bin auf Kuba und suche eine Möglichkeit um ein Dunkelretreat zu machen. Der örtliche Polizeichef ist sehr freundlich und hilfsbereit. Er wird kurz unterbrochen, da eine Gruppe Krimineller in ein Gebäude gegangen ist. Er sagt mir, dass ich in ein spezielles Gebiet fahren solle. Dort seien passende Häuser vorhanden. Ich schaue mir Ansichtskarten von der Insel an und suche das Gebiet. Ich gehe in ein Restaurant und küsse eine attraktive Frau. Uns schauen zwei kleine Kinder zu. Sie strahlen und lachen.

Erkenntnisse - kurzgefasst >>> Alltagsverarbeitung - Haussuche für meine Dunkelretreats, um mehrere Teilnehmer zu betreuen. Karibik: Sinnbild für Leichtigkeit des Lebens (auch wenn einem dort nichts geschenkt wird und das Leben nicht sorgenfrei ist).

Vorräte aufgefüllt. Meine Frau brachte mir 30 Äpfel. Und für den Fall, dass ich auch mal Appetit auf etwas anderes habe, Gemüse.

Ich bin weiterhin guter Dinge. Ich bin mir aber bewusst: Ich muss so weit wie irgendwie möglich zentriert sein. Sonst wird es schwer bei den Rahmenbedingungen. Momentan klappt das sehr gut. Aber ich habe ja noch 5 Wochen vor mir. Also aufpassen und das Gelingen nicht als Selbstverständlichkeit ansehen.

Die Orientierungslosigkeit in Bezug auf meine Position im Raum und meine Ausrichtung ist sehr häufig. In den vergangenen 12 Jahren hatte ich so eine Orientierungslosigkeit erst 2-mal erlebt. In den letzten 10 Tagen bestimmt 10-mal täglich (also ein Dauerzustand). Auch in Situationen, in denen ich ganz präsent war. Anscheinend wirkt sich die Dauer des Dunkelretreats auf die Fähigkeit aus, eine Körperdrehung richtig einzuschätzen. Auch wenn ich bewusst darauf achte, bin ich oft erstaunt wo ich dann „lande". Dieses Phänomen habe ich auch schon von anderen Teilnehmern gehört. Das ist bei einem längeren Aufenthalt durchaus verbreitet.

Meine Verfassung: Sehr gut

Sonstiges: Yoga-Übungen, Funktionsgymnastik, Atemübungen, Meditation, Mantren wiederholen

Essen: Morgens zwei Äpfel, abends ein Schraubglas Nussmischung mit Rosinen, Erdnüsse

Tag 15 (Die bedeutsamsten Erlebnisse)

Traum
Ich arbeite in einem Bürogebäude (aufgrund verwendeter Begriffe könnte es auch eine Schule sein). Bei einem Kurzgespräch wird der Name einer sehr guten Bekannten genannt, die ich vor 30 Jahren kennenlernte (Bad Kissingen). Ich lasse mich zu ihr führen. Sie erkennt mich sofort und sagt – „Wo sind all die Jahre geblieben?" Anscheinend ist eigentlich schon Feierabend. Wir unterhalten uns sehr nett in ihrem Büroraum. Nach kurzer Zeit kommt jemand rein und sagt zu ihr, dass sie gebraucht werde. Wir verabreden uns noch schnell. Beim Rausgehen fällt mir bei ihr eine technische Ausrüstung auf, in die eine Videokamera integriert ist. Ich denke: Da ist ja die zweite Videokamera, die ich bräuchte um ein Interview von zwei

Seiten aufzunehmen. Im Vorraum warte ich. Ein IT-Techniker eines Dienstleisters, der alles neu einrichtet, fragt mich nach meinem Namen und meiner Funktion, damit er dann die IT-Befugnisse festlegen kann.

Erkenntnisse - kurzgefasst >>> Ein äußerst kreativer Traum und eine interessante Verknüpfung von Ereignissen aus meinem Leben.
- Die sehr gute Bekannte, die mir vor 30 Jahren begegnete
- Arbeitsplatz Schule
- Videokamera: Ich hatte mir gestern überlegt, das nächste Video vielleicht mit zwei Kameras aufzunehmen.
- Gespräch mit dem IT-Techniker: Genau so hat ein Gespräch stattgefunden, als ich Niederlassungsleiter eines Personaldienstleistungsunternehmens war.

Es gibt ein gemeinsames Thema, das diese einzelnen Bereiche verbindet: Gute Beziehungen zu Menschen, die ich kenne oder kannte. Zu Menschen, von denen ich mich angenommen fühle.

Gedanken
Rückblick der Themen innerhalb der Dunkelretreats der vergangenen 12 Jahre.
- Belastende Gefühle und Erinnerungen aus meinem Leben (Kindheit bis aktuell)
- Seit 2 Jahren tauchen obige Themen immer seltener auf. An deren Stelle treten „neutrale" Erkenntnisse zur aktuellen (Lebens-)Situation.
- Dann Zukunftsausrichtung und positive Erlebnisse/Prägungen. Ich merke, wie der Ballast der Vergangenheit von meinen Schultern abfällt und ich mich mehr bewegen und entfalten kann (Ego-Reduzierung, positive Prägungen, Zukunftsausrichtung, Ressourcen zugänglich machen).

Auch diese Erkenntnis tut mir richtig gut.

Heute Nacht liege ich erneut über eine Stunde hellwach, da ich wieder diese Lichtwahrnehmung in meinem Gesichtsfeld mit offenen und geschlossenen Augen habe.

Träume

1. Ich bin im Dunkelretreat und liege auf einer Liege. Ich rolle mit der Liege aus dem Haus auf die Straße und schiebe zwei Nachbarn, die im Sessel auf der Straße sitzen, ein Stück weiter. Freudige Begrüßung. Ich schiebe die Sessel zu einer Kreuzung und stelle fest, dass die Sessel leer sind. Ich gehe zu einer Gaststätte wo ich von meiner Frau angerufen werde: „Was machst du? Du bist doch im Dunkelretreat!" Deshalb fällt mir das Schauen so schwer, weil das Licht mich so blendet. Ich kneife die Augen zusammen, bin die ganze Zeit wie in Trance und sage: „Ich komme gleich." Ich gebe einer Angestellten den Hörer (sie kennt meinen Vornamen) und will rausgehen. Doch wo sind meine Schuhe, oder bin ich in Gartenclogs gekommen? Es ist etwas umständlich heraus zu kommen, da ein Gast Suppe verschüttet hat und erst sauber gemacht wird.

2. Ich bin in einer Kunstausstellung mit einem Rucksack voller Vorräte (Gläser mit Nussmischungen, die ich auch im richtigen Dunkelretreat verwende). Eine Frau kommt freudestrahlend auf mich zu und sagt, sie hätte noch ein paar Fragen zum Dunkelretreat und eine Kundin von ihr – dort hinten – interessiere sich dafür. Sie wird zu einem Kunden gerufen.

3. Ich stehe auf einem großen Platz einer mittelalterlichen Stadt, in der Aufnahmen für einen Werbefilm gedreht werden. Ein Mann steht im Vordergrund und zwei Gruppen kommen freudig auf ihn zu. Etwas passt nicht. Nochmal. Ich setze mich zu einer Gruppe von Zuschauern.

Erkenntnisse - kurzgefasst >>> Ich verarbeite mein aktuelles Dunkelretreat (Liege, Nussmischungen und meine Ausflüge im Traum – mit der Liege unterwegs, Gaststätte, Liege einladen). Ebenso mein neues Video um Menschen anzusprechen (Frau in der Kunstausstellung und der Werbefilm auf dem Marktplatz).
Traumabschluss: Ich fahre mit dem Auto nach Hause und sehe meine Liege und zwei meiner Sessel. Wegen einer Baustelle ist das Halten schwierig. Ich lade alles ein – eine Frau hilft mir dabei.

Gedanken
Alles was ich denke und tue ist ein Spiegelbild meines Innenlebens. Eigentlich selbstverständlich. Doch wenn ich die richtigen Konsequenzen oder Antworten daraus ableiten will, wird es schon schwieriger. Eigentlich ist mein Innenleben durch meine Sprache, Gedanken, Gefühle,... komplett offengelegt und somit transparent.

In diesem Sinne gibt es ja überhaupt kein Unbewusstes.
Die Schwierigkeit besteht darin, meine Gedanken,… wahrzunehmen, beachtenswert zu finden und zum Abschluss richtig zu deuten. Ich muss es auch in Betracht ziehen, dass ein beiläufig verwendetes Wort nicht „normal oder angemessen" ist, sondern eine tiefere Bedeutung hat.
Wie identifiziere ich diese Wörter, Gedanken,… und wie kann ich sie richtig deuten, wenn im Alltag der Level der Reize wieder steigt? Wie kann ich trotz steigender Reize nach dem Dunkelretreat meine Wahrnehmungsschwelle möglichst weit unten halten?

In letzter Konsequenz ist für mich mein Innenleben lesbar wie dieses Buch. Ein unbewusster Aspekt meines Innenlebens wäre nicht vorhanden. Sich diesem Zustand zu nähern, denke ich, ist nur über eine Reizreduzierung möglich. Darüber Details wahrzunehmen und durch innere Arbeit „aufzuräumen". Ich habe also noch einiges zu tun.

Meine Verfassung: Sehr gut

Sonstiges: Yoga-Übungen, Funktionsgymnastik, Atemübungen, Meditation, Mantren wiederholen

Essen: Morgens zwei Äpfel, abends ein Schraubglas Nussmischung mit Rosinen

Tag 16 (Die bedeutsamsten Erlebnisse)

Gestern Abend lag ich wieder stundenlang bis weit über Mitternacht hellwach (aufgrund meines inneren Lichts) im Bett.

Ich habe momentan einen kleinen Tiefpunkt. Durch das Melatonin, welches mein Körper produziert, bin ich heute verstärkt schläfrig und habe wenig Lust Körperübungen zu machen. Am Nachmittag werde ich die Übungen machen.

Es fällt mir auf, dass gestern und heute in meinen Träumen Alltagsthemen und mein aktuelles Dunkelretreat eine Rolle spielten. Auch heute hatte ich zwei Träume, die ich nicht aufschrieb, da ich den Inhalt als belanglos empfand. Was bedeutet das? Hat mein Bewusstsein keine tiefergehenden Themen zur Verfügung (schließlich mache ich seit über 15 Jahren intensive innere Arbeit – davon 12 Jahre Dunkelretreaterfahrung)? Aus Begebenheiten

und Erinnerungen erstellt mein Bewusstsein eine „wahllose" Verknüpfung und zeigt sie mir als Traum? Einfach weil Träumen zum Schlaf immer dazu gehört?
Oder übersehe ich ein übergeordnetes Thema?
Oder stehe ich vor einer nächsten Stufe der Entwicklung und ich nehme sie nicht wahr, bzw. mache nicht den nächsten richtigen Schritt?

Alles berechtigte Fragen, auf die ich noch keine Antworten habe. Also weiter mein Innenleben beobachten und dann handeln. Anscheinend fällt es mir schwer das Offensichtliche anzunehmen. Es gibt momentan nichts Tiefergehendes anzuschauen, sondern nur mehr oder weniger Belangloses vom gestrigen oder heutigen Tag. Ist doch wunderbar! Oder?

Meine Verfassung: Körperlich träge, ein kleines Tief

Sonstiges: Yoga-Übungen, Funktionsgymnastik, Atemübungen, Meditation, Mantren wiederholen

Essen: Morgens zwei Äpfel, abends ein Schraubglas Nussmischung mit Rosinen

Tag 17 (Die bedeutsamsten Erlebnisse)

Zwei Standards haben sich entwickelt: abends liege ich hellwach bis weit über Mitternacht (bis ca. 1-2 Uhr). Danach habe ich trotzdem Schwierigkeiten einzuschlafen und erneut zwei Träume, in denen manchmal belanglose Alltagssituationen mit neutralen Erinnerungen verknüpft werden.

Traum

Zwei Polizisten reiten auf Pferden einen staubigen Feldweg entlang. Ich will mit meinem Auto langsam vorbeifahren. Der eine Polizist signalisiert mir mit seiner rechten Hand, dass ich langsam fahren soll. Was ich nicht verstehe, da ich bereits in Schrittgeschwindigkeit fahre. Er behält weiter seine Handbewegung bei. Als ich auf gleicher Höhe bin, packt mich der Polizist, zieht mich aus dem Auto heraus und wirft mich mit dem Rücken auf den Boden. In dem Moment wache ich auf, erinnere mich dieses Traumes und erlebe die körperliche Auswirkung des Wurfes. Mein Körper reagiert so, als wäre es tatsächlich so passiert. Mein Rücken tut weh, ich spüre eine starke

Atemnot und habe Schwierigkeiten normal weiter zu atmen. Ich liege also auf dem Rücken, schaue in den Himmel und denke mir: „Was war das denn?"

Erkenntnisse - kurzgefasst >>> Sofort tauchen in mir mehrere Bilder und Erinnerungen von Situationen auf, in denen ich wenig Rücksicht aufbrachte. Vor 35 Jahren – also mit 19 – verbrachte ich einen Urlaub mit zwei Freunden auf einem Campingplatz in Spanien. Der Weg zu dem Campingplatz war von der Hauptstraße aus ein staubiger, gerader Feldweg. Breit genug, dass zwei Autos bequem aneinander vorbeifahren konnten, aber total uneben. Der Weg war gewellt wie ein Waschbrett. Das Fahren war äußerst unkomfortabel – entweder man fuhr mit Tempo 20, oder 120, oder wurde mächtig durchgeschüttelt. Mit 19 war ich allerdings nur in der Lage 120 km/h zu fahren. Auf dem Weg fuhr vor uns ein Auto mit Tempo 20. An der Stelle, an der ich das andere Auto einholte, reduzierte ich mein Tempo nicht (da der Weg geradeaus ging, kein Auto entgegenkam, der Weg breit genug war) und überholte das andere Auto mit Tempo 120.

Auf die Idee, dass ich eine kilometerlange Staubfahne hinter mir herzog, die dem anderen Autofahrer komplett die Sicht nahm, bin ich nicht gekommen. An unserem Zelt angekommen packten wir unseren Einkauf aus und fingen an zu essen. Nach einiger Zeit kam das andere Auto und fuhr vielleicht 15 Meter an uns vorbei. Damals verstand ich nicht weshalb der Fahrer wütend mit den Armen fuchtelte. Heute wurde mir klar, dass ich so viel Staub aufwirbelte, dass er minutenlang stehenbleiben musste, da er keine Sicht hatte.

Ca. 5-6 Jahre später fuhr ich einen Schotterweg entlang um zu den Streuobstwiesen meiner Eltern zu gelangen und junge Bäume zu gießen. Den staubigen Schotterweg fuhr ich etwa mit Tempo 50. Weit vor mir ging ein Spaziergänger der – so wie der Polizist in meinem Traum – mit einer Handbewegung signalisierte, ich möge wegen des Staubes langsamer fahren. Auch in der Situation reduzierte ich mein Tempo nicht und der Spaziergänger ging schnell aus dem Weg, um den Staub nicht abzubekommen. Vor etwa einem Jahr fuhr ich eine Tempo-30-Straße mit Tempo 35 entlang. Eine Gruppe Frauen stand an der Straße und war mit meiner Geschwindigkeit offensichtlich unzufrieden. Auch wenn ich sie nicht verstand, war es klar, dass sie über mich schimpften.
Dies verstand ich überhaupt nicht, da ich lediglich 5 km/h zu schnell fuhr. Den Gesamtzusammenhang verstand ich erst durch den Traum und die rabiate Art, in der mir mein Unbewusstes mitteilte, dass da noch eine „Rechnung offen war".

Ich nenne dies die Eskalationsstufen des Lebens. Wenn ein Fehlverhalten nicht reflektiert und korrigiert wird, bietet das Unbewusste eine Steigerung bei der nächsten Situation an um zu verstehen zu geben, dass ein anderes Verhalten angemessen gewesen wäre. Findet immer noch keine Korrektur statt, kreiert das Unbewusste eine weitere Steigerung. Solange bis ich es verstanden habe.

Folgende Defizite hatte ich:
In der Situation habe ich nicht reflektiert und Verständnis für den andern Fahrer aufgebracht. Ebenso wenig habe ich reflektiert als der Fahrer auf dem Campingplatz vorbeifuhr. Genauso bei dem Spaziergänger und der Frauengruppe. Deshalb wählte mein Unbewusstes den o.g. Traum in der rabiaten Form aus, damit ich diesmal verstehe und reflektiere.

Und so ist es bei wiederholt auftauchenden, unangenehmen Lebenserfahrungen. Erst wenn man begriffen hat worum es geht und sich dem Ursprungsthema stellt, findet diese Eskalation ein Ende. Die „Rechnung" ist bezahlt und wird nicht nochmal vorgelegt.

Der Hintergrund meines Verhaltens im Alter von 19 war das übernommene Verhalten meines Vaters. In manchen Situationen brachte er gegenüber anderen Menschen kein Verständnis auf und hatte nur seine Interessen im Sinn. Dies habe ich übernommen und seitdem nicht abgelegt. Erst in diesem Dunkelretreat habe ich mich durch die „Zwangsreflektion" dem Thema gestellt und es in mir integriert.

Eines ist auch Standard geblieben: die Schwierigkeit mich bei einer Bewegung im Raum zu orientieren. Mehrfach habe ich einen Test gemacht: Ich stellte mich mit dem Rücken ganz an die Wand und wollte ca. 4 Meter geradeaus zu einer Tür gehen. Dort kam ich aber nie an, sondern ca. 1-1,5 Meter rechts daneben. Auch wenn ich mich nur ganz leicht drehte, fand ich im Normalfall nicht die Richtung. Egal wie stark ich mich konzentrierte und bemühte, es klappte einfach nicht.
Trotzdem nehme ich die Orientierungslosigkeit recht gelassen. Mit Hilfe meines Tastsinnes habe ich bisher noch alles gefunden, was ich wollte. Auf das Ertasten mit meinen Fingern und Händen habe ich mich bisher immer verlassen können. Und wenn ich an der einen Wand in die falsche Richtung gelaufen bin, habe ich die Richtung beibehalten und einen Umweg gemacht. Aber was soll's, ich habe genug Zeit, bewahre Ruhe und konnte mir bisher immer helfen.

Traum
Ohne zu schauen halte ich meinen linken Arm hoch. Ein Falke landet auf meiner Hand und zwickt mir mit seinem Schnabel sehr schmerzhaft in die Hand. Ich schaue sofort zu dem Vogel und sehe eine Taube mit einem Falkenschnabel (die Federfarbe ist grau). Sofort streichle ich seinen Hals und sage: "Komm, beruhig dich mal." Der Vogel hört auf zu zwicken.

Erkenntnisse - kurzgefasst >>> Der erste Gedanke: Erst nachdenken und dann die Hand hochhalten. Entweder mit Lederhandschuh oder mit Futter.
Zweiter Gedanke: Zu den zwei Vogelarten. Ich habe es in der Hand, ob sich etwas angenehm oder unangenehm auswirkt. Der Aggression kann ich mit Beruhigung beikommen. Sinnbild für den Dualismus. Aber auch, dass ich durch Beruhigung (des Geistes?!) daraus aussteigen kann. Die Aggression verwandelt sich in Frieden. Aus dem Falken wird eine Taube. Wenn ich unachtsam bin, sind beide Aspekte möglich. Bin ich achtsam bzw. mache das „Richtige", habe ich den Frieden in der Hand. Unachtsamkeit hat Schmerz und Leid zur Folge.

Meine Verfassung: Sehr gut

Sonstiges: Yoga-Übungen, Funktionsgymnastik, Atemübungen, Meditation, Mantren wiederholen

Essen: Morgens zwei Äpfel, abends ein Schraubglas Nussmischung mit Rosinen

Tag 18 (Die bedeutsamsten Erlebnisse)

Traum
Ich habe einen neuen Job in einem Personaldienstleistungsunternehmen. Ich führe ein sehr warmherziges, humorvolles Kundentelefonat. Ich gehe ein Angebot im kfm. Bereich mit ihm durch. Ich überlege mir auch im gewerblichen Bereich ein Angebot abzugeben. Ein Job mit Anzug und Krawatte. Ich bin sehr gut drauf.

Erkenntnisse - kurzgefasst >>> Vergangenheitsverarbeitung. Es wird mir nochmal deutlich aufgezeigt wie entscheidend eine gute persönliche Beziehung für den Erfolg ist.

Traum

Ich bin in einem Seminarhaus, in dem sich die Teilnehmer mittags selbst versorgen. Aus dem Kühlschrank entnehme ich eine geöffnete Dose und Essen. Dabei verschütte ich etwas aus der Dose. Ich wische das Verschüttete nicht gleich weg, da ich noch anderes zu tun habe.
In dem Verschütteten steht eine Frau. Ich äußere meinen Unmut darüber, dass die Frau mitten im Verschütteten steht. Dabei war ich es, der es nicht weggewischt hat.
In dem großen Gebäude sehe ich noch einen Haufen Abfall, der nur zusammengeschoben und nicht weggeräumt wurde. Eine Frau schiebt mit einem Wischer weitere Reste zu dem Haufen, den sie aber liegenlässt.
Ich denke: „Ist das hier so üblich den Abfall liegen zu lassen? Also geistig nicht aufzuräumen?"

Erkenntnisse - kurzgefasst >>> Durch Alltagsstress lasse ich mich vom geistigen Aufräumen abhalten. Andere konfrontiere ich mit dem nicht Verarbeiteten (ich projiziere also meine Unterlassung auf andere Menschen). Ich habe den Eindruck, dass die Frau, die die Reste zu dem Haufen zusammenschiebt, meine Mutter darstellen soll und das Haus mein Elternhaus symbolisiert. Aus Unwissenheit und einer Reizüberflutung waren meine Eltern nicht in der Lage eine konsequente „innere Arbeit" durchzuführen.

Ich habe den ganzen Tag intensive Lichtwahrnehmungen. Auch flackerndes Licht im Bereich des Kopfes.

Meine Verfassung: Sehr gut

Sonstiges: Yoga-Übungen, Funktionsgymnastik, Atemübungen, Meditation, Mantren wiederholen

Essen: Morgens zwei Äpfel, abends ein Schraubglas Nussmischung mit Rosinen

Tag 19 (Die bedeutsamsten Erlebnisse)

Ich war heute Nacht wieder sehr lange wach. Das innere Licht war wieder sehr stark (mit offenen und geschlossenen Augen sichtbar). Meistens war es weiß, selten leicht lila.

Traum
Ich sitze in einem kleinen Büro und wälze einen Ordner. Ich suche Unterlagen, aus denen hervorgeht zu welchem Stundensatz ich für das Unternehmen arbeite. Oder haben wir noch gar nicht darüber gesprochen? Ich bin unter Zeitdruck, denn gleich soll eine Besprechung stattfinden. Es kommt eine Frau in mein Büro und sagt: „So, da bin ich. Gleich werden wir ja zusammen losfahren." (Ich habe sie in einem anderen Traum schon mal gesehen).
Dann kommen der Chef und noch vier andere Kollegen dazu. Es ist ein sehr lockerer und freundschaftlicher Umgang miteinander vorhanden. Mein Chef/ Ansprechpartner sagt zu mir: „Wir haben das gerade mal besprochen. Was hältst du davon, wenn wir ein Verkaufsvideo von euch beiden in der Produktion drehen?" Ich sage – nenne ihn beim Namen – „Na klar, gute Idee, du weißt ja, dass meine Videos von den Dunkelretreats sehr hilfreich sind." Dabei denke ich an meine Kette, die ich hier im Büro nicht passend empfinde (merkwürdig, da ich keine Kette trage).

Erkenntnisse - kurzgefasst >>> Alltagsverarbeitung und Verarbeitung des aktuellen Dunkelretreats. Alles bekannte Menschen – auch die anderen Gesichter kamen mir sehr bekannt und vertraut vor. Habe ich keinen Preis für die Zusammenarbeit festgelegt, oder habe ich vergessen, dass eine Vereinbarung schon existiert?

Traum
Ich fahre mit einem Auto zu einem großen Fest, das gerade vorbereitet wird. Mit mir fährt ein LKW, der in Rollen verpackte Trinkwasserrohre transportiert. Diese sind nicht gesichert und mehrere fallen bei der Fahrt runter. Am Ziel angekommen gehe ich in die Küche und bereite Essen zu. Was ich zubereite kann ich nicht erkennen. Ein anderer stößt gegen einen Anhänger mit Aluminiumrohren. Dieser rollt los, wir können ihn nicht mehr halten und der Anhänger demoliert das Buffet mit dem Essen der italienischen Köche: Pizzabrot und verschiedene Käse liegen am Boden. Ein Koch sagt: „Da hätte ich mir doch den Film anschauen können."
Alle sind ratlos was man jetzt noch machen kann, denn die Gäste werden bald erwartet. Ich bin wieder in der Küche und bereite weiter meine Gerichte

zu. Die Küche ist voll mit Kindern und Erwachsenen. Viele wollen von meinem Essen probieren, was ihnen auch sehr schmeckt: „Sehr lecker!"

Erkenntnisse - kurzgefasst >>> Wenn ein Anderer unachtsam ist und Chaos verursacht, schaue ich, ob jemand Hilfe braucht und bleibe dann trotzdem bei mir. Ich bleibe bei mir und kehre zu meiner vorherigen Aufgabe zurück. Gleichzeitig fallen mir aber auch Situationen ein, in denen ich unachtsam war: Zwei Wasserrohre und Bretter fielen von meinem Anhänger, da ich sie nicht genügend befestigte.

Meine Verfassung: Sehr gut

Sonstiges: Yoga-Übungen, Funktionsgymnastik, Atemübungen, Meditation, Mantren wiederholen

Essen: Morgens zwei Äpfel, abends ein Schraubglas Nussmischung mit Rosinen

Tag 20 (Die bedeutsamsten Erlebnisse)

Ich hatte am Vorabend erneut sehr lange gebraucht um einzuschlafen. Das innere Licht war wieder sehr intensiv.

Traum

Ich stehe mit zwei Freunden in der Natur. Wir schauen einem großen Flugzeug nach, das gerade gestartet ist. Nach kurzer Zeit startet ein kleiner Jet. Da die Geschwindigkeit sehr hoch ist und die Triebwerke sehr laut sind, frage ich zum Spaß: „Ist der Jet getunt?"
Ein Freund (anscheinend Pilot) zuckt mit den Schultern und sagt: „Ich weiß nicht, ich sehe solche Maschinen so selten. Kurze Zeit später sehen wir über uns einen Fallschirmspringer bewusstlos fallen. Er schlägt auf. Wir rennen sofort hin. Er ist tot und wir telefonieren mit der Polizei. Andere Fallschirmspringer sind nicht zu sehen, doch wir gehen von einem Zusammenstoß - und der anschließenden Bewusstlosigkeit – mit einem anderen Springer aus. Am örtlichen Flugplatz herrscht unter den anderen Springern große Betroffenheit. Manche entwickeln Panik oder Höhenangst, wenn sie an einer Brücke stehen und runterschauen. Auch wenn sie nur wenige Meter tief schauen.

Erkenntnisse - kurzgefasst >>> Sofort fällt mir ein: Im Alter zwischen 20 und 26 hatte ich Fallschirmspringen als Hobby. Öfter flog ich an Ostern zu Fallschirmspringertreffen nach Florida (Zephyrhills). Bei einem Rückflug wartete ich in der Abflughalle auf meinen Flug und las eine amerikanische Tageszeitung. In einem Artikel wurde beschrieben wie an dem vergangenen Wochenende bei einem Treffen in Texas zwei Fallschirmspringer beim Sprung zusammenstießen und der eine dadurch bewusstlos wurde. Ein anderer flog ihm hinterher und öffnete dessen Fallschirm. Bei dessen Landung war er immer noch bewusstlos und brach sich ein oder beide Beine.
Nach dem Traum reflektierte ich meine damalige Einschätzung eines theoretischen, persönlichen Risikos. Damals hatte ich die Überzeugung, dass mir nichts passiere da ich aufpasse. Wenn etwas passiere, dann nur bei anderen Springern.

Da es sich beim Fallschirmspringen um eine Null-Fehler-Toleranz-Sportart handelt, hat man im Zweifelsfall keine Gelegenheit für eine Fehlerkorrektur am nächsten Tag (nachdem man einen Fehler gemacht hat). Zum damaligen Zeitpunkt habe ich solche tödlichen Konsequenzen (für mich) völlig ausgeblendet und nicht für mich in Betracht gezogen.
Wenn ich allerdings so gegen das natürliche Ur-Bedürfnis nach Selbsterhaltung (Ausblendung Selbsterhaltungstrieb) verstoße, indem ich ein unnötiges/freiwilliges Todesrisiko eingehe, setze ich mich nicht bewusst mit dem Thema Sterben und Tod auseinander.

Alles was ich im Außen lebe hat auch eine innere Entsprechung. Also stellte ich mir die Frage in welcher Situation und in welchem Alter ich das Thema Sterben und Tod ignoriert und beiseite geschoben habe. Sofort fiel mir ein, wie ich im Alter von ca. 8-9 fast von einem Auto angefahren wurde. Die sich dabei entwickelte Todesangst hatte ich nicht verarbeitet sondern verdrängt, und „musste" sie demzufolge irgendwann im Außen als Ausdruck einer „offenen Rechnung" in Form von Fallschirmspringen ausleben. Es hätte aber auch irgendeine andere Null-Fehler-Toleranz-Sportart wie Free-Solo-Klettern oder Slackline ohne Sicherung über Schluchten sein können.

Free solo - der Fuß der Berge mit den langen Kletterrouten ist natürlich mit Toten gepflastert. Wer kann schon auf Dauer 100% fehlerfrei solche Null-Fehler-Toleranz-Sportarten betreiben? Jeder denkt: Mir passiert nichts. Ich passe auf. Wenn, dann passiert sowas nur den Anderen. Bisher ist mir nichts passiert, warum soll es heute anders sein (meine damaligen Gedanken)? Ich hatte dann mit ca. Mitte 20 den Eindruck, dass die Zeit fürs Fallschirmspringen vorbei ist und hörte auf. Kurz davor zog ich es einige Zeit in Betracht BASE-Jumping zu machen (von Gebäuden, Sendemasten, Brücken

oder hohen Felsen zu springen). Was ein nochmal deutlich erhöhtes Todesrisiko dargestellt hätte, da man aufgrund der geringen Höhe ohne einen Reservefallschirm springt.
Es war mir aber bis heute nicht klar, dass ich eine Todesangst verdrängte und ich diese noch zu verarbeiten bzw. zu integrieren hatte. Wenn ich mich richtig erinnere, kam ich dann zu dieser Zeit in Berührung mit dem tibetischen Totenbuch, sodass ich mich auf diesem Wege mit Tod und Todesangst auseinandersetzte.

Wie auch beim Traum über die fehlende Rücksicht beim Autofahren auf einem staubigen Feldweg habe ich einige Eskalationsstufen als solche nicht erkannt und beachtet. Jeden einzelnen Sprung hätte ich zur Reflektion nutzen können. Beginnend mit dem Erlebnis vor meinem ersten Sprung: Der Fallschirm eines Springers hatte sich nur teilweise geöffnet, sodass er seinen Reservefallschirm in niedriger Höhe öffnen musste. Der Zeitungsartikel in Florida über den bewusstlosen Springer, sowie der tödliche Sprung eines Springers in Kassel-Calden, dessen Schirm sich nicht öffnete, wenige Tage bevor ich erneut dort sprang: All dies habe ich nicht als ein offenes Thema von mir begriffen. Erst jetzt – 30 Jahre später.

Lebensrückblick – durch die Träume und die nachfolgenden Prozesse: sozusagen „scheibchenweise". Innerhalb des Dunkelretreats im Abstand von Stunden bis zum nächsten Traum und von Dunkelretreat zu Dunkelretreat mit einem Abstand von meistens einem Jahr. Auch zwischen den Träumen kommen immer wieder Gedanken/Bilder/Erinnerungen von bisherigen Lebenssituationen. Bei diesen hatte ich den Eindruck, dass keine „Rechnung offen" sei, ich mir aber nochmal bewusst einen bestimmten Aspekt meines Lebens anschauen sollte. Ich nutze durch die Dunkelretreats also das, was in der Nahtodforschung und dem tibetischen Totenbuch beschrieben wird: Das eigene Leben mit allen Facetten und unerledigten Themen anzuschauen.
Ich bin neugierig, was im Dunkelretreat passiert, wenn ich alle Lebensstationen reflektiert habe (sofern ich das überhaupt erreiche). Sozusagen eine Vorwegnahme des Prozesses nach dem Tod.
Ich merke, dass dies ein wesentlicher Teil meiner Motivation ist in dieses Dunkelretreat zu gehen. Natürlich spielt es auch eine bedeutende Rolle, dass sich meine Lebensqualität deutlich steigert, wenn ich unerledigte Themen nicht als Ballast mit mir rumschleppen muss. Ebenso der Nutzen von Chancen, die sich erst daraus ergeben. Spannend. Bin neugierig wie es weiter geht und welche Erkenntnisse noch darauf warten entdeckt zu werden.

Ich habe den Eindruck, dass ich gerade viele Details und Erkenntnisse verknüpfe und so ein Stück weit mehr den Überblick über die ganzen Vorgänge gewinne. Ich habe jetzt ein ganz anderes Verständnis vom Leben und gleichzeitig kommt der Gedanke auf, dass da wohl noch nahezu unendlich viele Fragen offen sind.
Nun gut, dann ist das eben so. Ich bin ja erst bei Tag 20 und ich will auch in den nächsten Jahren in Dunkelretreats gehen. Bisher haben mir die Dunkelretreats viele Fragen beantwortet und Erkenntnisse geliefert, dann wird das wohl auch in den folgenden Dunkelretreats so sein.

Die schon mal gestellte Frage beschäftigt mich weiterhin:
Welche Instanz macht einen Vergleich und „entdeckt" bzw. präsentiert mir in Form von Träumen und Gedanken unerledigte Themen? Also Themen, bei denen ich noch etwas tun sollte.
Getroffene Entscheidungen anerkennen und bei Bedarf widerrufen, nicht gelebte Gefühle integrieren, nicht gelebte Ressourcen aktivieren. Wenn ich durch Unwissenheit oder Überforderung eine Blockade erschaffe oder Chaos bei mir oder bei Anderen erzeuge, fehlt es mir ja offensichtlich an Klarheit und Weisheit. Sonst könnte ich es ja vermeiden.
Die Erlebnisse in meinen Dunkelretreats zeigen mir aber, dass nichts von solchen Themen vergessen wird und mir in Form von vielfältigen Wahrnehmungen (Gedanken, Träume, Stimmungen,...) solange präsentiert wird, bis ich das Entsprechende gelernt habe. Es muss aber auch zumindest ein Stück weit etwas in mir sein, das Themen/Situationen reflektiert und die richtigen Schlüsse daraus zieht - und natürlich auch die Erkenntnis aufrecht erhält zu erkennen, was ich in meinem Leben „richtig" mache, bzw. gemacht habe.
Also nochmal: Was ist diese Instanz, die alles speichert, einen Soll-Ist-Vergleich macht und mir Unerledigtes immer wieder präsentiert?
Mit meinem jetzigen begrenzten Wissen heißt es, dass ich (bzw. jeder Mensch) eine Verbindung zur Schöpfung/Gott hat und die Fähigkeit besitzt diese „Anregungen" aufzugreifen um aus den unerledigten Themen heraus zu wachsen - also der Schöpfung ein Stück näher zu kommen.

Traum

Den Beginn des Traums habe ich bis zum Aufschreiben vergessen.

… Ich habe direkt am Rheinufer (Mittelrhein) ein Haus gekauft. Es ist sehr alt aber gut erhalten. Ich schaue gern auf den Fluss. Zwischendurch sehe ich mich immer wieder wie ich in mittelalterlicher Kleidung/Rüstung auf den

Fluss schaue. Ich mache einen Spaziergang. In der Nähe öffnet ein Paar eine Säule und entnimmt Plakate. Darauf steht die Ankündigung für das nächste Logentreffen in einem Nachbarhaus.
Ich bin in diesem öffentlich zugänglichen Nachbarhaus. Ich sehe einen Leseraum, in dem zwei Männer den Koran studieren.
Ein Gedanke taucht auf: Wurde mein Haus schon mal überschwemmt? Die Vorbesitzerin sagte „Nein".

Erkenntnisse - kurzgefasst >>> Ich nähere mich großen Gefühlen. Ich fühle mich wohl damit. Diese Gefühle werden begleitet von altem Wissen. Eine kleine Befürchtung taucht auf (Überschwemmung), dass die Gefühle zu groß/intensiv werden und für mich unbequem sein könnten. Die, die sich schon länger mit den starken/großen Gefühlen beschäftigt haben, beruhigen mich.
Ich habe mich entschieden ganz nah an meinen Gefühlen zu sein um Erkenntnisse zu erlangen. Auch wenn ich eine kleine unbegründete Angst habe die Kontrolle zu verlieren. Inzwischen nehme ich wahr, dass es nicht nur um Gefühle geht, sondern dass der Fluss einen Bewusstseinsstrom symbolisiert. Er enthält alles Wissen, Erinnerungen, Gefühle und Weisheit. Der Bewusstseinsstrom als meine neue geistige Heimat.
Die Angst vor Kontrollverlust habe ich in einem inneren Prozess integriert.

Den ganzen Abend strahlte mein inneres Licht als fließendes Muster über das ganze Gesichtsfeld.

Meine Verfassung: Ausgezeichnet

Sonstiges: Yoga-Übungen, Funktionsgymnastik, Atemübungen, Meditation, Mantren wiederholen

Essen: Morgens zwei Äpfel, abends ein Schraubglas Nussmischung mit Rosinen

Tag 21 (Die bedeutsamsten Erlebnisse)

Ich habe fast die ganze Nacht wach gelegen. Mein inneres Licht war die ganze Zeit an.

Traum
Ich bin ein Rechtsanwalt (Mexico?) und biete Menschen an, ihr Recht gegen

Fußballspieler(?) wegen Spielmanipulation durchzusetzen. Manche sagen zu, andere nehmen das Angebot nicht an. Ich besuche sie in einem großen Wohnkomplex. Die Wohnhäuser haben eine offene Architektur mit vielen Pflanzen und Bars mittendrin. Mit Kollegen unterhalte ich mich an einer Bar. Ich sehe wie eine Frau in ein Auto steigt und losfährt...
Den Rest des Traums habe ich leider vergessen...

Erkenntnisse - kurzgefasst >>> Mit der Trauminterpretation tue ich mir schwer. Nach der Nacht fast ohne Schlaf bin ich überhaupt nicht erholt (sonst war ich trotz kurzem Schlaf sehr erholt).
Ich helfe anderen Menschen. Ich setze mich für sie ein - sofern sie dies wollen. Ich sehe darin auch eine Alltagsverarbeitung in Bezug auf die Suchphase für Dunkelretreat-Teilnehmer. Welche Menschen oder Gruppen könnten sich dafür interessieren?

In der Nacht war ich etwas aufgedreht und voller Energie. Das innere Licht war recht stark (mit offenen und geschlossenen Augen). Es kamen viele Gedanken über die riesige Menge an Themen, bzw. inneren Prozessen, die ich in den letzten 15 Jahren angeschaut und bearbeitet habe. Etliche Lebenssituationen waren wieder präsent. Auch meine Entwicklung in diesem Zeitraum habe ich reflektiert.

Bedingt durch die Dauer von 3 Wochen habe ich den Eindruck in eine neue Phase einzutreten. In Bezug auf innere Prozesse merke ich, dass eine gewisse Sättigung erreicht ist, als bräuchte ich eine Pause von inneren Prozessen. Gleichzeitig leuchtet mein inneres Licht besonders abends sehr deutlich und lang, was die Schlafdauer verkürzt. Ich habe das Gefühl, dass ich erst gegen 3:00 Uhr eingeschlafen bin.

Mit den Erkenntnissen aus den inneren Prozessen und meinen veränderten Gedanken bin ich sehr zufrieden. Jetzt will ich die Kurve kriegen um zu sehen, was sich in mir verändert. Was zeigt mir das innere Licht und wie kann ich meine Konzentrationsfähigkeit in inneren Prozessen aufrecht erhalten?
Letztendlich werde ich es so handhaben wie bei einem Wettkampf im Sport: Intensität etwas runterfahren, mein Innenleben reflektieren (Was kann ich anders oder besser machen?) und vor allem weitermachen. Jetzt beginnt definitiv eine neue Phase. Ich bin neugierig wie sie aussieht.

Ein weiterer Aspekt ist meine mentale Stärke. Die kommende Woche verändert viel. Ich werde dann die Hälfte der Gesamtdauer hinter mir und

Ende nächster Woche nur noch drei Wochen vor mir haben.

Trotz aller Zahlenspiele – um den weiteren Aufenthalt für mich gut zu gestalten, ist es unbedingt wichtig davon unabhängig zu werden. Ich will im aktuellen Moment präsent sein. Darauf werde ich meine Energie und Aufmerksamkeit richten. Der Rest wird sich dann schon ergeben. Denn nach jedem inneren Prozess, nach jeder Erkenntnis habe ich einen riesigen Energie- und Motivationsschub. Andererseits muss ich aufpassen, dass ich nicht zu viel erwarte und somit darauf angewiesen bin um mich gut zu fühlen. Das Schreiben ist mir eine wichtige Hilfe um meine Situation zu reflektieren.

Ich hole den fehlenden Schlaf von der Nacht nach und erlebte zwei Träume, deren Kontrast nicht größer sein könnte.

Traum

Ich liege im Dunkelretreat. Eine Frau erscheint und sagt mir, dass sie mich im Dunkelretreat unterstütze damit es mir gut gehe. Ich merke (im Traum), dass ich Atemschwierigkeiten habe. Sie hilft mir mich aufzurichten. Es geht mir besser. Eine zweite Frau kommt hinzu und massiert meinen Rücken. Es ist eine angenehme Atmosphäre von sich angenommen fühlen, unterstützt zu werden und einer Spur Erotik. Aber auch die Beklommenheit der Atemschwierigkeiten, die ich im Alter von 5-7 Jahren hatte. Mit 5 und 6 Jahren war ich zweimal in der Kur wegen meiner Bronchien.

Luzider Traum

Ich bin in einer Lagerhalle. Ein Feuerwehrauto fährt mit einem Anhänger herein. Beim Reinfahren hängt ein Horrorwesen den Anhänger ab. Ein Feuerwehrmann steigt aus um nachzusehen was da los ist. Das Horrorwesen packt ihn, saugt den Körper aus, nimmt seine Jacke und schüttet die verbliebene Körperflüssigkeit aus. Dann kommt das Wesen auf mich und den zweiten Feuerwehrmann zu. Mit blankem Entsetzen schreit dieser mich an: „Los weg hier, bevor wir auch noch ausgesaugt werden!" Seine Stimmung springt auf mich über und voller Panik fliehen wir. Das gesichtslose Wesen stellt sich uns immer wieder in den Weg. Trotzdem entkommen wir und rennen aus der Lagerhalle. Draußen liegt Schnee. Schon beim ersten Schritt nach draußen merke ich, dass etwas nicht stimmt und ich ärgerlich werde. Ich rufe dem Feuerwehrmann zu: „Stopp, ich muss zurück, ich habe etwas vergessen." Er sagt: „Bist du verrückt – willst du auch ausgesaugt werden?" Ich gehe zurück in die Lagerhalle. Ich erlebe diesen luziden Traum sehr intensiv, und gehe wieder rein in die Lagerhalle. Ich ärgere mich mächtig,

dass ich geflohen bin und die Situation nicht sofort als ein Teil meiner Persönlichkeit begriffen und interpretiert habe. Also zurück!
Ich gehe wieder in das vorherige Erlebnis hinein und das Horrorwesen kommt in bedrohlicher Haltung auf mich zu. Ich spreche klar und bestimmt Folgendes aus: „Ok, das was ich erlebt habe und jetzt wieder erlebe ist nur ein Teil von mir. Alles ist eine Projektion meines Innenlebens - also kann mir nichts passieren. Ich werde alles, jedes Detail als einen Teil von mir in mir annehmen. Jedes Detail!"

Und während ich jedes Detail, das ich in dem Traum wahrnahm, in mir aufnehme, höre ich in mir eine (bedauernd und humorvolle) Stimme: „Och, das macht aber jetzt keinen Spaß. Auch noch jedes Detail nimmt er an."
Ich denke mir: Was ist das? Was bedeutet das? Weshalb erlebe ich diese Horrorszenen in diesem Kontext?

Sofort taucht die Antwort in mir auf: Solche Szenen werden in Spielfilmen eingebunden um das Bedürfnis der Menschen nach Horror abzudecken. Sie haben die Angst vor der Ohnmacht in einem Horror-Erlebnis nicht verarbeitet/integriert.

Anmerkung: Ich hatte bisher keine Horrorfilme angeschaut, aber in Science-Fiction-Filmen ist sehr wohl die eine oder andere Horrorszene enthalten.

Und ich machte weiter. Ich nahm jedes Detail an und in mir auf. Zusätzlich stellte ich mich meiner Angst. Ich ging nochmal ganz rein und integrierte dann diese Angst in mir.
Dass ich mit rasendem Herz inzwischen absolut hellwach war, brauche ich, glaube ich, nicht besonders erwähnen! Aber gut, ich habe mich dem unerledigten Aspekt gestellt und ihn komplett angenommen. Und damit geht es mir richtig gut.
Erst recht durch den humorvollen Kommentar meines Unbewussten, was ich als eine Anerkennung für meine konsequente Prozessarbeit ansehe.

Erkenntnisse - kurzgefasst >>> Ich bin immer wieder beeindruckt – Ehrfurcht ist fast schon passender – was für eine Traumgestaltung sich mein Unbewusstes einfallen lässt um bei mir eine Reaktion auszulösen. Eine Reaktion, in der es mir leicht fällt den Inhalt des Traumes zu verstehen und vor allem bedingungslos anzunehmen. Einfach genial.

Meine Verfassung: Euphorisch

Sonstiges: Yoga-Übungen, Funktionsgymnastik, Atemübungen, Meditation, Mantren wiederholen

Essen: Morgens zwei Äpfel, abends ein Schraubglas Nussmischung mit Rosinen, Erdnüsse

Tag 22 (Die bedeutsamsten Erlebnisse)

Am Vorabend bin ich deutlich früher eingeschlafen.

Traum
Ich bin mit Bekannten in einer Kneipe und klebe aus Langeweile mit kleinen Aufklebern - wie sie bei Obst verwendet werden – ein Bild. Andere helfen begeistert mit und fotografieren es. Im Radio wird im Vorfeld eines Fußballspiels eine Pressekonferenz des DFB angekündigt. Nach Gerüchten soll es um Spielmanipulationen gehen.
Ich wundere mich, dass alle möglichen Leute: Zuschauer, Vereinsvorstände, Funktionäre die Entscheidung des Trainers kritisieren, wie er eine Mannschaft zusammenstellt. Ist nicht dem Trainer die Aufgabe und Kompetenz zugeschrieben worden dies zu tun? Ist er nicht deswegen auch eingestellt worden? Alle anderen sind Besserwisser, die sich selbst aber nicht für den Job beworben haben.
Ich habe mich schon immer gefragt, weshalb beim Fußball die Emotionen so hochkochen. Alle Fans bzw. Zuschauer sind die Oberschlauen. Selbstverständlich wissen sie am besten wie eine Mannschaft zusammengestellt wird. Weshalb ein Spieler anders spielen sollte: „Sieht er das denn nicht!" „Der Schiedsrichter trifft sowieso nur Fehlentscheidungen!"
Selbst bei kleinen Ortsvereinen drohen Eltern dem Schiedsrichter Prügel an, weil ihre Kinder ihrer Ansicht nach benachteiligt wurden. Worum geht es, wenn Fans es in einem Spiel dem anderen Verein oder einem anderen Land „so richtig zeigen wollen"? Nach einem Sieg tun sie so als hätten sie auf dem Platz gestanden und die Tore geschossen.
Weshalb gibt es „gute" und „böse" Vereine, die auch in Diskussionen verbal herabgesetzt werden?
Obwohl die Spieler nicht nur theoretisch in der nächsten Saison beim gegnerischen Verein einen Vertrag erhalten können.

Weshalb erlebe ich diesen Traum als Uninteressierter an Fußball?
Liegt es daran, dass diese Menschen sich einen Schwerpunkt in der Lebensorientierung verschafft haben? Wenn ich nicht genug erreicht habe, dann wenigstens mein Verein? Oder wenn meine Meinung im Leben nicht

gefragt wird, dann habe ich endlich die Gelegenheit meinen Senf auch ungefragt dazuzugeben?
Kann ich damit eine Hoffnung projizieren – durch ein gewonnenes Spiel - mehr als bisher zu erreichen? Bei einem verlorenen Spiel meiner Lebensfrustration Ausdruck verleihen, indem schnell ein Sündenbock wie Trainer, Spieler oder Schiedsrichter gefunden wird?

Was wollen Menschen erreichen, wenn sie sich eine bestimmte Identität zulegen? „Ich bin Fan von…" und durch ihre Kleidung, Sprache und Autoaufkleber signalisieren, dass sie zu den „Guten" gehören.

Und die Frage „Welchen Anteil habe ich daran?" ist für mich immer noch unbeantwortet. Denn ich schreibe sehr viel zu dem Traum, also muss ich ja auch allein deshalb einen Bezug dazu haben. Oder geht es darum zu verstehen, dass ich deshalb in meinem ganzen Leben noch nie eine Begeisterung für Fußball entwickelte, da ich diese Projektionsfläche nicht brauchte?
Oder lebe ich meine vergleichbaren Defizite auf eine andere Art und Weise punktuell aus?
Nach einigem Nachdenken erkenne ich zwei Standpunkte in meinem Leben, die ich als die richtige Sichtweise vertrete, obwohl mit etwas Abstand betrachtet diese Sichtweise unbegründet ist. Andere Sichtweisen haben bei meinen zwei Standpunkten sehr wohl eine Berechtigung. Also dient mir der Traum als eine Projektionsfläche für Intoleranz bei zwei eigenen, unbearbeiteten Themen.

Traum

Ich treffe mich mit einem Schulfreund in einer Großstadt. Wir unterhalten uns sehr gut. Wir gehen in einen Delikatessladen, in dem man die Gerichte auch gleich essen kann. Ich schaue später auf die Uhr (18:40) und merke, dass ich viel zu spät bin. Ich verabschiede mich und will nach Hause fahren. Doch wo ist mein Auto? Die Stadt kommt mir völlig unbekannt vor. Ich will mit der S-Bahn fahren, doch im riesigen, unterirdischen Bahnhof verirre ich mich total. Ich renne umher. Ein altes Ehepaar sieht mich und sagt: „Wie der rennt, der weiß wo es lang geht!" Ich habe den Eindruck, dass sie die Meinung meiner Eltern und die Fehleinschätzung über meine damalige Situation repräsentieren.
Es sieht so aus, dass ich gar nicht genau weiß wo ich bin und wohin ich will. Mein Handy habe ich im Auto vergessen.

Erkenntnisse - kurzgefasst >>> Es zeigt mir sehr gut die Orientierungslosigkeit nach dem Abitur. Ich hatte anfangs kein berufliches Ziel. In der Findungsphase probierte ich in der einen oder anderen Richtung etwas aus, wurde langsam nervös und hektisch. Ich wusste nicht genau wohin ich will, also hatte ich auch keine Chance dort anzukommen, wo ich mich wohlfühlte. Ich hatte zu der Zeit keinen inneren Zugang zu mir, meinen Gefühlen und meiner Intuition. So konnte ich damals mein berufliches und geistiges Zuhause nicht finden.
Ich nehme eine Traurigkeit darüber in mir wahr und integriere diese in mir. Die Orientierungslosigkeit hatte ich von meinen Eltern übernommen.

Meine Verfassung: Sehr gut

Sonstiges: Yoga-Übungen, Funktionsgymnastik, Atemübungen, Meditation, Mantren wiederholen

Essen: Morgens zwei Äpfel, abends ein Schraubglas Nussmischung mit Rosinen

Tag 23 (Die bedeutsamsten Erlebnisse)

Am Vorabend bin ich trotz starkem, inneren Licht gut eingeschlafen. Ich schätze gegen 3:00 Uhr wurde ich wieder wach (draußen schliefen die Vögel noch).

Traum
Beim Aufwachen kann ich mich leider nur an einen Satz erinnern. Es ging um irgendeine Entscheidung.
… das war selbst den Indianern vom Volk der Apaches zu transpersonal …

Erkenntnisse - kurzgefasst >>> Eine Interpretation ist mir so nicht möglich. Als Konsequenz habe ich den ganzen Traum mit seinem mir bekannten und unbekannten Inhalt bei mir integriert.

Auch heute Morgen ist mein inneres Licht sehr hell.
Ich habe wieder zwei Äpfel gegessen und werde nachher noch etwas schlafen. Ich habe ein sehr gutes Gespür für die Tageszeit. Nicht unbedingt welche Uhrzeit es gerade ist, aber für die grobe Orientierung völlig

ausreichend. Zu Beginn des Dunkelretreats schlief ich mehr oder weniger zu denselben Zeiten. Inzwischen schlafe ich unabhängig von der Tageszeit und orientiere mich daran, wann mir danach ist.

Traum
Ich bin im alten Haus, in dem ich eine Zeit lang wohnte und gehe in den Keller. Mein Meditationsraum, in dem ich auch Dunkelretreats machte, hat mehrere Stuhlreihen. Ich will einen Vortrag halten und bereite mich darauf vor. Ich fange eine Spinne und einen Käfer und setze sie raus.

Erkenntnisse - kurzgefasst >>> Alltagsverarbeitung. Es steht anscheinend an, Vorträge über Dunkelretreats zu halten. Doch warum sehe ich das alte Haus, in dem ich seit über 10 Jahren nicht mehr wohne?

Traum
Im Hof meines Elternhauses trage ich eine Kiste mit Gemüse sowie Salat und schneide Heckenschnitt für die Mülltonne klein. Ich bewege mich wie in Trance und muss aufpassen, nicht hinzufallen.

Erkenntnisse - kurzgefasst >>> Ich habe geistige Nährstoffe aus meiner Kindheit gewonnen und räume auf. Also eine Art Entwicklungs- und Reinigungsprozess. Ich denke, ich sollte auch verstehen, dass ich aus allen Lebensphasen (als ich als Kind bei meinen Eltern wohnte) geistige Nahrung gezogen habe. Ich habe bei mir aufgeräumt trotz oder wegen der unangenehmen Umstände, in denen ich aufwuchs. Ich habe jede Lebensphase für meinen Fortschritt so gut es ging genutzt. Diese Erkenntnis habe ich mit allem was mir dazu einfiel in mir integriert.

Heute Mittag war mein Gesichtsfeld vom inneren Licht hell erleuchtet.

Nach den Erkenntnissen des Horrortraums habe ich alle Fernsehsendungen, Kinofilme und Videos, die ich gesehen habe, als eine Projektion meines Innenlebens begriffen, reflektiert und integriert. Jeden Inhalt, jede TV-Serie, alles, komplett und ausnahmslos. In Teilen war mir manches schon vorher klar, aber vollständig verstanden habe ich es erst jetzt. Zum Beispiel lag mein Bedürfnis, in der Jugend Kriegsfilme anzuschauen, daran, dass meine Eltern die Kriegserfahrungen des zweiten Weltkriegs nicht verarbeitet und integriert haben. Somit haben sie diesen unerledigten Lebensabschnitt an die nachfolgende Generation weitergegeben. Keine Erfahrung kann auf Dauer

unterdrückt werden. Irgendwann taucht sie wieder auf und will bearbeitet sowie integriert werden. Und wenn es sogar über mehrere Generationen weitergegeben wird (siehe Forschung über Epigenetik im Buch Psychohygiene – Jetzt).
Totschweigen, also ignorieren, nützt nichts. Die „offene Rechnung" will beachtet und muss irgendwann bezahlt werden.

Ich kann mich noch gut erinnern wie ich mit meinen Eltern ins Autokino fuhr. Ich schätze ich war ca. 10 Jahre alt. Mein Vater meinte wohl, dass es eine tolle Idee sei einen Kriegsfilm anzusehen (Der Untergang der Bismarck). Meine Eltern haben mir also ihr unerledigtes Thema direkt weitergegeben. Sozusagen als unbewusste Traditionspflege.
Durch meine inneren Prozesse habe ich somit die Tradition beendet. Vor Jahren habe ich mir das Thema schon mal angeschaut. Durch den Horror-Traum angeregt wollte ich sichergehen, dass ich auch jedes Detail integriere.

Seit etlichen Jahren wollte ich meinen TV-Konsum reduzieren, doch irgendwie gelang es mir nicht. Dies war einerseits ein Ausdruck einer Reizüberflutung (siehe entsprechender Traum) und andererseits ein Ausdruck der nicht reflektierten Prägungen und TV-Inhalte.

Eine Anmerkung zur messbaren Nachhaltigkeit meines Dunkelretreats: Nach dem Dunkelretreat sind bis zur Fertigstellung dieses Buches etwa 6 Monate vergangen. In dieser Zeit hat sich mein Bedürfnis nach TV-Sendungen nahezu auf null reduziert. Lediglich eine Sendung – eine Nachrichtensatire – schaue ich mir pro Woche an. Ansonsten nichts. Es interessiert mich nicht mal das Fersehprogramm anzuschauen um zu erfahren was gesendet wird.
In anderen Bereichen haben sich bei mir auch drastische Veränderungen ergeben. Diese sind aber nicht so einfach zu messen wie der TV-Konsum.

Der Hintergrund meines inneren Lichts hat sich teilweise drastisch verändert. In den vergangenen Wochen war der Hintergrund hellgrau und weiß. Die Struktur war meist flach mit kleinen runden Erhöhungen. Heute war der Hintergrund meistens strahlend weiß und wie ein riesiges Watteknäuel. Ein so strahlendes Weiß habe ich noch nicht gesehen. Die Konturen und Formen veränderten sich ab und zu. Manchmal wie eine Schneelandschaft. Dann habe ich glatte Flächen in blau und lila glänzen sehen.

Meine Verfassung: Ausgezeichnet

Sonstiges: Yoga-Übungen, Funktionsgymnastik, Atemübungen, Meditation, Mantren wiederholen

Essen: Morgens zwei Äpfel, abends ein Schraubglas Nussmischung mit Rosinen

Tag 24 (Die bedeutsamsten Erlebnisse)

Traum
Ich arbeite für eine Firma, die Handwerksbetriebe beliefert. Ein Betrieb will eine Schließanlage mit Klingel und Briefkasten. Eine Mitarbeiterin (eine ehemalige Kollegin): „Schau mal wie dick der Aluminiumträger ist. Können die das vor Ort überhaupt schweißen?" Ok, also ein Träger aus einem anderen Material. Ein Schlosser (den ich kenne) überlegt, wo er das Material herkriegt und geht los es zu holen.
Für einen Torantrieb brauche ich noch ein paar Teile. Ich gehe vom Firmengelände weg. Davor, auf einem öffentlichen Platz, sitzt der Firmeninhaber mit zwei Mitarbeitern an einem Schreibtisch. Er fragt mich: „Na, schon Feierabend?" Ich gehe zu ihm hin und zeige ihm die Teile, die zusammengebaut werden sollen. Ich sage: „Nee, Nee, ich suche die Firma Wilkensen. Ich brauche da was für den Torantrieb eines Kunden. Schauen Sie ruhig auf die Uhr, ich bin bald zurück."
Ich gehe durch den Ort und komme zu einer Siedlung mit kleinen Häusern. Im Traum kommt sie mir irgendwie bekannt vor. Eine Frau räumt geschnittene Zweige weg. Ich biege um eine Hausecke und sehe einen Schulfreund, wie er auf einem riesigen Rankgerüst klettert. Ich frage ihn nach dem Elektrobetrieb, der hier irgendwo sein muss. Er sagt: „Einen Augenblick!" Er sägt ungern ein großes Stück des Rankgerüstes ab, da davon schon ein anderer Teil wegen des hohen Gewichts abgebrochen ist. Ich helfe ihm und wir sägen das Holz gleichzeitig an zwei Stellen ab. Aus dem Hintergrund kommt dessen Vater und zieht einen abgesägten mittelgroßen Baum hinter sich her.

Erkenntnisse - kurzgefasst >>> Alltagsverarbeitung (Schlosser, Kollegin einer Schule, Schulfreund, dessen Vater). Ich löse ein Problem, das andere haben. Trotz meines Engagements habe ich mein Ziel (Elektrobetrieb) noch nicht gefunden. Sehr konstruktive Teamarbeit, die ich von einem Unternehmen kenne, in dem ich gearbeitet habe.

Traum
Ich werde von einem großen Hund in den linken Oberschenkel gebissen. Ich liege am Boden, drehe mich auf den Hund und würge ihn am Hals. Er lässt los und bleibt liegen.

Erkenntnisse - kurzgefasst >>> Alltagsverarbeitung – Beim Joggen in einem Wohngebiet sprangen drei große Doggen über einen niedrigen Zaun und verfolgten mich. Es war mir klar, dass sie mich bald einholen würden. Also drehte ich mich um und rannte laut brüllend auf die Hunde los. Ca. 7 Meter vor mir stoppten sie abrupt, bekamen es mit der Angst zu tun, rannten schnell zurück und sprangen wieder über ihren Zaun.
Das erinnert mich an die Standardaussage von Hundehaltern: „Der will doch nur spielen." Sie berücksichtigen aber nicht, dass ich bei dem Spiel <u>nicht</u> mitmachen will. Außerdem ist die Frage für mich keineswegs geklärt, ob ein Hund sich freut endlich mal sein Futter wieder jagen zu können, statt es immer im Napf vorgesetzt zu bekommen.
Ich dachte, das Thema hätte ich schon komplett bearbeitet, habe aber noch Angst und Wut wahrgenommen und integriert.
Zusätzlich konnte ich durch den Traum auch noch die Facetten Instinkt, Aggression und Grenzen setzen reflektieren.

Meine Verfassung: Sehr gut

Sonstiges: Yoga-Übungen, Funktionsgymnastik, Atemübungen, Meditation, Mantren wiederholen

Essen: Morgens zwei Äpfel, abends ein Schraubglas Nussmischung mit Rosinen

Tag 25 (Die bedeutsamsten Erlebnisse)

Am Vorabend nahm ich das innere Licht erst später wahr. Ich hatte tagsüber noch mal kurz geschlafen. Was dazu führte, dass ich in Kombination mit meinem inneren Licht nicht einschlafen konnte. Wie schon erwähnt nehme ich das innere Licht mit offenen und geschlossenen Augen wahr.
An Einschlafen war nicht zu denken. Erst gegen 3:30/4:00 Uhr schlief ich dann ein. Die Uhrzeit kann ich deshalb so genau benennen, da draußen die Vögel anfingen zu zwitschern. Die Nacht war also bald vorbei. In dieser Zeit – also die 5-6 Stunden davor – hatte ich eine sehr interessante Erfahrung.

Mein Lebensrückblick

In Bildern und manchmal kurzen Sequenzen erschienen mir Menschen und Situationen aus meinem Leben. Ganz langsam und ohne Eile tauchten sie auf und ich konnte sie in Ruhe anschauen. Oft waren die Ereignisse nach Freundschaften, Beruf oder Ursprungsfamilie gruppiert. Da ging es nicht darum, dass die Situation noch etwas Unerledigtes darstellte, sondern ich sollte einfach meine Lebensstationen bzw. Menschen und Ereignisse anschauen.

Nur dort wo es denkbar wäre, dass eine „offene Rechnung" noch vorliegen könnte, nahm ich sie in einem kurzen Prozess an und integrierte sie in mir. Selbst die Namen von Menschen, denen ich vor 35 Jahren begegnete, fielen mir sofort ein. Alle Details waren mir präsent. Die Situationen erschienen nicht chronologisch der Zeit nach geordnet. Da gab es Sprünge von 10 Jahren vor und kurze Zeit später 20 Jahre zurück.

Meine Wahrnehmung war sehr intensiv. Die visuelle Genauigkeit, die Gesichter, meine damalige Einschätzung der Situation und meine damaligen Gefühle: Alles war da. So klar, als wäre es gestern gewesen. Das war eine sehr spannende Erfahrung. Auch weil es so lange dauerte (vom Gefühl her 5 Stunden – es können aber auch nur 2 Stunden gewesen sein) und ich durch die Anzahl einen Gesamtüberblick über mein bisheriges Leben gewinnen konnte. Solche Lebensrückblicke hatte ich bereits in den vergangenen Dunkelretreats. Allerdings kamen keine Situationen in den Lebensrückblicken doppelt vor. Manche Menschen begegneten mir mehrmals, aber immer in einem anderen Zusammenhang.

Traum

Ich lasse mein Auto ein Stück aus der Garage meines Vaters rollen. Mein Vater sitzt auf dem Beifahrersitz. Ich wollte das Auto nur ein Stück rollen lassen und machte den Motor deshalb nicht an. Ich unterschätzte aber die Wirkung des Bremskraftverstärkers. Durch das Gefälle brachte ich das Auto in der Schnelligkeit nicht so schnell zum Stehen, wie es notwendig gewesen wäre. Als ich dies merkte, wollte ich sofort den Motor starten. Da mein Vater aber seinen Arm und seine Hand so ungeschickt hielt, und auf meine Aktivität (Motor starten) nicht reagierte, dauerte es zu lange bis ich seine Hand wegschob und den Motor startete. Was mir auch gelang, aber das Rollen gegen die gegenüberliegende Hauswand nicht verhindern konnte. Mit meiner Stoßstange drückte ich ein kleines Stück der Fassade ein (unter dem Putz war weiches Dämmmaterial). Ich sage zu meinem Vater: „Ich hätte mir gewünscht, dass du schneller reagiert und deine Hand weggenommen hättest."

Ich parke das Auto vor dem Haus und informiere die Nachbarin, die gerade mit ihrem Auto wegfahren will, über das Geschehen. Wir wollen den Schaden nachher anschauen und überlegen, wie wir (ich) ihn beseitigen.
An der Straße stehen alte Heizungen und Kühlschränke zur Abholung durch die Müllabfuhr bereit.

Erkenntnisse - kurzgefasst >>> Ich übernehme Verantwortung für den Schaden, den ich verursacht habe. Gegenüber meinem Vater gebe ich eine sachliche Rückmeldung. Darin sehe ich allerdings auch eine Projektion und Schuldzuweisung, da ich es war, der den Motor nicht gestartet hat. Es wäre also gar nicht zu der Situation gekommen, wenn ich vor dem Rollen den Motor gestartet und meinen Vater gebeten hätte, seinen Arm anders hinzulegen.

Was ich so unspektakulär beschreibe, kann ich in seiner Bedeutung und Auswirkung gar nicht hoch genug würdigen. Durch die Prägungen meiner Eltern war meine Entwicklung eingeschränkt. Daraus folgend begab ich mich allerdings in die Opferrolle (und machte meinen Eltern gegenüber Schuldzuweisungen), war nicht in meiner Verantwortung und begriff nicht, dass ich einen Handlungsspielraum hatte und habe.

Die alten Geräte am Straßenrand zeigen mir, dass es um meine erfolgreiche Verarbeitung von vergangenen Erlebnissen geht – Altes wird gegen Neues ausgetauscht. Ich habe alle Details nochmal reflektiert und bei mir integriert. Zusätzlich habe ich mir verschiedene Situationen angeschaut um zu hinterfragen, wann ich ein solches Verhalten hatte und vielleicht noch immer habe.

Die Hälfte der Aufenthaltsdauer habe ich überschritten. 25 Tage in vollständiger Dunkelheit. Zeit für eine Zwischenbilanz.
Kurz gefasst: Es geht mir richtig gut. Situations- oder themenbedingt gab es mal das eine oder andere Tief. Doch spätestens nach dem nächsten Traum und den darauf folgenden Erkenntnissen gab es einen Motivationsschub, der mich wieder in den positiven Bereich beförderte.
Die erste Woche war für mich durch die Rückenschmerzen und das dahinter liegende Thema der langen Aufenthaltsdauer sehr anspruchsvoll. Ich hatte nicht erwartet Rückenschmerzen zu bekommen, und die damit verbundene Befürchtung, dass sie sich vielleicht noch verstärken könnten. Doch das Gegenteil ist eingetreten. Durch regelmäßige Übungen und andere

Liegepositionen sind meine Rückenschmerzen praktisch weg.

In der ersten Woche bemerkte ich auch eine Veränderung meines Stoffwechsels. Ich fror schneller als gewohnt und ich zog mich warm an. Dies ist für mich absolut untypisch. Danach war mein Stoffwechsel wieder normal und ich bin ganz dünn angezogen.

Am zweiten und dritten Tag empfand ich es als eine große Belastung mit den noch verbleibenden Tagen (47, bzw. 46) umzugehen. Auch vor dem Hintergrund, dass ich nicht genau wusste, was mich in der Zeit erwartet.

Nach den ersten Tagen fühlte ich mich zu jeder Zeit als Herr der Situation bzw. des Geschehens. Die vergangenen Dunkelretreats waren eine sehr gute Vorbereitung. Ich empfinde meine Psyche als sehr stabil (siehe Horrortraum) und weiß was ich tun muss, um mir den Aufenthalt angenehm zu gestalten und produktiv zu nutzen.

Ich habe in der Zwischenzeit die Entscheidung getroffen ein neues Buch zu schreiben (das Sie in den Händen halten) und zu veröffentlichen. Die Struktur mit Inhaltsverzeichnis, Danksagung, Einleitung, sonstige Themen und natürlich das Protokoll der Erfahrungen der 49 Tage habe ich in der Dunkelheit geschrieben, bzw. werde nach dem Dunkelretreat noch Ergänzungen vornehmen. Das Roh-Manuskript wird also nach der Beendigung des Dunkelretreats fertig sein (Wie das Schreiben in der Dunkelheit funktioniert, zeige ich in einem Video, das auf **www.Dunkelretreat.org** eingebettet ist). Zu einigen weiteren Themen will ich noch recherchieren.

Meine Orientierungsfähigkeit: Wochentag, Tageszeit und näherungsweise die Uhrzeit nehme ich sehr genau wahr.

Die Orientierung in den Räumen und das Einschätzen von Entfernungen klappt sehr gut.

Was sich im Vergleich zu den vorherigen kürzeren Dunkelretreats stark verschlechtert hat, ist das Gehen in die richtige Richtung und die Orientierung, wenn ich eine kleine oder große Körperdrehung mache. Oder machen musste, wenn ich zu einem konkreten Punkt laufen wollte um etwas zu holen.

Selbst beim Duschen ist es mir zweimal passiert, dass ich nicht wusste in welche Richtung ich schaue bzw. die Dusche hatte sich in meinem inneren Bild in der Form verändert (dreieckig). Bisher war ich aber in jeder Situation in der Lage das zu finden, was ich brauchte bzw. dorthin zu gehen, wohin ich wollte. In solchen Fällen ignorierte ich mein falsches inneres Bild und verließ mich komplett auf das Ertasten der Räume mit meinen Händen. Das funktionierte einwandfrei. Also lästig aber nicht wesentlich behindernd.

In den letzten 12 Jahren meiner Dunkelretreats hatte ich nur zweimal eine

Orientierungslosigkeit. In diesem Dunkelretreat mindestens 10-mal täglich (also als Dauerzustand). Erneut machte ich ein Experiment: Ich stellte mich mit dem Rücken an eine Wand und wollte geradeaus durch den Raum gehen. Also keine besonders schwierige Aufgabe. Doch Fehlanzeige – ca. 1-1,5 Meter wich ich nach rechts ab. Jetzt wollte ich etwas anderes ausprobieren und ging den Weg zurück. Am Ende angekommen merkte ich, dass ich 100%-ig geradeaus gegangen bin. Merkwürdig! Zweiter Versuch: wieder mit dem Rücken an die Wand. Ich gehe mit Absicht mit einer Abweichung nach links: Obwohl ich in meinem inneren Bild dies als falsch registriere, treffe ich das Ziel genau. Bevor ich dies schrieb, ging ich einen „komplizierten" Weg, der aus zwei Abbiegungen und dem Umgehen eines Hindernisses bestand punktgenau zum Ziel. Einmal nahm ich die Hände zum Ertasten als Orientierungshilfe.
Also, das beschäftigt mich schon. Weshalb klappt es manchmal und manchmal nicht?

Ich habe regelmäßig 3-4 Prozesse am Tag. Manchmal mehr, wenn es sich nur um Kleinigkeiten handelt. Schon seit den letzten beiden Dunkelretreats haben sich die Themen, die auftauchen, verändert. Diesmal noch mehr. In den Jahren davor standen einschränkende und blockierende Lebensthemen auf der Tagesordnung. Seit 2 Jahren geht es mehr um das Freilegen von Ressourcen und der Bearbeitung kleinerer Themen. In den ersten 25 Tagen erhielt ich viele Informationen und Erkenntnisse, die es mir erleichterten ein Gesamtbild meines Lebens zu erstellen, bzw. Zusammenhänge besser zu verstehen.
Aber auch weiterhin be- und verarbeitete ich kleinere Themen.

Den Lebensrückblick empfand ich als sehr umfangreich und er ermöglichte mir einen detailreichen Überblick. Mit der Raumausstattung mit den verschiedenen Sitz- und Liegemöglichkeiten bin ich sehr zufrieden und die automatische Lüftung und zeitweise Nutzung der Klimaanlage ist sehr angenehm.
Das Essen bekommt mir weiterhin sehr gut (Äpfel morgens und abends Nussmischungen mit Rosinen). Aufgrund der langen Dauer wäre mir etwas mehr Abwechslung noch angenehmer. Da ich aber den Fokus auf die inneren Prozesse lenke und dort den Sinn und Zweck meines Aufenthalts sehe, kann ich mit dem vorhandenen Ernährungsangebot gut umgehen.

Eine fachliche Betreuung vermisse ich nicht. Mit meiner Methode und meiner Erfahrung konnte ich bisher alle Situationen meistern.

Ich verstehe aber sehr gut, dass sowohl eine Essensvariation als auch eine umfangreiche fachliche Betreuung sehr wichtige Eckpunkte für meine Dunkelretreat-Teilnehmer sind, um sie in einer sehr guten Verfassung durch das Dunkelretreat zu bringen.

Ich nehme unterschiedliche Tages(-zeit)energien wahr und passe mich entsprechend an. Yoga und Funktionsgymnastik mache ich z.B. am Nachmittag, da ich die Zeit zwischen 15 und 18:00 Uhr als „innerlich unruhig" empfinde.
Abends und in der Nacht kann ich dann auch problemlos 6 Stunden im Liegestuhl liegen und mich auf mein Innenleben konzentrieren.

So, das sind die wesentlichen Eindrücke der 25 Tage, die mir eingefallen sind. Ich bin gespannt, was in der restlichen Zeit auf mich zukommen wird. Wobei ich so oft wie möglich den Fokus auf das Hier und Jetzt richte. Auch wenn ich regelmäßig gedanklich abdrifte, bringe ich dann gleich (bzw. sobald ich es merke) die Aufmerksamkeit wieder in den Augenblick.
Jetzt nehme ich mir die Zeit für einen kurzen Mittagsschlaf, da mein Schlaf in der Nacht sehr kurz war.

Heute habe ich sehr viel geschrieben. Traum, Zwischenbilanz und die komplette Traumanalyse. Wie würde es mir gehen, wenn ich nicht alle Erfahrungen in einem leeren Buch aufschreiben würde? Mein Kopf wäre doch von den Reizen der Erlebnisse und Erkenntnisse der 25 Tage förmlich überflutet worden.
Auch die Integration wäre nur teilweise gelungen. Durch das Schreiben verstärkt eine Wiederholung die Wirkung. Und so habe ich die Gewissheit, dass ich alles authentisch dokumentiert und integriert habe. Darüber hinaus habe ich den Kopf frei für neue Erfahrungen. Der Gedanke daran entspannt mich sehr und gibt mir ein gutes Gefühl.

Meine Verfassung: Ausgezeichnet

Sonstiges: Yoga-Übungen, Funktionsgymnastik, Atemübungen, Meditation, Mantren wiederholen

Essen: Morgens zwei Äpfel, abends ein Schraubglas Nussmischung mit Rosinen

Tag 26 (Die bedeutsamsten Erlebnisse)

Inzwischen ist es Standard, dass abends mein inneres Licht hell leuchtet - egal ob die Augen auf oder zu sind. Ich habe mal darauf geachtet: Beim Drehen meines Kopfes bleibt der beleuchtete Hintergrund auf der Stelle stehen. Auch heute wechselten sich die Farben Weiß und Lila ab. Wie ich bei dieser Beleuchtung gut/schnell einschlafen kann, muss ich noch lernen. Auch wenn ich müde bin und im Alltag nach zwei Minuten eingeschlafen wäre, fällt es mir mit der Beleuchtung durch mein inneres Licht sehr schwer. Deshalb lag ich heute Nacht noch lange müde und hellwach im Bett.
Ich bin spät eingeschlafen und früh aufgewacht (die Vögel schlafen draußen noch). Und jetzt am frühen Morgen ist mein inneres Licht auch an.

Traum   Rugby in den Niederlanden
Eine Rugby-Mannschaft trainiert beim Schein von Fackeln zwischen parkenden Autos und Bäumen. Sie brüllen viel, spielen sehr hart gegeneinander, aber auf eine freundschaftliche Art und Weise. Die Fans rufen ihren Schlachtruf. Der Slogan repräsentiert drei Themen. Diese stehen für: deutsche Fans, deutsche Spieler und deutsche ? (habe ich leider vergessen). Sie beklagen sich damit über die hohe deutsche Beteiligung. Aber der Schlachtruf wird zu meiner Verwunderung auch von deutschen Fans und Spielern mitgetragen. Sie gehen hart vor - verbal und spielerisch. Ich sehe aber nicht die geringste Spur von Aggressionen oder Vorbehalten zwischen den niederländischen und deutschen Lagern unter den Fans und innerhalb der Mannschaften.
Vom Gefühl her ist es auch zwischen den Vereinen so. Auch dort steht das gemeinsame Spielinteresse im Vordergrund.

Erkenntnisse - kurzgefasst >>> Hohe Verbundenheit – vereins- und länderübergreifend. Gemeinsamkeit steht im Vordergrund. Der Schlachtruf verbindet, obwohl er der Formulierung nach eigentlich spalten müsste. Die Männer sind unter sich. Ich sehe keine Frauen.
Das übergeordnete Thema: Männer spielen unabhängig der Herkunft und Zugehörigkeit miteinander obwohl sie gegeneinander spielen. Stärken und gestärkt werden.
Und noch eine Ebene höher: Wir sind alle gleich.
Und noch höher: Wir sind alle Eins.

Wenn ich nur die Beschreibung lesen würde und nicht wüsste, dass sie hart Rugby spielen, würde ich denken, dass dies ein internationales Meditationsseminar sei oder das Treffen einer spirituellen Gemeinschaft beschreibe. Auf einer anderen Ebene geht es um das kultivierte (auch wenn es rabiat aussieht) Ausleben einer männlichen Facette (Energie, Tatkraft, Gemeinsamkeit).

Luzider Traum   Bewusstseinsverschiebung?!

Ein wirklich ganz erstaunliches Erlebnis. In dieser Form habe ich das noch nie erlebt.

Ich besuchte Freunde – die Menschen kamen mir vertraut aber nicht bekannt vor. Es war Sommer. Es war eine angenehme, vertrauensvolle und freundliche Stimmung. Wir gingen gemeinsam durch den Garten. Ich schaute mir die Bäume und Kräuter an. Auf dem Nachbargrundstück ist eine sehr große Vertiefung, in der sich Grundwasser gesammelt hat. Da der Hang dorthin sehr steil ist, frage ich: „Ist da schon mal jemand reingepurzelt?" Eine Frau sagt: „Nein". Wir gehen weiter. Plötzlich ist der Boden matschig und total durchgeweicht. Ich habe Schwierigkeiten, mit meinen Sandalen vorwärts zu kommen. Ich spüre den Matsch an meinen Füßen und die kühle Nässe wenn ich gehe. Ich sage: „So und jetzt gehen wir so ins Wohnzimmer." Wir lachen. Die Anderen gehen ins Haus und ich schaue mir von der Terrasse aus die Umgebung an. Ich sehe eine Frau wie sie mit dem Handy telefoniert und dann zu den Kräutern geht. Sie reibt an den Kräutern und riecht an ihren Händen.
Ich schaue mir meine Füße an. Der Dreck ist inzwischen getrocknet, aber so will ich nicht ins Haus gehen. Ich gehe zu einer tiefen Pfütze und wasche mir meine Füße. Ich spüre das Wasser und den Druck meiner Finger während ich den Dreck abwasche.

Dabei fällt mir ein: „Komisch, eben war ich doch noch im Dunkelretreat. Merkwürdig, dass das Sonnenlicht mich nicht geblendet hat als ich raus bin. Und wie komme ich hierher?"

Bin ich in einem Traum oder ist das die Alltags-Realität?
Aber, ich kann doch nicht ins Haus gehen und die Freunde dies fragen! Das wäre ja mehr als peinlich! Als Test kneife ich mir in den linken Zeigefinger. Ja, ich spüre das ganz normal. Also bin ich doch in der Alltags-Realität?! Ich gehe ins Haus und sehe einen festlich gedeckten Tisch. Das Abendessen steht bevor. Auf einer anderen Terrasse sitzt die Frau, die ich beim Telefonieren beobachtete. Sie isst einen Salat und fragt mich: „Wie macht ihr das mit der Temperatur bei der Rohkost (dass das Essen also nur bis 42

Grad erwärmt wird)?
Ich antworte: „Du meinst, damit es noch Rohkost ist?" Noch bevor sie antwortet denke ich an den gedeckten Tisch und denke: „Schon spät, ich muss wohl wieder zurück."
Durch das starke Prasseln des Regens auf das Dach werde ich wach.
Mit einer kleinen Enttäuschung und Verwunderung denke ich: „Also doch ein Traum!"

Erkenntnisse - kurzgefasst >>> Was war denn das?
Anscheinend gibt es keinen Unterschied zwischen der Traum-Realität und der Alltags-Realität. Beides ist eine konkrete greifbare Realität.
Ich habe alles gespürt, was ich in der Alltags-Realität auch gespürt hätte. Da war kein Unterschied. Ich habe Gefühle entwickelt und empfonden, über meine Situation reflektiert, mit allen Sinnen wahrgenommen und ich stand in Kommunikation mit anderen Menschen. Da war kein Unterschied zur Alltags-Realität!

Ist es das, was z.B. im Buddhismus/Bön gelehrt wird, dass wir bis zur Erleuchtung in der Welt der Illusion leben? Gibt es für das Bewusstsein im Endeffekt gar keinen Unterschied zwischen Traum-Realität und Alltags-Realität? Träumen wir die ganze Zeit, da wir unsere Bewusstseinsschichten nicht begreifen und meinen, dass das Leben so ist wie wir es mit unserem beschränkten und eingeschränkten Wissen begreifen?
Was wäre, wenn die Alltags-Realität auch eine Art Traum wäre um meinem Innenleben eine „Spielwiese" zu geben um sich auszudrücken. Freude und Leid zu erfahren und sich weiter zu entwickeln? Wie könnte ich das überprüfen? Geht das überhaupt? Jedenfalls nicht mit Hilfe meiner Sinne oder Gefühle oder durch Reflektion der Situation! Denn genau das habe ich ja in der Traum-Realität absolut realitätsgetreu erlebt!

Worum geht es denn in diesem Erlebnis? Tobt sich mein Bewusstsein auf zwei gleichberechtigten „Spielwiesen" aus, um mehr über sich und das Leben zu erfahren? Ist eine gegenseitige Beeinflussung der zwei Welten vorhanden um zu experimentieren, bzw. sich selbst zu erkennen und dadurch weiterzuentwickeln?

Oder soll ich vorher das gesamte Unbewusste erkennen und herausfinden, dass alles eine Illusion ist? Weshalb ist das so? Gibt es noch etwas außerhalb dieser Illusion? Und wie komme ich dorthin?
Ich stehe nun erstaunt, irritiert und neugierig da und habe den Eindruck, die Tür zu einem ganz anderen Verständnis geöffnet zu haben.

Ich freue mich schon darauf herauszufinden, was es hinter der Tür zu entdecken gibt!

Erkenntnisse - kurzgefasst >>> Mein Reflektieren darüber, in welcher Realität ich mich befinde, setzte ein, als ich mir den Dreck an den Füßen abgewaschen habe.
Daraus folgere ich, dass ich mich durch das Einsetzen und Klären meiner Gefühle – so wie ich es in meiner Prozessarbeit in Gesprächen und im Dunkelretreat auch erlebe – reinige. Altes, Blockierendes wird dadurch „abgewaschen" und mein Geist wird klarer. Ich reflektiere also eine neue Realität – die gar nicht neu ist, sondern mich schon immer begleitete – und entwickle mich so weiter!
Ich empfinde diese Erkenntnis als Bestätigung meines Vorgehens und meiner Methode. Das bedeutet für mich einen enormen Ansporn weiterzumachen. Ich fühle mich also auf dem richtigen Weg.

Wenn ich die Traum-Realität und die Alltags-Realität als gleichwertig mit den gleichen Empfindungsmöglichkeiten betrachte und wir die Traum-Realität als nicht wirklich, sondern als Illusion empfinden, dann ist meine Schlussfolgerung berechtigt: „Dann ist unsere Alltags-Realität genauso eine Illusion!"
Ist alles eine Illusion?

Welche Schlussfolgerungen kann, soll und muss ich daraus ziehen? Ich glaube, da bin ich erst am Anfang einer sehr interessanten Entwicklung, die ich auch gehen werde.

Meine Verfassung: Sehr gut

Sonstiges: Yoga-Übungen, Funktionsgymnastik, Atemübungen, Meditation, Mantren wiederholen

Essen: Morgens zwei Äpfel, abends ein Schraubglas Nussmischung mit Rosinen

Tag 27 (Die bedeutsamsten Erlebnisse)

Ich habe eine Hypothese zu meiner Orientierungslosigkeit bei Drehungen oder einem Richtungswechsel. Wenn ich mich irgendwohin bewegen will, kommt automatisch ein Bild aus der Erinnerung hoch. Diesem folge ich dann.

Manchmal funktioniert das ja auch. Bedingt durch die längere Aufenthaltsdauer ist mein inneres Licht häufiger und stärker präsent. Dadurch wird der Hintergrund in meinem Bewusstsein stärker beleuchtet. Dessen Formen und Konturen verändern sich und sind auf jeden Fall nicht deckungsgleich mit meinem Bild davon, wohin ich gehen will. Jetzt hat mein Bewusstsein zwei widersprüchliche Bilder, die überlagernd in meinem Bewusstsein vorhanden sind. Ich denke, dass dies die Verwirrung verursacht. Ich weiß auch nicht, wie ich dies ändern könnte, denn das Hintergrundbild meines inneren Lichts sehe ich immer – egal ob ich die Augen auf oder zu habe. Ich werde weiter beobachten und experimentieren.

Meine Rückenschmerzen sind seit einiger Zeit weg. Dies erleichtert mich sehr.

Am Vorabend war mein inneres Licht nicht so stark, weshalb ich einigermaßen zügig einschlafen konnte.

Traum
Alltagsverarbeitung – Ich sehe mich wie ich nach diesem Dunkelretreat den Alltag bewältige. Ich bringe Leergut weg und kaufe Wasser ein. Ich besuche meinen Vater und kümmere mich um ihn. Ich bearbeite Post, schreibe e-Mails und mache Anrufe. Meine Familie ist zu dem Zeitpunkt im Urlaub. Ich sehe, dass ich bei manchen Erledigungen in Eile bin.

Erkenntnisse - kurzgefasst >>> Ich habe einen sehr guten Überblick und organisiere mich sehr gut. Ob dies (bzw. manches) unbedingt in Eile geschehen muss, sollte ich in Frage stellen.

Ich reflektiere gerade den Hintergrund meiner Eile: Ich habe mich von der Vielzahl der Aufgaben, die ich für meinen Vater erledigen soll (in den vergangenen Jahrzehnten), bedrängen lassen. In der Hoffnung - genauer gesagt in der Illusion – wenn ich die Aufgaben schnell erledige, hört das Bedrängen auf. Tat es aber nicht. Mein Vater gab mir immer weitere Aufgaben. Ich habe den gesamten, inneren Prozess bearbeitet und integriert.

Alltags-Reflektion
Ergänzung zu der Reflektion vor einigen Tagen – mit Blick auf die Reizüberflutung.

Mit meinem täglichen TV-Konsum bin ich seit Jahren nicht zufrieden. Ich will ihn reduzieren, doch merke ich, wie ich mir dabei schwer tue. Wenn es mir mal gelingt, falle ich nach kurzer Zeit in die alte Gewohnheit zurück. Vor einigen Minuten habe ich mir das Thema angeschaut und bin der Erklärung sowie Lösung ein entscheidendes Stück näher gekommen. Ich bin gespannt, wie sich meine Erkenntnis im Alltag auswirkt.

Wir leben in einer Zeit der Reizüberflutung. Es prasseln von allen Seiten Informationen auf uns ein, die verarbeitet werden wollen (bzw. müssen). Egal ob die tägliche Post, e-Mails, Anrufe, SMS, What'sApp, Kinder, Schule, Eltern, Beziehung, Job usw. Dazu kommt, dass durch die vielen Aufgaben und Interessen der Alltag eher mehr als weniger durchgetaktet ist.

Mit ein wenig Abstand betrachtet, müsste es doch eigentlich selbstverständlich sein, dass ich wenigstens am Abend die Reize reduziere, um so einen Ausgleich für den Tag zu ermöglichen. Und was mache ich? Das genaue Gegenteil! Zu der Reizüberflutung am Tag setze ich weitere Reize am Abend dazu. Weshalb mach ich das genaue Gegenteil von dem, was mir gut täte, bzw. von dem, was ich auf einer bestimmten Ebene erkannt habe, aber noch nicht in den Alltag umsetzen konnte?

Wie in den vielen Träumen und inneren Prozessen dargelegt, ist das „Außen" meine projizierte Innenwelt. Alles, was ich in meinem Innenleben nicht geklärt, verarbeitet und integriert habe, „muss" ich im Außen leben.

Das Wort „muss" meine ich damit wortwörtlich. Alles Verdrängte und Unerledigte spiegelt sich in meiner Außenwelt. Meine unerledigten „Rechnungen" sind wie Haken, die sich an bestimmten Themen oder Situationen festhalten und mich dazu verleiten, etwas Bestimmtes zu tun, zu denken, mich über etwas aufzuregen oder bestimmte Erfahrungen immer wieder zu machen. Die Weisheit dahinter ist, dass ich in dem Moment, in dem ich mit etwas nicht zufrieden bin und leide, darüber nachdenke und eine Verbesserung herbeiführen möchte.

Auf meinen TV-Konsum übertragen: Ich habe die Reizüberflutung des Tages nicht verarbeitet und projiziere deshalb nach „Außen" mein Bedürfnis nach TV-Konsum - womit ich natürlich das Gegenteil bewirke. Die Lösung lautet also: Die Reize des Alltags annehmen und integrieren. Nach Lösungen suchen um diese Alltagsreize zu reduzieren und schauen, wie ich Alltagsreize besser verarbeiten kann.

Erschwert wird das Ganze noch durch den TV-Konsum meiner Eltern, was ich als Prägung in meiner Kindheit aufgenommen habe.

Ich habe mir den Zusammenhang mit allen Details in Prozessen angeschaut und integriert. Ich bin neugierig, wie sich dies in der Zeit nach dem Dunkelretreat auf meine Abendgestaltung auswirken wird.

Jahrelang redete ich mir ein, dass der TV-Konsum meiner Entspannung und Erholung diene. Obwohl ich mich nicht erholte, machte ich weiter.

Nun gut, dann ändere ich es jetzt.

Um es noch mal deutlich zu machen. Ich bin nicht pauschal gegen TV-Konsum. Andere lassen sich durch Musik volldröhnen, beschäftigen sich mit Online-Spielen,...
Alles hat eine gewisse Bedeutung und Berechtigung. Diese Medien sind aber völlig ungeeignet eine Reizüberflutung auszugleichen, in der wohl die meisten von uns leben.
Das TV-Thema habe ich auf den Bereich Internet-Konsum erweitert. Ich habe bewusst die Entscheidung getroffen mein diesbezügliches Verhalten zu prüfen, was mir dient und einen berechtigten und notwendigen Informationsgewinn (privat und Beruf) hat. Was ist in begrenztem Maße als Unterhaltung in Ordnung und was ist schlicht und einfach eine versuchte Kompensation der Reizüberflutung des Alltags?
In kleinem Rahmen habe ich das in der Vergangenheit auch schon umgesetzt und seit einiger Zeit etliche Newsletter abbestellt.

Ich merke, dass ich richtig gut in Fahrt gekommen bin. Es fällt mir leicht über Themen zu reflektieren und das Schreiben der einzelnen Kapitel dieses Buches geht flüssig und flott. Beim Schreiben tauchen immer neue und wichtige Aspekte auf, die ich gleich mit aufnehme. In vorherigen Dunkelretreats habe ich auch einen sehr guten Zugang zu meiner Kreativität und zu meinem Innenleben gehabt.
Bedingt durch die deutlich längere Aufenthaltsdauer geht die „Reise" aber diesmal noch tiefer in mir bisher unbekannte Bereiche.

Meine Verfassung: Sehr gut

Sonstiges: Yoga-Übungen, Funktionsgymnastik, Atemübungen, Meditation, Mantren wiederholen

Essen: Morgens zwei Äpfel, abends ein Schraubglas Nussmischung mit Rosinen

Tag 28 (Die bedeutsamsten Erlebnisse)

Traum
Ich bin in einem Hotel. Welche Rolle ich dort einnehme, ist für mich nicht ganz klar. Es findet aber eine offizielle Veranstaltung statt. Vielleicht ein Kongress oder ähnliches. Anscheinend habe ich einen Vortrag über vegane

Ernährung gehalten. Die Bürgermeisterin kommt nachdenklich auf mich zu und wir unterhalten uns. Sie sagt: „Sie haben ja Recht. Wie komme ich denn da am besten wieder heraus?"
Das Essen wird ja bald serviert. Sie hat ihre Meinung zum Essen geändert und will für sich eine vegane Variante. Ich sage: „Sprechen Sie doch mit der Küche, bzw. einem Koch. Vielleicht haben die etwas zur Verfügung, was sie kurzfristig zubereiten können."
Ich treffe einen Koch, der mir im wirklichen Leben begegnet ist. Er hat mir in einem Hotel extra vegane Gerichte zubereitet, die absolut lecker waren. Er erkennt mich sofort und wir unterhalten uns. Ich bestärke ihn in seiner Kunst auch vegane Gerichte zuzubereiten. Ich sehe wie die Gerichte in den Saal getragen werden. Das Essen beginnt.

Erkenntnisse - kurzgefasst >>> Meine Meinung, Erfahrung und Kompetenz ist gefragt. Ich inspiriere andere Menschen Verhaltensänderungen vorzunehmen. Ich habe einen guten Kontakt zu den Menschen, die mir begegnen. Insofern ist der Traum eine Alltagsverarbeitung in der mein Auftreten und meine Vorträge zu halten bestärkt wird. Ich vermittle, dass man zu seinen Bedürfnissen stehen sollte, auch wenn sie nicht der üblichen Meinung entsprechen. Dies stellt kein Problem dar und wird toleriert.
Da Träume nicht nur Stärken und Defizite, sondern auch Sehnsüchte aufzeigen, sehe ich in dem Traum auch mein Bedürfnis eine noch größere Resonanz als bisher zu erhalten.

Traum
Ich bin bei einem Treffen zur Bewusstwerdung. Im Vordergrund steht ein gegenseitiger Austausch der eigenen Erkenntnisse. Es sind vielleicht zehn Menschen anwesend. Etwas mehr als die Hälfte der Teilnehmer sind Frauen. Eine Frau stellt einen spirituellen Tanz vor. Vorher klopft/massiert ihr Vater ihren Rücken. Dann bewegt sie sich um mich herum und haucht mir ins Ohr: „Oh, ich weiß was für Energien durch das Dunkelretreat bewegt werden!" Sie bewegt sich sehr geschmeidig. Danach spricht mich ein Österreicher an: „Du bist doch der Arnold, der mir vor Jahren sein Buch verkauft hat." „Ja." Auf einem Tisch sehe ich einen aufgeklappten Katalog, in dem meine Bücher beschrieben werden. Wir tauschen uns aus.
Ich sehe, wie andere malen oder in Büchern lesen.
Es ist eine sehr inspirierende und anregende Atmosphäre vorhanden.

Erkenntnisse - kurzgefasst >>> Eine Mischung aus Sehnsucht und Alltagsverarbeitung. Das übergeordnete Thema ist Bewusstwerdung. Im Traum wird mir aber auch klar gezeigt, dass es dafür viele Möglichkeiten und

Wege gibt. Nicht nur Dunkelretreats sind wirkungsvoll. Also auch eine Aufforderung an mich offen und tolerant zu sein. Aber auch Sehnsucht nach Austausch.

Traum
Ein kurzer und knapper Inhalt - Ich bin auf einer Kreuzfahrt. Das Meer ist ruhig und das Wetter ist schön.

Erkenntnisse - kurzgefasst >>> Unterwegs in weiten und tiefen Gefühlen. Die Alltags-Realität schwimmt und bewegt sich auf der Gefühls-Realität. Der Traum zeigt, wie ich mit meinen und den Gefühlen anderer umgehe, sowie im Leben navigiere.

Meine Verfassung: Sehr gut

Sonstiges: Yoga-Übungen, Funktionsgymnastik, Atemübungen, Meditation, Mantren wiederholen

Essen: Morgens zwei Äpfel, abends ein Schraubglas Nussmischung mit Rosinen, Erdnüsse

Tag 29 (Die bedeutsamsten Erlebnisse)

Am Vorabend war das innere Licht erneut recht stark. Später wurde es geringer und für mich nur noch im Scheitelbereich wahrnehmbar. Trotzdem dauerte es sehr lange bis ich einschlief. Ich habe den Eindruck, dass sich mein Energieniveau durch mein „Aufräumen" im Laufe dieses Dunkelretreats deutlich angehoben hat, sodass ich weniger Bedarf an erholsamem Schlaf habe.

Traum
Traumerleben oder TV-Film? Ein amerikanischer Medienmogul beauftragt den Mord an einem unliebsamen Kritiker, der dabei war Sachverhalte aufzudecken, die ihn ins Gefängnis gebracht hätten. Er hat es so eingerichtet, dass er diesen Mord einem anderen unliebsamen Kritiker anhängt. Beide treffen sich und er erläutert seinen Plan, an dessen Ende er durch komplizierte Finanztransaktionen 1 Mrd. US$ verdient hat, einen Kritiker

weniger hat, einem anderen Kritiker durch Manipulationen auch noch ein Mord nachgewiesen wird und dieser für lange Zeit ins Gefängnis wandert. Der andere ist fassungslos, weiß nicht wie er sich aus dem Plan des Moguls befreien kann.
Ich nehme mehrere Männer und Frauen wahr, die die Absicht des Medienmoguls kennen und verhindern wollen. Dies alles findet in einer amerikanischen Großstadt (New York?) in einer Nacht statt.

Erkenntnisse - kurzgefasst >>> Übergeordnetes Thema: Macht und finanzielle Interessen stehen im Vordergrund und werden um jeden Preis durchgesetzt. Eigene Interessen sind wichtiger als Ethik und Gesetze. Mit der Interpretation tue ich mir insofern schwer, da ich zu den beiden Menschen bzw. Hauptdarstellern keine Resonanz spüre.
Weiteres übergeordnetes Thema: TV-Spielfilme transportieren bestimmte Informationen und lenken durch diese Beeinflussung den Zuschauer in eine bestimmte Richtung. Beim Nachdenken befürchte ich, dass mich der TV-Konsum der letzten Jahrzehnte in meiner Meinung über die Welt schon soweit beeinflusst hat, dass ich zu wissen glaube, wie die Welt funktioniert. Habe ich ein Meinungsbild, das auf Darstellungen anderer Hersteller von Filmen und Nachrichtenportalen basiert? Findet also eine selektive Verbreitung und Aufnahme von Informationen statt, die auf Macht und der Durchsetzung eigener Interessen beruhen? Wer entscheidet - und weshalb - was in Filmen produziert wird oder was es in die Medien „schafft"?
Also insofern eine Gesellschaftskritik über die Hintergründe der Beeinflussung der Gesellschaft. Als deren Teil muss ich mich fragen, welches Weltbild ich in mir trage. Wie ist es zustande gekommen, wie werde ich es wieder los und vor allem: Wie verhindere ich weitere einschränkende Prägungen aus Medien/Finanzen/Politik?
Prägungen, die mich mit gefilterten Informationen „versorgen", die aber nur einen kleinen Ausschnitt der „Welt" darstellen und meiner Entwicklung nicht dienen.

Also wäre – in Bezug auf die Vergangenheit – da doch eine Resonanz zum „Opfer". Nämlich der Beeinflussung ausgesetzt zu sein, dies nicht zu merken und nichts dagegen machen zu können.

Gegen die Filterung und Verbreitung dieser Informationen kann ich nichts unternehmen. Ich kann mir aber deren Existenz und mögliche Beweggründe bewusst machen und mich davon distanzieren. Die Distanzierung hätte zur Folge:

- ... dass ich begreife und bestätige, dass nur bestimmte und manche Informationen gezielt verbreitet werden

- ... dass unsere Gesellschaft von Macht und Interessen beeinflusst, bzw. gelenkt wird.
- ... dass es schwierig ist mich dieser Lenkung zu entziehen, da diese Informationen überall präsent sind (TV, Radio, Zeitung, Internet, Gespräche mit Kollegen oder Nachbarn).

Wie kann ich mich also distanzieren und mir ein eigenes Meinungsbild machen?

Ich denke ein wichtiger Schritt ist, mir einzugestehen, dass ich in der Vergangenheit so beeinflusst wurde:

- ... dass mir ein bestimmtes Meinungsbild so „verkauft" wurde, dass die Welt so ist
- ... dass ich von meinen Eltern, bzw. meinem Umfeld nicht genug unterstützt wurde, dass diese Informationen nur einen ganz kleinen Teil der Welt widerspiegeln, aber als so dominant dargestellt werden, als würde die Welt nur aus einigen wenigen Themen bestehen. Und ich muss mir eingestehen, dass ich diese Informationen aufgenommen habe, die eine Resonanz zu meinen unerledigten Themen haben.

Ich muss mich also fragen: Weshalb haben mich bestimmte Themen angesprochen? Was habe ich noch anzuschauen und in mir zu integrieren? Je mehr ich darüber nachdenke, umso umfangreicher erscheint mir die „Mammutaufgabe". Na gut, dann werde ich damit anfangen.

Ich erinnere mich noch zu gut an die Erkenntnis meines Horror-Traums, dass bestimmte Informationen in Filme/Medien hineinfließen, die ein Bedürfnis der Menschen abdecken, die ein Thema nicht integriert haben.
Insofern bestimmen wir als Gesellschaft indirekt was uns als „wichtige Information" präsentiert wird.
Also stellt auch die Medienwelt eine Projektion meines Innenlebens (und das der Gesellschaft) dar.
Dann mache ich mich mal an die Arbeit.

Meine zukünftige „Filterung" der Informationen könnte für die Zukunft bedeuten, dass ich schaue, welche Informationen mein Leben betreffen. Darüber hinaus schaue ich, ob ich ein Gefühl in mir wahrnehme, dass ich mich mit einer bestimmten Information beschäftigen sollte und ob es Themen gibt, die nicht in der Öffentlichkeit präsentiert werden, aber für mich von Bedeutung sind.

Auch der Inhalt von „Bewusstwerdungs-Zeitschriften" orientiert sich nur an der Frage: Welche Themen müssen wie dargestellt werden, damit die Zeitschrift auch gekauft wird? Also auch dort wird nicht die vollumfängliche „Wahrheit" dargestellt, sondern die Themen, die eine Projektion des Innenlebens der Leser darstellen.

Ein weiterer Schritt für mich ist der, zu reflektieren weshalb ein bestimmtes Thema etwas in mir auslöst, obwohl es für mich „eigentlich" keine Bedeutung haben müsste. Also konkret: Auf welche unerledigten Aspekte in mir weist dieses Thema hin?

Fazit: Niemand braucht irgendwelchen Medienmogulen, Regierungen,... den schwarzen Peter für die aktuelle Berichterstattung und Sendungsinhalte zuschieben. Sondern jeder einzelne steuert das „Informationsangebot" indirekt über die unerledigten Themen seines Innenlebens und seiner Interessen.

Auch die Diktatoren der Vergangenheit und Neuzeit würden als armselige Würstchen bedauert werden, wenn sie allein in einem Vorgarten wären und ihre Weltsicht verkünden würden. Da ihre Weltsicht aber Massen von Menschen anlockt, die dort in ihrem Innenleben noch Unerledigtes rumliegen haben, wird diesen Menschen erst dadurch die Macht übertragen und vom Volk ge- und unterstützt.

Im Zentrum steht also immer die Frage: „Welchen Anteil habe ich daran?"

Anmerkung:
Anhand der Analyse möchte ich nochmals die Wichtigkeit des Aufschreibens hervorheben - sowohl des Traums, als auch der Analyse. Erst durch oder während des Schreibens kamen aus „Was hat das mit mir zu tun?" Stück für Stück die Erkenntnisse an die Oberfläche. Aus diesem Grund habe ich hier – wie auch bei manchen anderen Analysen den ganzen Erkenntnisprozess aus meiner handschriftlichen Dokumentation ins Buch übernommen.

Luzider Traum   Am Nachmittag ein atemberaubendes Erlebnis!

Ich sehe über mir, bzw. vor mir einen sehr dunklen Himmel, in dem die Sterne noch nicht zu erkennen sind. Plötzlich drehe ich mich und sehe von oben einen Katamaran, wie er mit hoher Geschwindigkeit über das Wasser gleitet!
Ich begreife – ich fliege in einem Kunstflugzeug.

Anmerkung: Es ist für mich unklar ob ich das Flugzeug fliege oder Passagier bin. Da ich sonst niemanden sehe, gehe ich davon aus, dass ich das Flugzeug im Traum fliege.

Ich fliege atemberaubende Figuren. Mal sehe ich vereinzelt Segelboote auf dem weiten Meer und mal dreht sich alles. Es ist phantastisch. Ein weiteres Kunstflugzeug ist in der Luft.

Anmerkung: Möglicherweise war kein zweites Kunstflugzeug in der Luft, sondern wie ich es auch schon in anderen luziden Träumen erlebte, war ich zeitgleich Akteur und Beobachter. Oder die Sichtweise wechselte von der Position des Akteurs zu der Position des Beobachters.

Und so flog ich eine ganze Zeit lang. Es war atemberaubend schön. Ein richtiger Genuss. Ich spürte, wie ich – abhängig von der geflogenen Figur – in die Gurte oder in den Sitz gepresst wurde.
Was für ein tolles Erlebnis in dem Nachthimmel! Während ich flog, veränderte ich bewusst meine Atmung – die sogenannte Pressatmung – um die plötzlich ansteigende Gravitationskraft besser auszuhalten und um zu verhindern, dass zu viel oder zu wenig Blut im Gehirn ist. Und genau diese Atemgeräusche beim aus- und einatmen, bzw. Atem anhalten hörte ich in meinem Traum. Ich nahm also meine veränderte Atmung wahr während ich schlief und erlebte gleichzeitig den Kunstflug!
Plötzlich nahm ich ein Gespräch von zwei Menschen und die Frage wahr: „Schläft er denn?"

Erkenntnisse - kurzgefasst >>> Vor einigen Jahren bin ich schon mal in einem Kunstflugzeug mitgeflogen. Allerdings nicht über einem Meer. Aber so wie im Traum war es für mich ein grandioses Erlebnis!
Für die Frage, die ich wahrnahm, gibt es für mich nur eine Erklärung: Als Kleinkind muss ich diesen – oder einen vergleichbaren – Traum schon mal geträumt haben. Meine Eltern schauten nach mir und bemerkten bzw. wunderten sich über meine stark ändernde Atmung (wechselnde

Pressatmung). Wenn dem so ist, habe ich weder als Kleinkind noch als Erwachsener in der Alltags-Realität verstanden weshalb ich das erlebe - was also der Hintergrund war und ist. Ansonsten wäre mir der Traum im Dunkelretreat nicht präsentiert worden. Also, worum geht es und welche „Rechnung" ist noch offen?

Erkenntnisse - kurzgefasst >>> Fliegen bedeutet ja, dass mir eine weitere Dimension zugänglich ist. Und gerade mit einem Kunstflugzeug kann ich mich in der „neuen" Dimension absolut frei bewegen. Ich spüre zwar auch die Gravitationskraft und passe meine Atmung entsprechend daran an. Ich bin aber frei von den Einschränkungen des Alltages, und wie im Traum durch das Meer symbolisiert – den Gefühlen.
Das Empfinden von Freiheit und uneingeschränkter Beweglichkeit steht im Vordergrund. Im spirituellen Bereich wird fliegen, fallen oder schweben damit assoziiert, dass der Träumer eine spirituelle Reise oder Astralreise unternimmt (ebenso in einer anderen Dimension mit uneingeschränkter Beweglichkeit). An deren Inhalt erinnert sich der Träumer oft nicht, aber durch den Traum bekommt er vermittelt, dass eine solche Astralreise stattgefunden hat.
Erschließt sich mir eine neue Dimension, in der ich mich pudelwohl fühle?
Was ist die Konsequenz?
Einfach nur annehmen, dass ich schon immer nachts „Ausflüge" (manche vertreten die Meinung, dass jeder Mensch jede Nacht Astralreisen unternimmt – aber sich im Normalfall nicht daran erinnert) unternahm oder ist es eine Aufforderung eine Technik zu erlernen, um solche Astralreisen in der Nacht bewusst zu machen? Bewusst, damit ich mich dann daran erinnern kann und frei in meiner Gestaltung einer solchen Astralreise werde.

Das Gefühl von Fallen und Schweben hatte ich schon öfter in Träumen und in Dunkelretreats. In verschiedenen Dunkelretreats hatte ich mehrere außerkörperliche Erfahrungen (AKE/OOBE). Diese entstanden spontan und nicht bewusst durch mich induziert.
Aber den selbstbestimmten Ablauf – Flug der Figuren – erlebte ich noch nicht. Insofern deutet der selbstbestimmte Aspekt auf das Erlernen entsprechender Techniken hin.

Weitere Aspekte sind selbstbestimmte Kreativität, Veränderungen, Freude und Entwicklung.

Der heutige Abend fällt mir etwas schwer. Zwischen dem Abendessen gegen 18:00 Uhr und meinem Einschlafen gegen 1:00 Uhr passierte nichts Nennenswertes. Außer mein inneres Licht anschauen und meditieren war die restliche Zeit Leerlauf. Die bisherigen Abende waren fast alle leicht. Heute nicht.

Meine Verfassung: Sehr gut, am Abend anspruchsvoll

Sonstiges: Yoga-Übungen, Funktionsgymnastik, Atemübungen, Meditation, Mantren wiederholen

Essen: Morgens zwei Äpfel, abends ein Schraubglas Nussmischung mit Rosinen

Tag 30 (Die bedeutsamsten Erlebnisse)

Die Erwartung in der letzten Notiz vom Vorabend erfüllte sich nicht. Ich schlief nicht um 1:00 Uhr ein, sondern erst gegen 4:30 Uhr. Die Vögel zwitscherten draußen schon eine ganze Weile bis ich einschlief. Ich war die ganze Zeit hellwach, bei voller Beleuchtung durch mein inneres Licht und voller Energie. Ich verbrachte die Zeit damit Mantren zu wiederholen und in innere Prozesse zu gehen. Bei der Reflektion von Themen mit meiner Mutter entdeckte ich neue Ansätze, an die ich bisher nicht dachte und integrierte diese in mir.

Traum   Ganz unspektakulär
Ich nahm mich wahr, wie ich im jetzigen Dunkelretreat durch innere Prozesse ging und die Themen integrierte. Dabei ging es nicht um bestimmte Themen, sondern um die Gestaltung und den Sinn der Teilnahme in dem Dunkelretreat. Insofern keine neuen Erkenntnisse, sondern nur eine Alltagsverarbeitung.

Traum
Erneut fiel es mir extrem schwer nach dem ganzen Traum wegen der Schläfrigkeit aufzustehen. Ich blieb liegen und vergaß so den Traum. Ärgerlich.

Gedanken zum Vortag
Erstens:
Mein Körper hat die Rahmenbedingungen seit ca. 10 Tagen (also nach ca. 3

Wochen) als neue Alltags-Realität angenommen. Mein Stoffwechsel hat sich verändert, mir ist praktisch immer sehr warm, und vor allem habe ich mehr Appetit. In den letzten Tagen habe ich dies durch das vermehrte Essen von Nussmischungen ausgeglichen. Zumindest beim heutigen Stand ist mir klar: Ich brauche etwas mehr Essen. Mein Vorrat würde für die Dauer von 49 Tagen nicht ausreichen und ich brauche auch einen anderen Geschmack. Also habe ich meine Frau gebeten mir ab und zu ein veganes Essen zu bringen. Dies hatte sie mir vor dem Beginn auch angeboten. Ich dachte aber, dass ich mit meinem Vorrat auskommen würde.

Zweitens:
Das gestrige Tief führe ich vor allem darauf zurück, dass ich inzwischen 30 Tage in der Dunkelheit bin. Ein Monat ist ein richtig langer Zeitraum bei diesen Rahmenbedingungen. Nachdem ich dieses Zwischenziel erreichte, war mir allerdings auch klar, dass ich von einem Endspurt vor der Ziellinie weit entfernt bin. Also habe ich die verbleibenden 19 Tage halbiert und mir ein Ziel in 10 Tagen gesetzt. Klar, ideal wäre es, wenn ich „rund um die Uhr" im Hier und Jetzt verweilen würde. Dann wäre es egal, ob es noch einen oder 30 Tage dauern würde. Aber dies kriege ich momentan nicht hin.

Drittens:
Ein Aspekt der möglicherweise eine Verbindung von den beiden o.g. Punkten darstellt: Eines meiner unerledigten Themen ist der erhöhte Essen-Konsum als Kompensation für unangenehme Situationen oder Lebensphasen. Das sind zwar alles gesunde Lebensmittel, aber eben zu viel davon. Nach 30 Tagen bin ich erneut zu einem persönlichen Grenzbereich vorgedrungen. Ich habe geschätzt deutlich über 100 innere Prozesse hinter mir, die natürlich zu einer bewussten und unbewussten Neusortierung meines Bewusstseins/Innenlebens führten. Ich merke, ich habe ein gewisses Sättigungsgefühl erreicht. Eine gewisse mentale Erschöpfung. Eine Pause würde mir gut tun.
Die gibt es aber hier nicht – erst nach der Beendigung gibt es für mich Abwechslung.
Es gibt viele Stunden, in denen nichts passiert – genauer: in denen ich nichts wahrnehme – und wenn ich schlafen will, klappt dies erst nach langer Zeit, da mein inneres Licht an ist. Andererseits ist die gesamte Konstellation ideal um mich jetzt mit meinem offenen Thema Essenskompensation in unangenehmen Situationen auseinanderzusetzen. Also, ich bleibe am Ball, peile mein nächstes Zwischenziel in 10 Tagen an und die Ruhepause verschiebe ich auf die Zeit nach den 49 Tagen!

Wie sagte doch mal ein buddhistischer Mönch: „Leiden heißt lernen" (Weil man sich aus der unangenehmen Situation heraus bewegen will). Dann hoffe ich mal, dass ich ganz schnell lerne. Die besten Rahmenbedingungen dazu habe ich auf jeden Fall.

Meine Verfassung: Sehr gut mit zeitweisen Einschränkungen

Sonstiges: Yoga-Übungen, Funktionsgymnastik, Atemübungen, Meditation, Mantren wiederholen

Essen: Morgens zwei Äpfel, abends ein Schraubglas Nussmischung mit Rosinen

Tag 31 (Die bedeutsamsten Erlebnisse)

Noch zum Vorabend: Nachdem ich das alles aufgeschrieben hatte, dauerte es nur ca. 30 Minuten und es ging mir deutlich besser. An dem Abend machte ich noch drei innere Prozesse, die Sichtweisen von Themen mit meinen Eltern beinhalteten, die ich von anderer Seite schon betrachtet hatte.

Traum
Ich arbeite in einem großen Kraftstoffhandelsunternehmen. Auf dem Betriebsgelände besprechen wir mehrere Baumaßnahmen: eine geänderte Verkehrsführung, ein riesiges Vordach vor einer Halle mit den entsprechenden Fundamenten für die Pfeiler und einen neuen, großen Kraftstofftank. Dieser darf nur 24 Meter von der Leitung entfernt sein. Wir messen dies aus, markieren die Länge und andere fangen an, die Fläche mit den Betonsteinen aufzureißen. Auf dem Rückweg nimmt mich ein Kollege mit seinem Firmenwagen mit. Dabei stellt er fest, dass er einen uns folgenden Fahrer (Gas- und Wasserinstallateur) von früher kennt. Er hält an und unterhält sich eine längere Zeit.
Um die verlorene Zeit wieder einzuholen, rast er die verbleibende, kurze Strecke zurück. Dies ist wegen der geringen Entfernung nicht möglich. Wir rasen auf eine scharfe Rechtskurve zu, ich rufe noch „He!", doch es ist nicht mehr möglich abzubremsen oder auf der Straße zu bleiben. Er muss auf einen Acker ausweichen. Der Acker ist trocken und das Getreide erst wenige Zentimeter hoch. Er fährt weiter, ohne dass das Auto oder wir einen Schaden nehmen. Er findet eine Möglichkeit wieder auf die Straße zu kommen. Der Kollege bringt das Auto zu einem Autohändler zur Inspektion und Wagenwäsche. Den restlichen kurzen Weg gehe ich alleine durch den Keller eines Betriebes in dem eine Unmenge an Rohren verläuft. Dort treffe ich

einen Auszubildenden, der sich über den Weg nicht ganz klar ist. Zusammen gehen wir weiter. Er fragt mich, ob ich den Weg kenne und ich sage ja. Die Gänge sind eng und wir kommen an riesigen Batterien vorbei.

Erkenntnisse - kurzgefasst >>> Ich betreue unterschiedliche Projekte. Ich kenne den Weg und merke bevor jemand einen Fehler macht, dass was schiefläuft. Ich spreche es an, auch wenn ich einen Unfall nicht verhindern kann. Ebenso kenne ich mich in einem verwirrenden großen Gebäudekomplex aus und helfe anderen sich darin zurechtzufinden.
Das übergeordnete Thema: Ich habe den Überblick über alle Details.
Spontan fällt mir meine innere Prozessarbeit und die Komplexität meines Innenlebens, in dem ich mich bewege, ein. Geht es nur darum, dass ich erkenne, dass ich komplexe Zusammenhänge wahrnehme, offenlege und alle Details beachte?

Oder drückt es meine Sehnsucht aus, dass ich mir dabei Verbesserungen wünsche?
Vielleicht auch beides.
Ich fühle mich im Handling der inneren Prozesse sicher und finde den richtigen Weg, doch deutet das Ausweichen auf den Acker auch auf einen notwendigen Lernprozess hin (Im Auto finden wir wieder zurück zum richtigen Weg). Immerhin, trotz einer Fehleinschätzung komme ich zurück auf den richtigen Weg ohne den geringsten Schaden zu nehmen. Also sollte ich weiterhin gut aufpassen.

Traum
Ich bin in einer Bildungseinrichtung und soll irgendetwas aus Lego zu einem Treffen in einen Raum mitbringen. In wenigen Sekunden habe ich etwas zusammengebaut. Benjamin Blümchen steht in einer Lokomotive, die einen Waggon hinter sich herzieht. Meine Kinder helfen mir dabei. Ein anderer Vater (ehemaliger Kollege) liegt im Waschraum und hat sichtlich Mühe etwas zusammenzubauen. Da die Zeit aber sehr knapp ist, helfe ich ihm nicht dabei. Wir sind in Einzelzimmern untergebracht, die in diesem Bereich alle miteinander verbunden sind. Die äußeren Türen schließe ich ab. Ich soll noch eine (echte) Bohrmaschine in einen bestimmten Raum legen, der auf dem Weg zum Treffpunkt liegt. Mein Sohn möchte das nicht weil sie so laut ist. Gemeinsam mit einem anderen Mann (auch ein Vater) gehe ich los. Alle Kinder treffen sich woanders.

Erkenntnisse - kurzgefasst >>> Kindererziehung und Selbstorganisation. Ich kann mir helfen, andere sich selbst teilweise nicht. Ich halte Ordnung und muss mich mit der anderen Sichtweise meines Sohnes auseinandersetzen. Was ansteht fällt mir leicht. Ich habe alles im Griff.

Heute ist meine Stimmung richtig gut.

Mir sind viele Gedanken durch den Kopf gegangen.

Manche Träume haben gezeigt, dass ich eine Rückmeldung bzw. Bestätigung durch meine Eltern nicht erhalten habe. Somit war es für mich schwierig, eine Selbsteinschätzung zu machen.
Durch meine Eltern habe ich eine Vielzahl an einschränkenden Prägungen erhalten. Wie war es mir möglich, mich im Laufe der Zeit aus diesen Prägungen zu befreien? Denn weder meine Eltern noch mein Umfeld haben mir das innere Aufräumen und die eigene Entwicklung zu forcieren vorgelebt.
Mein ganzes Leben fühle ich mich im positiven Sinne des Wortes geschoben mich weiterzuentwickeln: durch eine große Menge an Seminaren, Ausbildungen zur persönlichen Entwicklung, die alle irgendwie aufeinander aufgebaut haben und mich befähigten den nächsten Schritt zu gehen. Was schließlich in der Entscheidung gipfelte, mir mein Innenleben in der Dunkelheit eines Dunkelretreats ausgiebig anzuschauen.
Nach meinem Verständnis ist ein Dunkelretreat die konsequenteste Art und Weise das eigene Innenleben zu erforschen, da die äußeren Reize extrem reduziert sind. Auch das habe ich noch intensiviert, indem ich die Aufenthaltsdauer auf 49 Tage steigere und für die Dauer keine fachliche Betreuung in Anspruch nehme. Lediglich meine Frau bringt mir in langen Abständen frische Lebensmittel.
Schon beim ersten Dunkelretreat war mir klar, dass ich mit meinen Methoden und Kompetenzen die auftauchenden Erfahrungen bewältigen kann. Dies habe ich beibehalten und komme damit sehr gut zurecht.
Die verarbeiteten Prozesse, sowie die Träume und Gedanken zeigen mir, dass ich mit meiner Einschätzung richtig liege. Selbst einen Horrortraum nach drei Wochen mitten in der Nacht integriere ich konsequent bis ins letzte Detail.

Und meine Frage ist noch immer nicht beantwortet: Was hält mich ein Leben lang in der Richtung (persönliche Entwicklung), die jetzt in der außergewöhnlichen Erfahrung eines Dunkelretreats über 49 Tage ohne fachliche Betreuung gipfelt?
Ich bin erstaunt, nachdenklich und dankbar, dass dem so ist.

Meine Verfassung: Ausgezeichnet
Sonstiges: Yoga-Übungen, Funktionsgymnastik, Atemübungen, Meditation, Mantren wiederholen

Essen: Morgens zwei Äpfel, abends ein Schraubglas Nussmischung mit Rosinen

Tag 32 (Die bedeutsamsten Erlebnisse)

Bis ca. 5:00 Uhr war ich hellwach und voller Energie. Die Uhrzeit kann ich recht gut zuordnen, da der Zeitungsausträger schon vor einiger Zeit die Nachbarn beliefert hat. Das Geräusch seines Autos mit dem Schlagen der Tür - und das mehrfach wiederholend - kann ich eindeutig zuordnen.

In dieser Nacht gab es eine gravierende Veränderung. Mein inneres Licht leuchtete sehr intensiv. Am Abend und in der Nacht zogen Landschaften, Vorgärten mit verschiedenen Jahreszeiten in Zeitlupe vorbei. Steinmauern, Wälder, teilweise mit einer enormen Detailschärfe (Stein, Laub, Erde, Pflanzen/Bodendecker). Ich lag wie im Kino, schaute mir alles an und nahm es in mir auf. An schlafen war nicht zu denken obwohl ich müde war. Ich werde mich bald nochmal hinlegen.

Traum
Zur Zeit der DDR findet eine Radsportveranstaltung statt. Ich bin einer der Radfahrer. Der russische Präsident (dargestellt durch einen Politiker) besucht die Veranstaltung. Ich habe eine Sonderrolle und darf den Ordner mit allen Zeitungsartikeln über Volkshelden tragen. Er spricht zu uns und erklärt uns einige Volkshelden. In einer jovialen Art vermittelt er uns, was für ein Glück wir haben, dass er sich dazu herabgelassen hat uns zu besuchen. Und da er so gut gelaunt ist, „dürfen" wir draußen frühstücken. Am liebsten würden alle laut stöhnen, denn es ist noch sehr kalt und sehr früh. Die Sonne ist noch nicht aufgegangen. Wir stellen uns alle auf und gehen raus.

Erkenntnisse - kurzgefasst >>> Die absolute Lachnummer für jede Politiksatire. Aber nicht für die beteiligten Radsportler.
<u>Übergeordnete Themen:</u> Erleben und Aushalten von Willkür. Völlige Ignoranz der Bedürfnisse anderer. Mir wird zugetraut eine ganz besondere Rolle erfüllen zu können. Alle – auch ich – werden klein gehalten.

Erkenntnisse - kurzgefasst >>> Mir fällt sofort meine Kindheit ein. Nicht, dass sich mein Vater als großer Staatenlenker präsentierte, aber die übergeordneten Themen passen exakt.

Ich integrierte die Themen in mir. Auf das Genaueste habe ich geprüft, ob und in welchen Bereichen ich eventuell das Verhalten meines Vaters übernommen habe. Denn so ein Verhalten geht gar nicht.

Es fällt mir auf, wenn ich mich morgens erneut zum Schlafen hinlege (weil der Schlaf in der Nacht so kurz war; heute nur ca. 2 Stunden), dass es mir enorm schwer fällt nach dem zweiten mal aufzustehen und meinen Traum aufzuschreiben. So auch hier. Deshalb habe ich den Traum inzwischen wieder vergessen. Ärgerlich.
Nicht mal der kleinste Traumfetzen ist mir zugänglich.

Eben tauchten mehrere Erinnerungen und Bilder des Geburtsortes meines Vaters auf. Meine positiven Erinnerungen waren verknüpft mit Wehmut. Ich ging in das Thema rein und stellte fest, dass ich die Wehmut und das Gefühl der Entwurzelung durch den Wegzug meines Vaters aus seinem Geburtsort übernommen habe. Da dies aber sein Empfinden und nicht meines ist, habe ich sie in einem Prozess von meinen guten Erinnerungen – durch viele Besuche in der Kindheit – getrennt und in mir integriert.

Meine Verfassung: Sehr gut

Sonstiges: Yoga-Übungen, Funktionsgymnastik, Atemübungen, Meditation, Mantren wiederholen

Essen: Morgens zwei Äpfel, abends ein Schraubglas Nussmischung mit Rosinen, Gemüse

Tag 33 (Die bedeutsamsten Erlebnisse)

Am Vorabend habe ich die erhöhte Müdigkeit und das etwas schwächere innere Licht nutzen können um zügig einzuschlafen. Das hat wunderbar geklappt.

Traum
Ich sehe eine Art Werbefilm eines Unternehmens, das Hühner in Massentierhaltung hält und dann zu Produkten verarbeitet. Die einzelnen Stationen der Verarbeitung kommentiert ein Komiker mit flotten Sprüchen. Alles war klinisch rein und es war kein einziger Tropfen Blut zu sehen. Danach sah ich wie es wirklich ist: mit abgetrennten Gliedmaßen und überall Blut. Mitten in dem zweiten Film schob sich parallel folgender Inhalt darüber (da ich dies beim Schreiben nicht machen kann, schreibe ich es hintereinander): Ich sehe einen Schulfreund, der eine schwere Krankheit hat. Er ist sehr blass und hat keine Haare mehr. Er sagt: „Ja, so sieht man aus wenn man eine tödliche Krankheit hat und alle Therapien ausprobiert hat."
Ich sage ihm: „Dann verpasst du ja nichts. Komm zu mir ins Dunkelretreat. Ich will dafür kein Geld haben. Da kannst du reflektieren."
Direkt danach sehe ich in die pflanzliche Lebensmittelproduktion (Obst, Gemüse, Getränke) mit dem Einsatz aller möglichen Spritzmittel und Maschinen.
Der Traum ging weiter als ich wach war und nach einiger Zeit stellte ich mir die Frage: „Hört die Vorstellung denn gar nicht auf?"

Erkenntnisse - kurzgefasst >>> „Ja, es hört nicht auf, da dies durch das Verhalten jedes einzelnen Konsumenten am Fortbestehen gehalten wird."

Erkenntnisse - kurzgefasst >>> In unserer Gesellschaft ist es noch weit verbreitet das Leiden und millionenfache Töten von Tieren billigend in Kauf zu nehmen und sich den ganzen Herstellungsprozess „schön zu sehen". Erst wenn der eigene Tod vor der Tür steht, gehen wir plötzlich mit dem Tod anders um und denken nach (mit dem Dunkelretreat als Metapher).

Bei Obst und Gemüse haben wir uns völlig entfremdet von dem ursprünglichen Säen, Wachsen und Ernten.
Was ist mein Anteil daran, bzw. worum geht es? Tiere esse ich seit ca. 27 Jahren nicht mehr. Vegan ernähre ich mich seit ca. 15 Jahren. Obst und Gemüse kaufe ich aus Gründen der Zeit und Bequemlichkeit bevorzugt in verschiedenen Supermärkten. Auch in Bio-Qualität.
Hier steht für mich also ein Umdenken an und eine Erhöhung des Anteils, den

wir bei örtlichen Bauern kaufen. So ist es wieder möglich eine Beziehung zu den Lebensmitteln herzustellen bzw. zu verbessern.
Der Traum zeigt auch ganz klar auf, wie manipulativ das Marketing der Lebensmittelindustrie ist.

Ein weiterer Traum ergänzt den vorherigen Traum:
Ich sehe einen Schnellzug, in dem appetitlich und ohne Blut Fleischprodukte serviert werden. Es ist keine Beziehung (und Verständnis) zu dem getöteten Tier und dem Herstellungsprozess vorhanden. Die Restaurantgäste in dem Zug sehen nur die bunten, mit einem Bildbearbeitungsprogramm erstellten, Bilder.

Erkenntnisse - kurzgefasst >>> Gesellschaftskritik und die Aufforderung an mich, mich nicht von Marketingmaßnahmen einlullen und blenden zu lassen.

Seit zwei Tagen fällt mir auf, dass ich zu unterschiedlichen Tageszeiten einen erhöhten inneren Dialog habe. Ist dies eine Auswirkung des Mangels an Gesprächen mit anderen Menschen oder ist das eine weitere Art und Weise wie mein Unbewusstes mir etwas mitteilen möchte? Ich ziehe beides in Betracht und werde mich weiter beobachten.

Dabei treffe ich Überlegungen und Reflektionen zu vergangenen und künftigen Gesprächen. Das Ganze hört dann von alleine auf.
Den inneren Dialog habe ich dann jeweils in mir integriert.

Mit dem zweiten Traum ging es mir so wie gestern. Wieder habe ich ihn vergessen. Liegt es vielleicht daran, dass beim zweiten Traum die Traumintensität geringer ist, da mein Körper weniger Zeit hatte Melatonin zu produzieren? Oder war meine Schlafdauer zu kurz?

Heute war wenig los.
Der innere Dialog war fast weg.
Meine Stimmung ist sehr gut.

Meine Verfassung: Sehr gut

Sonstiges: Yoga-Übungen, Funktionsgymnastik, Atemübungen, Meditation, Mantren wiederholen

Essen: Morgens zwei Äpfel, abends ein Schraubglas Nussmischung mit Rosinen, Gemüse

Tag 34 (Die bedeutsamsten Erlebnisse)

Am Vorabend bin ich spät aber schnell eingeschlafen: Eine Erklärung zu meinem inneren Licht gebe ich nach den Träumen. Ich will nicht, dass ich etwas vergesse.

Traum
Ich sitze auf der Rückbank meines Autos und steuere es geschickt über eine Computertastatur. Die Sitze vorne sind leer. Im Berufsverkehr umfahre ich flott und geschickt ein Hindernis. Dabei fallen mir sofort zwei Sachen ein.
Auf dem Armaturenbrett und der Mittelkonsole ist die Steuerung des Autos mit einem Kamerasystem verbunden. Dies zeichnet mich und die Umgebung des Autos auf. Mit einem Schreck stelle ich fest, dass ich nicht angeschnallt bin und hole es nach.

Danach übernehme ich im Traum die Sichtweise der Echtzeit-Auswerter. Mehrere Menschen sitzen vor Monitoren, registrieren alles und ziehen Konsequenzen.
Wegen dem späten Anschnallen kriege ich einen Strafzettel. Sie sind aber gnädig und ich kriege nur eine kleine Strafe. Ich habe mich zu spät angeschnallt, aber es selbst gemerkt.

Beim Umfahren des Hindernisses runzeln sie ihre Stirn, wiegen ihren Kopf hin und her und sagen übereinstimmend: „Naja, gerade so in Ordnung!"

Erkenntnisse - kurzgefasst >>> Ich habe sofort an meine Gedanken am Anfang der 49-Tage Dokumentation gedacht, in denen ich mir die Frage stellte, was die Instanz ist, die eine Diskrepanz zwischen dem Soll-Ist-Vergleich meines Denkens und meiner Verhaltensweise erfasst.
Mein Bewusstsein registriert alles Erdenkliche, speichert es ab und präsentiert mir Themen zu einem passenden Zeitpunkt, bei denen eine Differenz im Soll-Ist-Vergleich vorliegt. Dabei wird nichts übersehen und die „Quittung" für ein „Defizit" kommt garantiert. Wann auch immer, aber sie kommt.

Erkenntnisse - kurzgefasst >>> Auf mich übertragen – ich steuere mein Denken sowie Verhalten und kann über beides reflektieren. Ich bin mir auch eines Soll-Ist-Vergleichs bewusst, da ich schon „Knollen" für Differenzen erhalten habe.
Alles was ich denke, handle und reflektiere wird sofort an eine andere Instanz weitergeleitet. Was ist diese Instanz?
Die „Schöpfung", ein Welten-Unbewusstes aller Menschen, die „Akasha-Chronik" von der alte Schriften und Kulturen berichten und in der alles jemals Gedachte gespeichert ist (eine Weltenseele)?
Für mich ist offen, ob der Soll-Ist-Vergleich für alle Menschen gleich ist oder ob es altersbedingte, kulturelle und regionale Unterschiede gibt. Denn im Traum nahm ich wahr – als ich mich verspätet angeschnallt habe – dass es anscheinend einen Spielraum bei den Konsequenzen gibt.

Ich bin mal gespannt, ob ich weitere Infos zu dem Thema erhalte. Sehr spannend und gerecht.

Traum
Ich sehe wie in einem Film Folgendes:
In einer amerikanischen Großstadt sind Polizisten in einer Bank. Anscheinend hat ein Überfall stattgefunden, aber dort sind keine Verbrecher zu sehen. Die Organisatoren des Überfalls machen eine Besprechung auf dem Dach eines Hochhauses. Danach lassen sie sich von einem Hubschrauber abseilen, nehmen sich Schlüssel und fahren mit ihren Autos und Motorrädern in verschiedene Richtungen weg. Dies beobachtet ein Polizist und gibt die Info per Funk weiter.

Jetzt sehe ich mich als Baseball-Spieler in einer Mannschaftsbesprechung. Der Chefstratege ist identisch mit dem Chef der Verbrecher. Ich sitze an einem großen Tisch und höre mir (wie die anderen auch) seine Erläuterungen an. Als Konsequenz nehme ich drei Baseball-Bälle und werfe sie an mehreren seiner Berater geschickt vorbei ins „Ziel". Trotz des guten Wurfes sagt er etwas zerknirscht: „Sehr geschickt." Er erläutert uns anhand des Beispiels eines Formel 1 Starts was ihm wichtig ist…

Erkenntnisse - kurzgefasst >>> Übergeordnetes Thema: Brilliante Gedanken die in eine konstruktive oder destruktive Lebensausrichtung gelenkt werden. Absichten können in unterschiedlichsten Bereichen eingesetzt werden. Natürlich auch mit unterschiedlichsten Konsequenzen und Auswirkungen auf andere Menschen. Jeder Mensch ist zu beidem fähig. Jeder entscheidet selbst. Anscheinend habe ich mich für die gute/konstruktive Variante entschieden. Denn ich sehe mich nur bei der Mannschaftsbesprechung, bei der ich geschickt reagiere.

Zu den Wahrnehmungen meines inneren Lichts seit ca. einer Woche gibt es Phasen, in denen der Hintergrund vom inneren Bild beleuchtet wird – in unterschiedlichen Farben und Konturen.
In anderen Phasen (besonders Abends) ist der Hintergrund völlig anders. Wie in einer realistischen 3D-Animation (Hologramm) stehe und bewege ich mich zwischen verschiedenen Landschaften und Wohngegenden. Manchmal in der großen Perspektive und manchmal bis in das kleinste Detail – z.B. Steine oder Blüten. Die Beleuchtung/Helligkeit, Schatten und Farben sind vergleichbar mit Vollmond in einer wolkenfreien Nacht. Es sind keine Menschen zu sehen (Schlafen sie zu der Uhrzeit?). Farben sind wegen der abendlichen Dunkelheit grau, braun oder schwarz. Nun ist alles im Detail erkennbar. Weiter entfernt sind die Kontraste schwächer, da das Licht so schwach ist.
Vor meinem inneren Licht sehe ich es immer. Egal ob mit geöffneten oder geschlossenen Augen. Wenn ich durch die Dunkelretreat-Räume gehe, bewege ich mich in der 3D-Welt (Hologramm). Wenn es gerade passt auf einem Weg, Wiese, Vorgarten oder Blumenbeet. Etwas unangenehm ist es, wenn ich „durch" Büsche oder Blumenmauern gehen muss, um in den Nachbarraum zu gehen. Auch wenn ich mich in der Bewegung umschaue: Alles ist so perfekt dargestellt, als würde ich mich in der Alltags-Realität bewegen.
Die Herkunft der Bilder und ihre Deutungen sind mir unklar.

Ich empfinde es als ausgesprochen spannend, das Hologramm anzuschauen. Was ist das? Denn es ist keine Alltags- oder Traum-Realität. Ebenso wenig handelt es sich um Inhalte von Erinnerungen, denn die werden anders dargestellt.

Oder sie sind die Produktionsstätten meiner Gedanken für beide Realitäten. So als würden in mir Bilder/Situationen kreiert und in den Realitäten mit Leben erfüllt (die Wiege für meine Gedanken?).
Ich denke da auch an die buddhistischen Überlieferungen, ebenso der Aborigines, dass wir in einer Traumwelt leben und unsere Realität erschaffen. Unbewusst, aufgrund von Umständen und erhaltenen Prägungen. Aber auch bewusst, denn wir können uns mühelos vorstellen wie eine neue Wohnungseinrichtung bei uns aussehen wird, wie ein Haus aussieht und danach gebaut werden soll, oder beim Abrufen von Erinnerungen: Alles erschaffen wir visuell.

Bisher bin ich noch nicht auf Informationen gestoßen, warum sich der Hintergrund meines inneren Lichts verändert und welche Schlüsse ich daraus ziehen kann/soll. Auf jeden Fall ist es spannend mitten in dem Hologramm zu sein, mich darin zu bewegen oder einfach nur zu beobachten.
Damit wird noch klarer und eindeutiger womit meine räumlichen Orientierungsschwierigkeiten bei Körperdrehungen zu tun haben.
Bildmaterialien aus zwei Realitäten überlagern sich nämlich total. Allerdings liegt die 3D-Realität (Hologramm) oben.
Die Raumbilder können da nicht drüberliegen. Indem ich meinen geplanten Weg ertaste, kommt – dann nur kurz – ein Bild davon auf, was ich gerade ertaste. Dann verschwindet es aber sofort. Es reicht aber aus, um mich fortzubewegen und an mein Ziel zu kommen. Die 3D-Realität hat aber ganz klar die höchste Priorität, da sie im Vordergrund steht. Damit wird auch nochmal deutlich, welche herausragende Bedeutung die visuelle Vorstellung für mich hat.

Es gibt bei den Realitäten noch etliches zu ergründen und zu verstehen.

Nachtrag:
Bewegen im Hologramm der 3D-Realität. Selbst feinste Details sind sichtbar. Von der Darstellung bzw. der Wahrnehmung gibt es keinen Unterschied zur Alltags-Realität – außer in der Festigkeit. Wodurch wird die Festigkeit bewirkt? Denn auf der Ebene der Atome besteht alles - auf dessen Volumen bezogen - zu fast 100% aus Nichts, bzw. Leere. Der Gedanke an die Bedeutung des Hologramms beschäftigt mich weiter.

Das Hologramm erscheint mir als eine Art Ursubstanz des Bewusstseins. Diese wird dann in den verschiedenen Realitäten durch Bedeutungen, Gefühle, Wünsche, Konflikte,... angereichert. Wie aus einem Klumpen Knetmasse die verschiedensten Formen und Umgebungen hergestellt werden können.

Meine Verfassung: Heute war meine Stimmung richtig gut. Die Zeit verging recht schnell.

Sonstiges: Yoga-Übungen, Funktionsgymnastik, Atemübungen, Meditation, Mantren wiederholen

Essen: Morgens zwei Äpfel, abends ein Schraubglas Nussmischung mit Rosinen, Gemüse

Tag 35 (Die bedeutsamsten Erlebnisse)

Am Vorabend war mein inneres Licht schwach. Deshalb konnte ich schnell einschlafen. Beim Aufwachen stellte ich mit Erstaunen fest, dass ich mich an keinen Traum erinnere. Erlebte ich keinen Traum oder habe ich ihn schon vergessen (glaube ich nicht, da ich direkt nach dem Aufwachen in mich ging)? Im Dunkelretreat ist es für mich sehr ungewohnt, dass ich keinen Traum erlebe.

Beginnt eine neue Phase des Dunkelretreats? Ich bin gespannt wie es weitergeht. Das Ausbleiben des Traumes, bzw. der Träume (oft nehme ich zwei Träume wahr) nehme ich zum Anlass meine Gedanken zu reflektieren. Bisher konnte ich mich immer darauf verlassen, dass ich bei jedem Schlaf einen Traum hatte. Die daraus resultierende Erkenntnis gab mir einen richtigen Motivationsschub für den ganzen Tag. Wie wird sich das Wegbleiben der Träume auf mein Wohlbefinden auswirken? Auch die Träume nach dem zweiten Schlaf (mittags) werden schwächer, sodass ich mich manchmal nur – wenn überhaupt – an Bruchstücke erinnern konnte.

Steht jetzt ein Strategiewechsel bei mir an?
Soll ich mich unabhängig machen von dem bisherigen Ablauf und der Auswirkungen auf mich?
Schließlich bestehen noch andere Möglichkeiten wie sich mein Unbewusstes mitteilen kann. Vielleicht geht es darum, dass ich jetzt stärker als bisher andere Wahrnehmungen in mir in Betracht ziehe und beachte.
Bei dieser Vorgehensweise wäre ich präsenter und unabhängiger von meinen bisherigen Erwartungshaltungen (Träume bzw. Erinnerung daran nach dem Schlaf). Denn diese Gedanken hatte ich schon vor etlichen Tagen. Wenn ich meine Präsenz im Hier und Jetzt habe, ist es egal ob und was passiert und es ist egal, ob ich noch einen Tag oder 14 Tage vor mir habe.
Aus einer Mischung aus Notwendigkeit und vielfältigeren Möglichkeiten passe ich meine Strategie im Dunkelretreat an.
Also gut, dann erhöhe ich meine Präsenz und schaue auf die vielfältigen Übermittlungsmöglichkeiten meines Unbewussten. Es wird sich zeigen, wie leicht es mir fällt - oder auch nicht. Im Alltag bin ich da schon unabhängiger und gehe intuitiv vor, indem ich auf meine innere Wahrnehmung achte. Ich merke, dass die Anforderungen an mich - die Prozesse in der Dunkelheit zu halten - höher sind als im Alltag. Mal sehen, wie mir das weiter gelingt. Hat mein Unbewusstes daraus ein neues Lernprogramm für mich vorbereitet/kreiert? Auf jeden Fall sehe ich es als etwas Gutes, da es mein Wahrnehmungsspektrum erhöht.
Jetzt ist wieder mal meine Flexibilität gefragt: Das Dunkelretreat ist wie eine

Expedition in eine unbekannte Welt. Da kann ich auch nicht jeden Moment eine Service-Hotline anrufen und um Unterstützung bitten. Da muss ich auch mit den gegebenen Möglichkeiten eine Lösung erarbeiten. Und zwar so schnell wie irgendwie möglich.

Traum
Ich arbeite in einer Arztpraxis. Was ich dort mache, kann ich nicht genau erkennen. Es ist Freitag und Feierabend. Ich räume meinen Schreibtisch auf und klebe einen großen Aufkleber auf ein Stück Papier. Eine Kollegin gibt mir die Rückmeldung: „Du hast einen guten Arbeitsstil. Nur beim Augenmaß – Aufkleber auf Papier aufbringen - kannst du dich noch verbessern (die Abstände sind nicht ganz gleichmäßig)."
Ich sage: „Ja, mein Schreibtisch sieht so aus, als hätte ich gar nicht gearbeitet (alles ist in Ablagefächern weggeräumt)." Wir lachen.
Beim Rausgehen sehen wir, dass im Vorraum eine Fortbildung der Ärzte und des Pflegepersonals stattfindet. Sie üben das Anlegen von Verbänden, damit z.B. ein Arm bei einem Transport oder beim Gehen des Patienten geschützt ist. Ein Arzt sagt: „Nur weil wir Ärzte sind, heißt es nicht, dass wir alles wissen. Eine weitere Ärztin wünscht uns ein schönes Wochenende. Eine andere Kollegin kommt mit uns. Wir verlassen das Gebäude und wir gehen zum Bahnhof.

Erkenntnisse - kurzgefasst >>> Selbstorganisation ist bei mir sehr gut. Ich habe einen guten und netten Kontakt zu Kollegen und Kolleginnen. Freie Zeiten sollte ich mir einplanen. Ich nutze jeden zeitlichen Freiraum um etwas zu tun. Weiterbildung: Egal welche Qualifikation jemand hat, man kann und sollte sich immer weiterbilden. So handhabe ich das auch. Egal ob am PC oder beim Lesen von Fachliteratur. Ich nehme mir Zeit für Neues. Da es mir im Traum gezeigt wird, ist die Frage trotzdem berechtigt: Gibt es in dem Bereich Defizite bei mir?

Übergeordnetes Thema: Ein gut organisierter Arbeitsalltag, den ich gut gelaunt beende.

Der Tag verlief ruhig und ich bin gut gelaunt. Ab und zu tauchen Erinnerungen von verschiedenen Gesichtern auf, die ich genau sehe. Die bewusst geringe Vielfalt meiner Ernährung im Dunkelretreat führt zu einem Bedürfnis nach andern Speisen.
Noch zwei Wochen, dann ist wieder die Vielfalt beim Essen vorhanden. Mein inneres Licht war heute mittelstark. Momentan sitze ich im Hologramm (um

mich herum ein überdachter Garten) und schreibe zum Tagesausklang diese Zeilen.

Meine Verfassung: Sehr gut

Sonstiges: Yoga-Übungen, Funktionsgymnastik, Atemübungen, Meditation, Mantren wiederholen

Essen: Morgens zwei Äpfel, abends ein Schraubglas Nussmischung mit Rosinen, Gemüse, Erdnüsse

Tag 36 (Die bedeutsamsten Erlebnisse)

Traum
Traum und Erklärung in einem Erlebnis. In dem Traum nehme ich wahr, wie mein Bewusstsein einen Traum kreiert. Für das Hauptthema, bzw. die Hauptthemen legt sich mein Bewusstsein, anhand meiner gedanklichen Präferenzen und der Wirkung der Vorstellung auf mich, fest. Sofern für mich andere Aspekte wie z.B. Rahmenbedingungen der Hintergrund oder beteiligte Menschen von Bedeutung sind, kommen diese dazu.
Die Auswahl der Darstellung hierfür erfolgt auch bewusst. Unwichtige Aspekte werden in einem willkürlichen Prozess der Kreativität festgelegt. Danach wird alles zusammengepackt und in einen Bereich des Bewusstseins verschoben, der meiner Wahrnehmung zugänglich ist. Denn nur wenn mir der Traum bewusst wird, kann ich die richtigen Schlüsse und Konsequenzen daraus ziehen.

Anmerkung:
Ich habe den Eindruck, dass ich mehr verstanden habe und daraus gelernt habe wie die Traumentwicklung funktioniert. Es war spannend für mich, den Traum zu erinnern und zeitgleich zu erkennen, dass die Erinnerung identisch ist mit dem Bauplan vom Träumen. Die Schlussfolgerung für mich ist – wie in der individuellen Traumanalyse erläutert - das Hauptthema oder die Hauptthemen zu identifizieren, zu prüfen, ob es weitere bedeutsame Details gibt und mich von den unbedeutenden Inhalten nicht verwirren zu lassen. Ich soll also lernen, das Wichtige von Unwichtigem zu unterscheiden.
Ein sehr interessantes Erlebnis.

Wie in der Nacht zuvor, bin ich erst lange nach dem Zwitschern der Vögel eingeschlafen und lange vor dem Zwitschern der Vögel aufgewacht. Ich denke, ich habe gerade mal drei Stunden geschlafen.

Gedanken zur Traumentwicklung
Weiterhin bin ich neugierig wie die Traumentwicklung im Detail stattfindet. Zum Beispiel wie die Festlegung erfolgt, dass der Traum zum jetzigen Zeitpunkt dargestellt wird. Gibt es auch da einen Soll-Ist-Vergleich, inwieweit meine Bereitschaft und Fähigkeit berücksichtigt wird, mich jetzt mit dem Thema des Traums beschäftigen zu können?
Ich finde, das ist ein weiterer wichtiger Aspekt bei der Traumentwicklung. Kann ich mich mit einem bestimmten Thema beschäftigen, um so Einfluss auf die Höhe der Bereitschaft zu nehmen, sodass ich Informationen zu einem Traum/zu einem Thema in einem Traum erhalte?

In unangenehmen Situationen/Phasen mache ich einen Spannungsabbau durch gedankliche Phantasien und Essen. Der Spannungsabbau hält aber nur eine Weile. Dann baut sich die Spannung wegen etwas Unerledigtem wieder auf und es geht von vorne los. Das war schon in der Kindheit so. Das Essverhalten habe ich von meinem Vater übernommen. Die Flucht ist als Lösungsstrategie völlig ungeeignet.
Das Bedürfnis nach Flucht kann ich aber als Indikator dafür nutzen, dass ich mal wieder etwas Bestimmtes zu erledigen habe. Danach reflektiere ich das Thema mit all seinen Facetten. Auf diese Thematik kann ich meinen erhöhten Essensbedarf reflektieren. Der Grund ist klar: Die Rahmenbedingungen im Dunkelretreat führen dazu, dass mein Ego „auf kleiner Flamme langsam weichgekocht wird."
Ich werde alle Details nochmal durchgehen. Denn das Thema ist mir schon länger bewusst. Bisherige Erkenntnisse reichten nicht aus, um mein Verhalten zu ändern. Ich gehe die einzelnen Details des Dunkelretreats durch und reflektiere, was ich als unangenehm empfinde.
Wobei es nicht darum geht, das Unangenehme zu beseitigen. Denn erst durch manche Themen „kochen" erst bestimmte Aspekte hoch. Deshalb schaue ich eine Ebene tiefer um was es wirklich geht.

Ich bin überrascht, dass ich die Befürchtung in mir wahrnehme, dass ich für die letzten Tage des Dunkelretreats vielleicht nicht genug mentale Stärke aufbringen kann. Woher kommt diese Befürchtung, was steckt dahinter?
Das Thema macht es nochmals deutlich, dass ein Dunkelretreat nicht nur aus angenehmen Erlebnissen besteht, sondern auch unangenehme Wirkungen beinhalten kann um genau so Themen aufzudecken.

Eine wichtige Information für alle potentiellen Dunkelretreat-Teilnehmer:
Sie erhalten hier bereits das Wissen darüber, wie ein Retreat ablaufen kann und dass eine „negative" Erfahrung nicht das Ende bedeutet, sondern den Fortschritt weiter anregen kann.

Traum
Ich bin in einer Lagerhalle für schwere Eisenteile. Ein Nachbar ist dabei mit einem Kran eine neue Lieferung an ihren richtigen Platz in der Produktion zu bringen. Die Teile sind noch heiß. Dort lagert auch eine mobile Brücke, die durch einen Schwerlast-LKW transportiert wird. Diese mobile Brücke kann auch viele schwere LKW aushalten.
Diese Brücke gehört mir. Ich weiß aber nicht wie ich zu ihr gekommen bin. Ich will sie mal aufbauen und suche mir dazu einen großen freien Platz. Ich habe keine Aufbauanleitung, aber ich bin überzeugt, dass ich intuitiv herausfinden werde wie der Aufbau funktioniert.
Szenenwechsel - Ich bin dabei wie eine andere baugleiche Brücke aufgebaut wird. Ich soll sie aber über einer vielbefahrenen Straße aufbauen, ohne den Verkehrsfluss zu unterbrechen. Ein Kran hebt dazu die Teile an die richtige Stelle. Als die Brücke fertig gebaut ist, fährt der Lkw, der die Teile der Brücke transportiert hat, mit allen Aufbauhelfern als Brückentest über die neu gebaute Brücke. Die Brücke hält und sie kommen drüben an. Alle sind erleichtert und zufrieden.

Erkenntnisse - kurzgefasst >>> Eine Brücke soll etwas verbinden und ein Hindernis überwinden helfen. Sie helfen auch als Abkürzung schnell ans Ziel zu kommen. Diese Brücke ist mobil – sie kann also überall dort wo sie gebraucht wird von mir und Helfern wieder aufgebaut werden.

Übergeordnetes Thema:
Ich gehe dorthin wo ich gebraucht werde und schaffe Verbindungen. Ohne Aufbauanleitung dauert es länger. Ich muss also intuitiv vorgehen. Wenn alles da ist – Brückenteile, Transporthelfer, Kran - geht der Aufbau mühelos und schnell.

Übergeordnetes Thema:
Ich schaffe tragfähige Verbindungen bzw. Beziehungen zu und zwischen anderen Menschen. Ich finde eine Lösung ohne andere Abläufe zu unterbrechen. Ich gehe anfangs intuitiv vor und ergänze dies später durch einen Plan. Dann geht es flott und funktioniert.
Erläuterung

Der Traum beschreibt meine Arbeit mit Teilnehmern im Dunkelretreat. Ich bringe die Teilnehmer in Verbindung mit ihren unerledigten Themen. Ich arbeite nach einem Plan. Es funktioniert sehr schnell und gut.

Heute Abend waren die Wahrnehmungen in meinem Hologramm sehr vielfältig und intensiv. Ich habe ausprobiert, ob ich auf den Inhalt und die Gestaltung Einfluss nehmen kann. Dem ist nicht so (oder ich weiß noch nicht wie).

Meine Verfassung: Sehr gut

Sonstiges: Yoga-Übungen, Funktionsgymnastik, Atemübungen, Meditation, Mantren wiederholen

Essen: Morgens zwei Äpfel, abends ein Schraubglas Nussmischung mit Rosinen, eine Handvoll Mandeln, Gemüse

Tag 37 (Die bedeutsamsten Erlebnisse)

Traum
In einer Zeitung werden fünf Baugrundstücke angeboten (mit Lageplan). Da ein Bekannter auch Interesse an einem Grundstück hat, besprechen wir wer für welches Grundstück bieten könnte. Ich denke über die jeweiligen Vor- und Nachteile der einzelnen Grundstücke (Zufahrt, Ausrichtung nach Süden, Verkehrslärm) nach.

Erkenntnisse - kurzgefasst >>> Alltagsverarbeitung – Ich suche ein Haus in Laufnähe um mehrere Dunkelretreatteilnehmer gleichzeitig betreuen zu können.

Heute Abend ist mein inneres Licht wieder sehr hell und das Hologramm umgibt mich. Eine gute Zeit um einen offenen Punkt zu reflektieren. Heute beschäftigte ich mich auch mit dem Thema Kompensation in unangenehmen Situationen durch Phantasien. Ich habe mich schon mit dem Essen auseinander gesetzt. Ich bin aber anscheinend noch nicht zu dem Kern vorgestoßen, bzw. ich habe noch nicht alle Details erfasst. Denn nach wie vor habe ich die Neigung zu Phantasien und verstärktem Essen. Zwar deutlich weniger und seltener, aber beides ist ganz klar noch vorhanden. Ich begebe mich mal auf Spurensuche.

Vor langer Zeit erwähnte eine spirituelle Lehrerin in einem Seminar, dass solche Phantasien in alter Zeit dazu dienten unangenehmen Situationen standzuhalten. Solche unangenehmen Situationen waren anscheinend damals weit verbreitet. Dann war das Abgleiten in Phantasien eine Art Schutzreflex um die Alltags-Realität auszublenden und zur Seite zu schieben. Also eine Flucht in eine Traum-Realität. Wenn ich nun in dem Bereich eine Lösung anstrebe, muss ich mich also mit diesem Überlastungs-Schutz-Reflex und einer solchen Angewohnheit auseinandersetzen.

Zurück zur unangenehmen Situation im Dunkelretreat. Eigentlich ist doch alles Bestens: Ich mache im Durchschnitt vier innere Prozesse am Tag und packe dabei „Geschenke" aus, die mich weiterbringen. Motivation und Nutzen sind also da. Das Ende des Dunkelretreats ist auch absehbar. Nur noch 12 Tage. Die wollen natürlich auch gemeistert werden, aber schließlich liegen schon 37 Tage hinter mir. Anscheinend erinnert mich diese Erfahrung an ein unerledigtes Thema. Irgendwo zwischen Beklommenheit, keine Lösung für eine Situation, Alleinsein und Mangelerfahrung wird sich das offene Thema befinden. Außer zu Beklommenheit spüre ich keine Resonanz. Ich schaue mal welche Resonanz das Wort in mir auslöst und ob Bilder oder Erinnerungen in mir auftauchen.

Als ich heute Nacht meinen Atem beobachtete, nahm ich ebenfalls das Gefühl der Beklommenheit wahr. Meine Atmung war mit einem Gefühl der Schwere verbunden. Ich hatte im Alter von ca. 7 Jahren abends eine starke Atemnot, die auch nach ärztlicher Untersuchung keine Erklärung fand. Ansonsten fällt mir keine vergleichbare Situation in meinem Leben ein. Es könnte mir aber auch von der Erinnerung her nicht zugänglich sein (z.B. bei meiner Geburt). Vielleicht liefert mir demnächst ein Traum eine Erklärung. Denn wenn ich in das Thema gehe und es gelöst hätte, bräuchte ich nicht gedanklich „auszusteigen" um mir die Situation schön zu denken. Dann hätte ich eine große innere Ruhe, was sich aufs Meditieren und Reflektieren positiv auswirken würde - im Dunkelretreat und im Alltag. Also werde ich mal weiter beobachten. Mit der Schwere der Atmung ist das Gefühl von Angst verbunden.

Mit der Summe der Symptome (Beklommenheit, Schwere, Decke fällt runter, Angst) gehe ich in innere Prozesse.

Meine Verfassung: Schwankend

Sonstiges: Yoga-Übungen, Funktionsgymnastik, Atemübungen, Meditation, Mantren wiederholen

Essen: Morgens zwei Äpfel, abends ein Schraubglas Nussmischung mit Rosinen, Extraportion Nussmischung mit Rosinen, eine Handvoll Mandeln, Gemüse

Tag 38 (Die bedeutsamsten Erlebnisse)

Traum

Ich sehe mich im Liegestuhl im Dunkelretreat sitzen. Plötzlich sitze ich in einem Auto. Vor mir ist die Ampel grün. Doch das Auto vor mir fährt nicht los. Ich steige aus um den Grund zu erfahren. Es ist ein Auto eines Elektrikers (Beschriftung an der Seite des Autos). Das Gehäuse der Ampel liegt am Boden.
Ist er dagegen gefahren oder repariert er die Ampel? Der Fahrer ist nicht zu sehen. Ich gehe zurück zum Auto und merke, dass mir von dem Licht der Scheinwerfer schwindlig wird. Und dann wache ich auf.

Erkenntnisse - kurzgefasst >>> Eigentlich könnte ich losfahren, aber ein Hindernis ist im Weg, oder im übergeordneten Sinne: Ich könnte mich geistig weiterentwickeln, aber ein Hindernis ist im Weg. Ich unternehme etwas um es zu beseitigen bzw. zu reflektieren. Für was steht das Hindernis? Es fällt mir das reflektierte Thema vom Vorabend ein. Ich habe das Hindernis als „Platzhalter" für das dahinterliegende Thema angenommen und in mir integriert. Ich bin neugierig wie sich mein Empfinden in der Dunkelheit in den restlichen Tagen verändert.

Beklemmung – Lebenssituation in meiner Kindheit
Heute Vormittag und Nachmittag ist diese Schwere und die Beklommenheit komplett verschwunden. Auch die Atmung ist wieder normal. Ich habe ein Gefühl von Leichtigkeit und frei sein.

Traum
Leider ist es erneut passiert: Ich wache auf und habe den Traum vergessen.

Reflektion der unangenehmen Situation vom Vortag
Zum Thema Kompensation mit Phantasien und Essen in unangenehmen Situationen: Für meine Essensversorgung habe ich mich bewusst für eine Minimalversion entschieden. Diese Einfachheit machte es mir schnell möglich, veränderte Bedürfnisse und Empfindungen zu erfassen. Erst so konnte ich das dahinterliegende Thema erkennen und bearbeiten. Hätte ich ein üppiges Essen gehabt, dann wäre mir das nicht oder nicht so schnell aufgefallen. Von daher kann ich hier ganz klar sagen, dass diese Minimalversorgung richtig war und auch bei meinen zukünftigen, eigenen Dunkelretreats dazugehören wird.

Durch diese Erkenntnisse beflügelt geht es mir heute richtig gut. Erst heute Abend merke ich durch das Reflektieren von Phantasien, dass ich wieder in einer unangenehmen Phase bin. Was ja auch verständlich ist. Einige Stunden nach dem Abendessen passiert manchmal sehr wenig und manchmal ist das innere Licht sehr stark. Also bisher war nichts und so entschloss ich mich, bzw. mein Unbewusstes, etwas zu kreieren. Es entwickelte sich in mir ein Phantasiegespinst, über einen Vortrag, den ich (fiktiv) halte. Ich schaute den Vortrag und die dazugehörigen Gespräche eine Weile an. Dabei tauchten auch Gesprächsinhalte auf, die für mich unerwartet kamen.

Nach einiger Zeit fing ich an, das mir von meinem Unbewussten Präsentierte anzuschauen und stellte dazu passende Prozess-Fragen: „An wen und was erinnert mich das in meinem Leben? Was war der Auslöser? Wann und weshalb hat der Andere nicht reagiert? Was hat das in mir ausgelöst?" Und noch weitere Fragen stellte ich mir. Und natürlich fand ich Antworten und Situationen in meinem Leben, die ich entweder noch nicht gelöst habe oder bei denen ich die Facetten noch nicht vollständig reflektiert habe.
Diese Reflektion und die folgenden inneren Prozesse brachten für mich wieder eine sehr gute Klärung. Wunderbar! Also selbst aus „unnützen" Gedanken kann ich noch Erkenntnisse ableiten. Ich werde deshalb so etwas in Zukunft ernst nehmen und im Detail reflektieren. Ich finde es interessant wie vielfältig sich mir mein Unbewusstes mitteilt und ich somit eine große Anzahl von Wahrnehmungsmöglichkeiten habe.

Erkenntnisse - kurzgefasst >>> Ich sehe die Möglichkeit und Herausforderung, in jeder Wahrnehmung bedeutsame Erkenntnisse finden zu können. Selbst - so wie jetzt - wenn es spät am Abend ist und nichts passiert. Das Ganze ist ja eigentlich nichts spektakulär Neues. Ich merke aber, dass ich in der Vergangenheit bei weitem nicht alle Mitteilungen meines Unbewussten beachtet und gewürdigt habe. Ich habe deshalb den Eindruck, dass meine Bereitschaft und Fähigkeit möglichst viele subtile Wahrnehmungen zu beachten deutlich zugenommen hat.

Meine Verfassung: Sehr gut

Sonstiges: Yoga-Übungen, Funktionsgymnastik, Atemübungen, Meditation, Mantren wiederholen

Essen: Morgens zwei Äpfel, abends ein Schraubglas Nussmischung mit Rosinen, Extraportion Nussmischung mit Rosinen, eine Handvoll Mandeln, Gemüse

Tag 39 (Die bedeutsamsten Erlebnisse)

Ich kann mich nicht erinnern, dass ich schon mal so lange im Dunkelretreat geschlafen habe. Es waren mindestens 6 Stunden. Die Prozesse und Reflektionen am Vorabend waren wohl intensiver als gedacht und verursachten diese längere Regenerationsphase.

Traum
Ich spiele mit großen Kindern Mülltonnen-Tischtennis. Auf dem Deckel spielen wir uns mit den Händen den Tischtennisball zu. Ich bin viel zu langsam und verspiele regelmäßig die Bälle.
Anscheinend war ich mit einem Nachbarn Rennrad gefahren. Eine Nachbarin sagt: „Ich seid aber heute langsam gefahren!"

Erkenntnisse - kurzgefasst >>> Alltagsreflektion. Nach den 7 Wochen Dunkelretreat werde ich in allem erst mal langsam sein: bei Geschicklichkeit und bei der Ausdauer. Auch körperlich hinterlässt das Dunkelretreat seine Wirkung. Es wird schon einen Moment dauern, bis ich wieder so fit wie vorher bin. Besonders an den Oberschenkeln merke ich deutlich, dass sich meine Muskeln zurückgebildet haben. Was ja auch normal ist - durch die Bewegungsarmut im Dunkelretreat in den 7 Wochen.
Heute Vormittag bin ich in einer richtig guten Verfassung. Ich freue mich. Ich glaube, das ist das erste Mal, dass ich in den 49 Tagen das Wort Freude aufschreibe. Ich denke das hat mehrere Gründe.

Ich fühle mich innerlich aufgeräumt. Die gute Integration der Prozesse hat das bewirkt. Ich fühle mich meist klar und im Hier und Jetzt. Im Hinterkopf kam auch jetzt der Gedanke: „Weiterhin aufpassen" - Das nächste Thema kommt garantiert.
Möglicherweise erscheinen neue Themen nur sehr subtil, sodass sie für mich nicht so einfach erkennbar sind. Der nächste Punkt: Der Fokus der Wahrnehmung hat sich bei mir drastisch erweitert (der bisherige Schwerpunkt lag bei den Träumen, Gedanken und bedeutsamen Lebenssituationen). Durch die eigenen Erlebnisse merke ich, dass sich das Wissen darüber um ein Verstehen der eigenen Erfahrung in den Prozessen erweitert - egal ob Reflektion im Alltagsverhalten, in unangenehmen Wirkungen des Dunkelretreats oder Abgleiten in Phantasien. Diese erweiterte Wahrnehmung ist eine echte Bereicherung und Erweiterung meiner Fähigkeiten. Und zu guter Letzt: Nur noch 10 Tage, d.h. die Ziellinie ist für mich sichtbar. Auf den Sport übertragen, ich komme mir vor, als würde ich mit meinem Triathlonrad bergab auf das Ziel zurollen. Das Ende des Dunkelretreats rückt näher und trotzdem werde ich bis zum Schluss jede Möglichkeit, die mir mein Unbewusstes bietet, nutzen und die Erkenntnisse genießen.
Mal sehen, was mein „Lernprogramm" sonst noch für mich vorgesehen hat.

Heute Nachmittag war es sehr ruhig.
Den ganzen Tag – besonders am Abend – war mein inneres Licht hell.
Am Abend tauchten dann noch eine Menge kleinerer Themen auf, die ich bearbeitete.

Meine Verfassung: Ausgezeichnet

Sonstiges: Yoga-Übungen, Funktionsgymnastik, Atemübungen, Meditation, Mantren wiederholen

Essen: Morgens zwei Äpfel, abends ein Schraubglas Nussmischung mit Rosinen, eine Handvoll Mandeln, Gemüse

Tag 40 (Die bedeutsamsten Erlebnisse)

Am Vorabend brauchte ich wieder sehr lange um einzuschlafen. Mein inneres Licht war hell und Gedanken kamen und gingen. Obwohl ich am Abend innerlich sehr ruhig war, fand ich diese Ruhe beim Einschlafen nicht.

Traum
Meine Familie und ich gehen an einer Gaststätte vorbei. Der Wirt ist sehr nett und freundlich. Er erläutert, dass heute ein Buffet angeboten wird und sich jeder Gast selbst bedient. Wir schauen uns das Buffet an. Es gibt die vielfältigsten Kuchen und Sahnestückchen. Obwohl ein kleiner Reiz davon ausging, gehen wir weiter. Wir hatten uns vorher schon für eine andere Gaststätte entschieden. Nach dem Essen hole ich das Auto und wir fahren zurück.

Erkenntnisse - kurzgefasst >>> Es gibt viele Angebote an Essen, die mich nähren können. Oder geht es um geistige Nahrung?
Ich prüfe genau.
Ich weiß, was ich will.
Ich fahre. Lege ich damit auch die Richtung und Fahrweise fest?
Ich treffe Entscheidungen.
Das Kuchenangebot erinnert mich an meinen Vater, der mich ermunterte und mich förmlich dazu brachte viel Kuchen zu essen. Im Nachhinein betrachtet nahm ich mir in meiner Kindheit viel Kuchen weil ich wusste, dass ich dadurch Beachtung und Anerkennung durch meinen Vater erhalten würde.
Da ich im Traum den Kuchen nicht nahm – sondern dem Reiz standhalten konnte – zeigt es mir, dass ich die „Angebote" meines Vaters (Kuchengenuss, einschränkendes Verhalten und Denken) hinterfragt habe und nicht mehr auslebe.

Nach einiger Zeit:
Ich merke, dass ich das Essen, das über mein eigentliches Bedürfnis hinaus geht, auch auf den Alltag oder Urlaub übertragen habe. D.h. zu der Kompensation mit Hilfe von Essen bei unangenehmen Situationen/Lebensphasen kam also noch die Hoffnung auf Beachtung und Anerkennung durch meinen Vater hinzu. Es taucht in mir ein Bild von Situationen auf, in denen ich ganz klar merke: „Es ist genug", ich aber dem Drängen meines Vaters nachgab und weiter Kuchen aß. Eine auftauchende Traurigkeit darüber, dass ich durch übertriebenes Essen Beachtung und Anerkennung durch meinen Vater finden wollte, habe ich in mir integriert.

Es tauchen weitere Themen/Situationen auf, die ich in inneren Prozessen bearbeite.

Ich merke, dass ich eine Unmenge an Entscheidungen getroffen habe, die aus der Not heraus oder aus Unwissenheit erfolgt sind. Dafür übernehme ich die Verantwortung und widerrufe jede einzelne Entscheidung, die mich von meinem wahren Wesen, meinem Kern entfernt hat. Dies mündet konsequenterweise in der Frage, die ich noch nicht beantworten kann. Nämlich: „Was ist mein wahrer Kern, bzw. wer bin ich?"
Die ganzen Zusammenhänge und Auswirkungen sind für mich nichts Neues. Diese habe ich bereits in den vielfältigsten Weiterbildungen und Dunkelretreats bearbeitet. Neu ist für mich, einen deutlich größeren Überblick über „das Leben und mein Leben" zu erhalten. Und egal welche und wie viele Entscheidungen ich getroffen habe, ich kann frei entscheiden diese Entscheidungen zu widerrufen und neue Entscheidungen zu treffen, die mich meinem wahren Wesen wieder näher bringen.

Ich habe auch die Erkenntnis gewonnen, dass meine Bemühungen der letzten Jahre in die richtige Richtung führten. Also werde ich weiter aufräumen um irgendwann zu erkennen, wer ich wirklich bin. Mein Wesen und nicht angezogene „Mäntel" von Identitäten, Prägungen, Unwissenheit, Ego-Verhalten,…
Mir fällt dazu eine schöne Metapher ein: Wie ein Haus, das von Efeu umrankt und überwuchert wird. Ich nehme eine Garten- oder Heckenschere und befreie das Haus, sodass es ganz sichtbar wird.

Traum
Ich bin in einem Skigebiet mit bizarren Felsnadeln. Sie haben einen Durchmesser von ca. 30 Metern und einer Höhe von ca. 1 Kilometer. Die Skifahrer fallen von oben herab und hoffen auf die wenigen Schneefelder zu kommen, die zwischen den Bäumen und Felsen vorhanden sind. Ich habe den Eindruck, dass dies bei manchen nicht klappt. Ich sehe das und sage mir: „Nein, das muss ich mir nicht antun."
Eine der Felsnadeln kippt um, doch wodurch ist nicht erkennbar. Es herrscht große Aufregung. Auf das Haus, in dem ich bin und aus dessen Fenster ich schaue, fällt ein riesiger Baum. Er durchschlägt die eine Hälfte des Daches. Ich bin davon nicht betroffen. Es hat sich eine kleine Lawine gelöst, die auf dem Vorplatz des Hauses stoppt. Es ist unklar, ob Menschen darunter begraben wurden. Jemand kommt rein und sagt: „Wir müssen Leute holen um den Schnee wegzuräumen. Vielleicht ist jemand darin begraben." Ich

sage: „O.k., dann fange ich schon mal an den Schnee wegzuschieben." Ich hole mir eine Schaufel und fange an.

Erkenntnisse - kurzgefasst >>> Vergnügen um jeden Preis. Ich sage klar „nein" dazu. Da ich aber im Traum in dem Gebiet war, hat das Thema ja auch etwas mit mir zu tun.
Übergeordnetes Thema:
Ich helfe anderen.
Ich entscheide mich für das, was ich für richtig halte, auch wenn es der gängigen Meinung bzw. dem üblichen Verhalten widerspricht. Ich traue mich auch an eine große Aufgabe heran (kleine Lawine wegschaufeln). Schnee ist gefrorenes Wasser und somit eine Metapher für Gefühle und genauer für erstarrte Gefühle. Diesen stelle ich mich und schaufle sie weg.

Der heutige Tag verging sehr schnell. Den ganzen Tag war mein inneres Licht sehr hell. Am späten Nachmittag entstanden für kurze Zeit Phantasien in mir. Dabei tauchten immer wieder Bilder und Erinnerungen auf, die ich sofort zum Anlass nahm in innere Prozesse zu gehen. Der Tag war also sehr erfüllend.

Im Hologramm heute Abend sah ich wie von einem Berg oder Flugzeug aus weit ins Land hinaus.

Meine Verfassung: Motiviert

Sonstiges: Yoga-Übungen, Atemübungen, Meditation, Mantren wiederholen

Essen: Morgens zwei Äpfel, abends ein Schraubglas Nussmischung mit Rosinen, eine Handvoll Mandeln, Gemüse

Tag 41 (Die bedeutsamsten Erlebnisse)

Traum
1. Dem Stil nach sehe ich einen deutschen Krimi. Ich beobachte verschiedene Szenen. Zwei Polizisten beobachten einen Verdächtigen. Als ein Telefonat bei dem Verdächtigen eingeht – und er nicht rangeht – ist klar, dass er nicht der Täter sein kann (Auftraggeber), der eine Straftat in Auftrag gegeben hat.
2. Szenenwechsel
Zwei Polizisten beobachten eine Frau, die in ein Taxi steigt. Noch bevor das Taxi losfährt, sieht sie einen Mann, den sie kurz freudig begrüßt und dann wieder verabschiedet.
3. Außerhalb des Krimis: Ich will mein Fahrrad an einem Straßenschild anschließen um mit meinem Auto wegzufahren. Ein älterer Farbiger spricht mich sehr freundlich an: „Hatten Sie vorher mit dem Mann, mit dem Sie sich eben unterhielten, einen Streit? Denn als Sie sich so freundlich mit ihm unterhielten, veränderte sich sofort seine Sprache und Haltung."
Ich antworte: „Nein, ich hatte mit ihm vorher keinen Streit."

>>>>> Teil 1   Alltagsverarbeitung: Unter Verdacht. Ich arbeitete zu der Zeit in einem Büro. Bei einer Softwareinstallation auf allen PCs „verschwand" eine CD mit Lizenz. Der Dieb hätte jeder sein können. Alle wurden verdächtigt. Für alle eine unangenehme Situation.

>>>>> Teil 2   Kurzes Wiedersehen von Freunden. Der Wunsch von mir jemanden gerne wieder zu treffen. Warum aber die Beobachtung durch Polizisten?

>>>>> Teil 3   Wie man in den Wald ruft, so schallt es auch heraus. Ich erhalte eine Rückmeldung zu meinem Verhalten. Da ich freundlich bin, verändert sich ein Anderer und ist auch freundlich. Ich verändere Menschen durch die Art und Weise wie ich kommuniziere.

Traum am Nachmittag
Den Inhalt habe ich leider erneut bis zum Aufstehen vergessen.

Meine Verfassung: Sehr gut

Sonstiges: Yoga-Übungen, Funktionsgymnastik, Atemübungen, Meditation, Mantren wiederholen

Essen: Morgens zwei Äpfel, abends ein Schraubglas Nussmischung mit Rosinen, Extraportion Nussmischung mit Rosinen, Gemüse

Tag 42 (Die bedeutsamsten Erlebnisse)

Am Vorabend strahlt mein inneres Licht sehr hell. Das Einschlafen war mir erst mal nicht möglich. Im Hologramm sah ich wieder viel Natur und eine Baustelle.
Irgendwann schlief ich dann doch ein.

Traum
Am Haus meines Vaters werden die Pflastersteine des Hofes rausgerissen. Eine Gruppe von Männern hilft mir dabei. Ich sage: „Ihr seid ja eine lustige Gruppe." Sie machen Späßchen und sind gut gelaunt. Irgendwann sage ich: „Der Lkw mit der Kohle kommt bald, wir müssen uns beeilen, damit er Platz hat. Als der Lkw kommt, kippt er den Großteil der Kohle in den Keller. Wir müssen wenig schaufeln. Den Rest der Kohle schaufle ich in viele Eimer, die in einem Schuppen liegen. Als die Eimer voll sind, stelle ich sie in Regale in den Schuppen.

Erkenntnisse - kurzgefasst >>> Eine Mischung aus Alltagsverarbeitung (Hof ausbaggern und neu pflastern) und Phantasie (Kohlelieferung. Geheizt wurde in dem Haus mit Erdgas).

Übergeordnete Ebene: Ich erneuere und schaffe Ordnung. Dabei werde ich unterstützt. Zur „Belohnung" kriege ich einen Lkw voller Energie (Kohle). Die Erneuerung bzw. das Aufräumen hat mir so viel Energie gegeben, dass ich gar nicht weiß wohin damit (Eimer mit Kohle).

Traum
In einer nachgebauten indischen Tempelanlage soll eine Veranstaltung/Messe stattfinden. Der Veranstalter führt mich herum und erklärt mir Details. Alles ist aufgebaut und bald dürfen die Besucher rein. Nach der Eröffnung gibt es Unmut darüber, dass an einem Stand keine Weihnachtslieder gespielt werden dürfen, ein örtlicher großer Fußballverein aber seine Musik abspielen darf.
Als ich die Veranstaltung verlasse, habe ich den Eindruck, dass ich in einer anderen Welt war.

Erkenntnisse - kurzgefasst >>> Ungleichbehandlung bei zwei Ausstellern. Hat der Veranstalter Angst sich beim örtlichen Fußballverein unbeliebt zu machen?
Übergeordnetes Thema: Einblick in eine Veranstaltungsorganisation.
Was hat der Traum mit mir zu tun?
Der Traum zeigt die Herausforderungen als Vater (Messeveranstalter) die verschiedenen Sichtweisen und unterschiedlichen Bedürfnisse seiner Kinder (Aussteller) zu managen - und dabei noch vermeintliche von tatsächlichen Ungerechtigkeiten zu unterscheiden.

Der heutige Tag ging auch flott rum. Besonders am Vormittag war meine Freude groß – ohne, dass ich einen speziellen Grund dazu gehabt hätte.
Mein inneres Licht leuchtete auf mittlerer Stärke den ganzen Tag.

Meine Verfassung: Richtig gut

Sonstiges: Yoga-Übungen, Atemübungen, Meditation, Mantren wiederholen

Essen: Morgens zwei Äpfel, abends ein Schraubglas Nussmischung mit Rosinen, eine Handvoll Mandeln, Erdnüsse, Gemüse

Tag 43 (Die bedeutsamsten Erlebnisse)

Am Vorabend ging ich noch einige Themen durch. Danach entstanden in mir Phantasien. Vor einigen Jahren wollte ich an einem Rad-Wettkampf quer durch Deutschland teilnehmen. Meine Teilnahme scheiterte aber daran, dass ich keine drei Betreuer für die 4 Tage organisieren konnte. Die noch nicht verarbeiteten Gefühle integrierte ich in mir.

Ich war ewig lang wach. Die Vögel hatten schon lange aufgehört zu zwitschern. Als ich aufwachte – es kann auch sein, dass ich nur wenige Minuten eingedöst bin – war es draußen immer noch ruhig. So blieb es auch noch eine weitere lange Zeit.

Wegen der Kürze des Schlafes hatte ich keinen Traum. Zumindest konnte ich mich beim Aufwachen nicht an eine einzige Spur eines Traumes erinnern.

Traum
Ich lese in einer Zeitung einen Artikel über den Frankfurter Hauptbahnhof und die Tunnel, in denen die S-Bahnen fahren. Der Artikel geht sehr ausführlich auf die Entscheidungen dazu ein: wer, was zu welchem Zweck gemacht hat. Der Artikel zeigt die damalige Bedeutung und die Entwicklung zur heutigen Bedeutung auf.

Erkenntnisse - kurzgefasst >>> Lebensadern der Stadt. Erst durch den Bahnhof und die Tunnel können Reisende und Pendler schnell in die Stadt kommen, bzw. sich schnell innerhalb der Stadt bewegen. Diese Infrastruktur wurde gebaut, weil jemand den Nutzen darin erkannte, wenn viele Menschen schnell und weit verzweigt transportiert werden können. Es geht um einen Gewinn an Zeit und Flexibilität bzw. Mobilität.
Diese Infrastruktur ist aus dem heutigen Leben nicht mehr wegzudenken und ein Ausfall würde die Stadt nahezu lahmlegen.

Übergeordnete Ebene: Wie das menschliche Herz-Kreislaufsystem Nährstoffe verteilt, werden Menschen dorthin transportiert, wo sie gebraucht werden, bzw. wohin sie wollen.

Noch eine Ebene höher: Je dichter ein Gebiet besiedelt ist, umso größer ist die Bedeutung der Verbindungswege. Sie ermöglichen Verbindungen zwischen Menschen aus den verschiedensten Gründen.

Was hat der Traum mit mir und meinem Leben zu tun? Was will er mir sagen?

Geht es um das Schreiben dieses Buches? Der Artikel und die vorherige umfangreiche Recherche ermöglichen den Lesern einen Einblick und Überblick zu einem Thema, das sie vorher nicht kannten (die Hintergründe und Details). Im übertragenen Sinne zeige ich auf, wie Reize/Energien durch ungelöste Themen und gelebte Talente in unserem Bewusstsein fließen.

Eine Metapher für die Nervenverbindungen in unserem Gehirn. Je mehr Verbindungen vorhanden sind und je mehr Verbindungen genutzt werden, umso leistungsfähiger ist das Gehirn. Auf den Traum bezogen: Je mehr ich reflektiere und je bewusster ich werde, umso leistungsfähiger wird mein Gehirn.

Der ganze Tag verging rasend schnell, wobei ich kein tagesfüllendes „Arbeitsprogramm" hatte. Vielleicht liegt es auch daran, dass die Tage bis zum Ende des Dunkelretreats gezählt sind. Ich freue mich über jeden Prozess

und die damit verbundenen Erkenntnisse - „Geschenke auspacken".
Und so merke ich natürlich, wie die dafür zur Verfügung stehende Zeit in diesem Dunkelretreat rasch weniger wird.
Auf jeden Fall war ich heute gut drauf.

Am Abend änderten sich meine inneren Wahrnehmungen. Für bestimmt 2-3 Stunden tauchten immer wieder Bilder, Erinnerungen, Gespräche, Gedanken zu meiner Herkunftsfamilie und deren Eltern auf. Letztendlich ging es um das Weitergeben von unerledigten Themen und Verständnis für eine generationsübergreifende Thematik. Es ging Schlag auf Schlag. Kaum hatte ich einen Prozess beendet, kam schon der nächste. Ich bin an dem heutigen Abend durch mindestens 20 Prozesse gegangen.

Auch danach – wie in den Wochen davor – egal ob ich gehe, sitze oder liege: Das Hologramm umgibt mich. Fast immer ist ein Aspekt davon die Natur (Landschaft, Ausblick, Blütendetails,…). Heute Abend saß ich zuerst auf einer Wiese und schaute hangabwärts und jetzt sitze ich vor einem blühenden Strauch. Wie immer: Ich sehe dies mit geschlossenen und geöffneten Augen.

Meine Verfassung: Sehr gut

Sonstiges: Yoga-Übungen, Atemübungen, Meditation, Mantren wiederholen

Essen: Morgens zwei Äpfel, abends ein Schraubglas Nussmischung mit Rosinen, eine Handvoll Mandeln, Gemüse

Tag 44 (Die bedeutsamsten Erlebnisse)

Am Vorabend war ich so wie an den Tagen vorher so energiegeladen, dass an Schlafen nicht zu denken war. Zusätzlich war ja auch noch das helle innere Licht da.
Dass ich mich so wie gestern an keinen Traum erinnere, liegt wahrscheinlich so wie gestern daran, dass die Schlafdauer zu kurz war (tagsüber holte ich etwas Schlaf nach).

Traum
Beim Aufwachen erinnerte ich mich an die Traumdetails. Doch auf dem Weg zum Buch verflüchtigten sich die Erinnerungen. Ärgerlich, als hätte ich versucht den Wind mit meinen Händen zu fangen.

Erstaunlich, heute Abend stand kein Prozess an. Einfach nur Stille und fokussiertes in die Dunkelheit schauen. Das Hologramm strahlte sehr stark am Vormittag und am Abend.

Es ist gegen Mitternacht und Zeit den Tag zu beenden. Eigentlich. Doch so ist es schwierig einzuschlafen. Mein inneres Licht strahlt sehr hell, ich bin energiegeladen und hellwach. Das Hologramm hat sich zur Hintergrundstruktur des inneren Lichts verändert und ist strahlend weiß. Ab und zu verändert sich die Struktur und manchmal bewegt sich dieser Hintergrund. Es sieht so aus, als wäre Beobachten und Annehmen angesagt – und nicht Schlafen.

Meine Verfassung: Sehr gut

Sonstiges: Yoga-Übungen, Funktionsgymnastik, Atemübungen, Meditation, Mantren wiederholen

Essen: Morgens zwei Äpfel, abends ein Schraubglas Nussmischung mit Rosinen, eine Handvoll Mandeln, Gemüse

Tag 45 (Die bedeutsamsten Erlebnisse)

Traum
Eine Gruppe von Frauen und Männern (Ermittler, Polizei) warten auf ihren Einsatz. Sie sind alle viel zu früh zur Arbeit erschienen. Sie machen Witze über- und untereinander. Sie langweilen sich und trinken Kaffee.

Szenenwechsel
Ich sehe mich bei drei Aktivitäten:

In einer Gruppe wollen wir ein uraltes Gameboy-Spiel erneuern. Die Figuren sollen aktualisiert werden, Geräusche und Maske ebenso.

Ich sitze am PC und will einen Online-Fragebogen ausfüllen (72 Fragen). Die Fragen haben einen betriebswirtschaftlichen Hintergrund, beinhalten aber auch Sicherheits- und Gefahrenthemen. Auf eine Ausarbeitung kann ich nicht zugreifen. Ich muss mich erst anmelden.

Vor Arbeitsbeginn (9:40 Uhr) fahre ich mit meinem Auto und mache meine Erledigungen. Ich kalkuliere, welche Teile ich in der zur Verfügung stehenden Zeit erledigen kann. Fahrtweg – Zeit: Briefe wegbringen, einkaufen,…

Erkenntnisse - kurzgefasst >>> Das übergeordnete Thema ist Zeit. Was will ich mit meiner Zeit – auch Lebenszeit – anfangen? Wie will ich mein weiteres Leben gestalten?
.Traum Polizei: Warten bis andere etwas von mir wollen?
.Traum Spiel: Arbeit in ein neues Projekt stecken?
.Traum PC: Neues Lernen?
.Traum Auto: Selbstorganisation des Alltages verbessern?
Wohin will ich mich entwickeln?
Welche Schwerpunkte will ich setzen und wie teile ich meine Zeit hierfür auf?

Ich habe alle Facetten auf mich wirken lassen und aufgeräumt. Ich weiß was ich will und es fällt mir leicht, es zu erreichen.

Heute Vormittag lag ich ganz entspannt auf der Liege und schaute in die Dunkelheit. Plötzlich nahm ich in mir eine große Leichtigkeit wahr und kurz darauf wie in Wellen große Freude. Dabei war weder ein Gedanke noch ein Bild vorhanden. Einfach nur pure Freude.

Die Intensität der Leichtigkeit und Freude ließ etwas nach, sie war/ist den ganzen Tag spürbar. Bei den Rahmenbedingungen ist das für mich etwas ganz Besonderes!

Traum
Ich will den BWL-Lehrer vom Abitur treffen und gehe zu einem Hörsaal. Ich höre durch die geschlossene Tür, dass er nicht BWL sondern Religion unterrichtet. Er sagt gerade: „Und damit beende ich den heutigen Vortrag...". Ich merke, dass ich nur einen Schlafanzug anhabe. Soll ich wirklich so hineingehen? Ich entscheide mich dagegen.
Es ist mir sehr unangenehm durch das Gebäude zu gehen und von allen angeschaut zu werden, da ich im Schlafanzug herumlaufe.
Ich gehe in die Caféteria und trinke ein Wasser. Ich bin wie in Trance. Erst beim zweiten Hinweis, dass die Bedienung noch Geld bekommt, reagiere ich. Ich habe Mühe das Kleingeld herauszunehmen. Sie gibt mir Wechselgeld zurück.
Ich bemerke, dass ich eine Decke umgehängt habe und gehe durch eine Kunstaustellung. Nur mit sehr großer Mühe schaffe ich es eine Treppe runter zu gehen ohne zu stürzen.
Mir ist leicht schwindlig, und ich bin noch immer in Trance.

Erkenntnisse - kurzgefasst >>> Ein anderer Blickwinkel des Traumes mit der Orientierungslosigkeit nach dem Abitur. Ich nehme mir etwas vor (nach der Schule) und will zur Uni (Lehrer – Hörsaal Uni). Benebelt – Ursache unklar – bin ich nicht in der Lage das zu machen, weshalb ich gekommen bin - nämlich das Gespräch mit dem Lehrer.
Wie die Trance bzw. der Schwindel zustande kommt ist mir nicht klar. Vielleicht ist der Auslöser als ich merke, dass ich im Schlafanzug dastehe: So als würde ich verstehen, dass ich hier fehl am Platze bin und auch nicht verstehe, wie es dazu kam, dass ich im Schlafanzug anreiste.
Oder dachte ich, dass ich die Orientierungslosigkeit nur träume – Hinweis Schlafanzug?

Ist der Traum ein Hinweis, dass ich die Alltags-Realität geträumt habe? So wie ich an anderer Stelle den Hinweis machte, dass wir laut verschiedener Kulturen in einer Traumwelt leben? Möglicherweise habe ich in dieser Lebensphase mehr und viel tiefer reflektiert, sodass ich mit der gewonnenen Erkenntnis überfordert war.
Denn wenn ich beim Blick nach unten meinen Traumzustand (Schlafanzug) erkenne, dann ist es auch verständlich, dass ich nicht weiß, was ich hier soll (Uni). „Ist ja nur ein Traum." So wie in dem Traum vor einigen Tagen, als ich feststellte, dass ich die Alltags-Realität nicht von der Traum-Realität unterscheiden konnte (als in dem damaligen Traum alles im Vergleich zur Alltags-Realität völlig identisch war: Denken, Reflektieren, Gefühle entwickeln, Sinneswahrnehmungen).

War die damalige Orientierungslosigkeit dann ein beginnendes noch unkontrolliertes Verstehen „der Wirklichkeit"?!

Ich bin in einer – dem damaligen Zustand – vergleichbaren Situation: Ich merke eine leichte Trance wenn ich die Konsequenzen reflektiere. Ich sehe förmlich ganze persönliche und gesellschaftliche Gedankenkonstrukte zusammenbrechen - obwohl es in einer Traumwelt kein richtig oder falsch gibt. Alles kann so gestaltet werden, wie der Träumer es möchte. Ich sollte nur nicht der Illusion verfallen zu glauben, dass das „die Wirklichkeit" ist.
Die Konsequenz für mich: Mein Leben so gestalten wie ich das Gefühl habe, dass es für mich richtig ist <u>und</u> herausfinden, wie ich hinter den Schleier der Illusion schauen kann.

Und damit bin ich wieder bei einem Traum von heute angelangt: Womit will ich die Zeit meines Lebens verbringen?
Nach der Erkenntnis des Traumes wurde mir noch mal deutlich, wie wichtig es mir ist, hinter den Schleier der Illusion zu schauen. Nämlich ein ganzes Leben

lang suchen, wie z.B. mit Hilfe dieses 49-Tage-Dunkelretreats. Es hilft mir Hindernisse zu erkennen, zu beseitigen damit ich irgendwann den Schleier der Illusion zur Seite schieben kann.
Zum Ende des Dunkelretreats wird es nochmal richtig spannend.

Bei etlichen Träumen dieses Dunkelretreats zeigt sich mir – oder genauer – verstehe ich erst jetzt das Gesamtbild aus meinem Leben und den gemachten Erfahrungen. Die Zusammenhänge, die Komplexität „der Organisation" des Lebens und dass alles einen Grund hat, warum es so ist wie es ist. Auch wenn ich es noch nicht verstehe.
Dass ich immer mehr den Überblick habe und verstehe, tut mir richtig gut! Gerade aus den letzten Erkenntnissen leitet sich für mich ein klarer Schwerpunkt bei der Reflektion von Gedanken/Situationen/Themen ab.
Auch hier nichts gravierend Neues, in weiten Teilen verstanden und umgesetzt. Doch die vielen Träume, in denen Themen zu bearbeiten waren, die „nicht auf meiner Liste" standen, zeigte mir, dass ich in mir noch etliches Neues entdecken kann. Im Gesamtbild meiner Reflektion habe ich den Satz („Die Außenwelt ist die nach außen projizierte Innenwelt") nicht konsequent überall eingesetzt. Träume wie verdrängte Todesangst – Fallschirmspringen, zu wenig Rücksicht – staubiger Feldweg, Reizüberflutung – TV-Konsum: Dies sind ja nur einige Themen, die ich – rein theoretisch – schon viele Jahre vorher hätte lösen können.

Also den Satz „Die Außenwelt ist die nach außen projizierte Innenwelt" werde ich ab sofort bei meiner Reflektion berücksichtigen.
Denn eines habe ich immer bestätigt gefunden: Es gibt einen Zusammenhang, eine Logik dahinter. Nehme ich das Eine ernst, verstehe ich das Andere. Und wenn ich etwas verstanden habe, dann habe ich – um bei meiner „Geschenke"-Metapher zu bleiben – Erkenntnis und Lösung als „Geschenk" ausgepackt.

Heute habe ich durch mehrere Situationen in meiner Kindheit eine der bedeutsamsten Fähigkeiten erkannt, die es mir ermöglicht hat, die Entwicklung meines Bewusstseins zu beschleunigen.
In den Erinnerungen trat ganz klar meine bedeutende Fähigkeit zur Reflektion in den Vordergrund. Schon mit ca. 10 Jahren habe ich bestimmte Verhalten und Situationen treffend analysiert. Dass ich erst im Laufe meines Lebens erlernte darauf basierend die richtigen Schlüsse zu ziehen und zu handeln, ist auch klar. Aber die Grundlage für eine tiefgehende Erforschung meines Bewusstseins war schon vorhanden.

Auch heute Abend (aktuell wieder gegen Mitternacht) bin ich energiegeladen, hellwach und wieder im Hologramm.
Diesmal bin ich auf die Idee gekommen nach oben zu schauen. Und tatsächlich: Ich sehe den Sternenhimmel klar und deutlich. Ich suche nach Sternbildern, die ich kenne, doch dann schiebt sich eine Überdachung über mein Gesichtsfeld. Jetzt sitze ich darunter. Um es klar zu stellen: Ich bilde mir nicht ein durch das „echte Hausdach" in den Sternenhimmel geschaut zu haben. Wie alles andere auch, habe ich dieses Detail in meinem Bewusstsein wahrgenommen. Wie und warum weiß ich allerdings (noch) nicht. Auch bei dem Sternenhimmel merke ich (wie bei den Träumen und Gedanken zu „Alltags- und Traum-Realität") eine Mischung aus Erstaunen und Betroffenheit. So als hätte ich diese Fragestellung nur auf mein Lebensumfeld bezogen gestellt. Durch den Blick in den Sternenhimmel wurde mir klar, „Nein, nicht nur mein Lebensumfeld ist in meinem Hologramm, bzw. Bewusstsein, sondern absolut alles was wir als feste Materie bezeichnen."
Nach kurzer Zeit schaue ich erneut nach oben. Die Überdachung ist weg und über mir breitet sich wieder ein prachtvoller Sternenhimmel aus. Wie schon woanders erwähnt: Außer in der Festigkeit gibt es keinen Unterschied zwischen der Alltags-Realität und der Hologramm-Realität - einschließlich des Sternenhimmels.

Weiterhin ist mir unklar wie es möglich ist, dass das Universum in meinem Bewusstsein ist, obwohl ich ein Teil von ihm bin.

Ich schaue in meiner „Realitäts-Werkstatt" in meine verschiedenen Realitäten, die ich entwickelt habe. Auch sinnbildlich erschaffe ich etwas aus dem Nichts. Schließlich kann ich jederzeit einen neuen Gedanken entwickeln und in die Welt schicken – z.B. das Schreiben dieses Buches und Festlegen wie das Cover aussehen soll,...
Der Bewusstseinshintergrund des inneren Lichts ist anfangs einfarbig, erst dann bildet sich mein Hologramm.

Weiterhin ist mir unklar:
- Warum gibt es verschiedene Realitäten?
- Weshalb gibt es diese Realitäten überhaupt, wenn diese nur auf der einen Seite des „Schleiers der Illusion" sichtbar sind?

Inzwischen ist schon wieder viel Zeit vergangen. Erst lag ich unter dem „Sternenhimmel", dann mit dem einfarbigen weißen Bewusstseinshintergrund, der von meinem inneren Licht beleuchtet wurde.
Jetzt sitze ich wieder mitten in der Landschaft (meines Hologramms).
Ich reflektiere die vorherigen Erkenntnisse und Schlussfolgerungen. Wie kommt das gesamte Universum in mein Bewusstsein?
Wer hat es da reingepackt? Oder noch konkreter: Sind wir alle im Kern reines Bewusstsein, dem man z.B. ein „Rezeptbuch" gegeben hat um Planetensysteme, eine Stadt oder einen Gemüseladen zu „backen". Beim Gemüseladen und der Stadt kann ich es noch nachvollziehen. Irgendjemand hatte einen Gedanken und setzte die Idee dann um.

Ich bin geneigt bei den 49 Tagen in die Verlängerung zu gehen. Ich habe noch so viele Fragen.
Aber drei Tage nach dem 49-ten Tag kommt eine Teilnehmerin aus Österreich für eine Woche und ich befürchte, dass neue Antworten weitere Fragen auslösen. Aber dafür kann ich ja in weitere Dunkelretreats gehen...

Die Erkenntnis, dass sich das Universum in meinem Bewusstsein befindet, lässt mich nicht los. Die Ironie des Lebens ist auch zum Lachen: Während ich mich mit unerledigten Themen und offenen Fragen beschäftige, habe ich gleichzeitig alles Erdenkliche in meinem Bewusstsein (und wahrscheinlich mit allen erdenklichen Fähigkeiten und Ressourcen).
Die Darstellung in meinem Hologramm ändert sich langsam. Eben sah ich eine gewaltige, hohe und große Bewusstseinsstruktur.
Ich musste danach lachen, denn der Gedanke kam in mir auf: „Also, so wird das nichts mit dem Schlafen heute Nacht! So kann sich ja keine einzige Nervenzelle beruhigen, bei dem, was ich in meinem Bewusstsein sehe!"
Automatisch kommt hier meine Stärke ins Spiel: Reflektieren, Schlussfolgerungen ziehen und die Erkenntnisse integrieren.

Nach einiger Zeit taucht erneut die bisher ungelöste Frage in mir auf:

Wie ist es möglich, dass ich das Hologramm mit dem Universum in meinem Bewusstsein wahrnehme und mich gleichzeitig in meinem Hologramm bewege?
Sind wir doch Teil einer holografischen Welt mit verschiedenen Realitäten (Alltag, Traum, Hologramm, und vielleicht noch weitere...)?
Damit wäre auch die Überzeugung verschiedener Religionen und spiritueller Richtungen erklärbar, dass wir ihrer Meinung nach: Alle eins sind - Alle und alles miteinander verbunden ist. Dann würde ein Welten-Bewusstsein

existieren, von dem sich für eine Inkarnation ein Teil abspalten würde (aber immer noch mit dem Welten-Bewusstsein verbunden bliebe).

Auf neudeutsch: So wie eine App über das Internet aus der Cloud auf den Laptop (beim Einschalten) runtergeladen wird.

Meine Verfassung: Ausgezeichnet und sehr nachdenklich

Sonstiges: Yoga-Übungen, Funktionsgymnastik, Atemübungen, Meditation, Mantren wiederholen

Essen: Morgens zwei Äpfel, abends ein Schraubglas Nussmischung mit Rosinen, Extraportion Nussmischung mit Rosinen, eine Handvoll Mandeln, Gemüse

Tag 46 (Die bedeutsamsten Erlebnisse)

Ein kurzer Traum
Ich bin in einem Trainingszentrum der kanadischen Armee. Die Szene wirkt auf mich wie eine Parodie. Immer wenn ich einen Rollladen hochziehe und aus dem Fenster schaue, zeigt einer der Rekruten (mit Paradeuniform) wie toll er auf einen Wachturm vor dem Fenster klettern und eine Meldung machen kann. Alle wirken auf mich wie Marionetten: abgerichtet und ohne Persönlichkeit.

Erkenntnisse - kurzgefasst >>> Aufgrund der Paradeuniform der Rekruten und der gestrigen Themen sowie Reflektionen, habe ich den Eindruck, dass die Rekruten weite Teile der Gesellschaft (und natürlich auch Aspekte meines Lebens) parodieren:
Gut funktionieren, angepasst leben, andere Meinungen nicht äußern und die eigene Persönlichkeit nicht entwickeln.

>>>>> In welchen Bereichen verhalte ich mich genauso?

>>>>> Oder geht es auch darum, dass meine Arbeit im Dunkelretreat aufdeckend ist (ich ziehe den Rollladen hoch), sodass Teilnehmer erkennen, wie sie sind?

In Stichworten verlief der Tag wie folgt: Wenige Gedanken, keine Phantasien, innere Stille, grundlose Freude, mein inneres Licht leuchtet.
Es geht mir ausgesprochen gut.

Heute Abend entdeckte ich noch drei kleinere Themen, die ich in einem inneren Prozess integrierte. Mein Hologramm sah ich erst ca. eine Stunde bevor ich schlafen wollte.

Meine Verfassung: Sehr gut

Sonstiges: Yoga-Übungen, Funktionsgymnastik, Atemübungen, Meditation, Mantren wiederholen

Essen: Morgens zwei Äpfel, abends ein Schraubglas Nussmischung mit Rosinen, Extraportion Nussmischung mit Rosinen, eine Handvoll Mandeln, Gemüse

Tag 47 (Die bedeutsamsten Erlebnisse)

Traum
Ein junger Arzt wird angeschossen und in ein Krankenhaus eingeliefert. Vor einer Operation ist es dort üblich, dass eine Analyse der Situation des Patienten in einem Computerprogramm errechnet wird. In dieser Analyse werden bestimmt 200 Daten u.a. von der Lebenssituation erfasst. Danach muss aber noch Rechenleistung für die Auswertung bereitgestellt werden. Erst ab einer gewissen Wahrscheinlichkeit eines Erfolges der Operation wird operiert. Es ist mir nicht klar, weshalb nicht generell operiert wird, auch wenn der Erfolg gering wäre. Ein Mitarbeiter des Krankenhauses erfragt die Daten von Angehörigen. Diese Befragung findet in einem Flur statt. Nach einigen Antworten ist den Umstehenden klar, dass die nachfolgende Auswertung in Richtung NEIN gehen wird.
Deshalb korrigiert ein Anderer – der in dem Flur sitzt – eine Antwort. Alle Anderen in dem Flur nicken und sagen: „Ja das stimmt." Der angeschossene Arzt hat große Sympathien und bekommt viel Mitgefühl. Alle wollen, dass er operiert wird. Die weiteren Antworten werden so gegeben, dass es die Wahrscheinlichkeit für eine Operation erhöht.

Erkenntnisse - kurzgefasst >>> Mitgefühl überragt auch eine komplexe Analyse, die durch Menschen beeinflusst bzw. manipuliert werden kann. Der Sinn einer Analyse wird dadurch natürlich massiv in Frage gestellt, wenn die

Antworten willkürlich gegeben werden können, beziehungsweise ein Insiderwissen über die Auswirkungen einer Antwort vorhanden ist.

Was hat der Traum mit mir zu tun?

Ist Mitgefühl der entscheidende Faktor dafür, dass meine Entwicklungs-Arbeit bei mir selbst und bei Teilnehmern am wirksamsten ist?

Ist Mitgefühl ein natürliches, menschliches Verhalten (bewusst oder unbewusst), damit es dem anderen Menschen besser geht?

Erhöht Mitgefühl und die „richtige" Interpretation von Details die Wahrscheinlichkeit, dass ein Veränderungserfolg stattfindet?

Ist Mitgefühl für den Erfolg von Entwicklungsarbeit das Zünglein an der Waage?

In den Phasen, in denen es um die Erlangung des Handlungsspielraumes geht: Kann ich mich dazu durchringen anzuerkennen, dass ich die Entscheidung für die Annahme einer Prägung getroffen habe? Erst mein Mitgefühl und Verständnis für meine damalige Situation – nicht genug Kraft und das Wissen, allen heranstürmenden Prägungen nicht standhalten zu können – ermöglichte es mir über meinen eigenen Schatten zu springen.

Meine Entscheidungen für diese Sichtweise ermöglichten es mir Verantwortung für meine Prägungen zu übernehmen, meinen Handlungsspielraum zu erkennen (u.a. Widerruf von Entscheidungen, neue Entscheidungen treffen, Gefühlsintegration,...) und aus der Opferrolle auszusteigen.
Nur so „erschaffe" ich mir einen Gestaltungsspielraum für meine Zukunft um unerledigte Themen zu bereinigen und um mich weiterzuentwickeln.

Das „JA" zu einer Prägung ist nicht mit dem „JA" beim Kauf einer Zeitschrift vergleichbar. Es ist eher ein „Nicht dauerhaft Nein-Sagen können" wenn der Einfluss so intensiv, vielfältig und lang andauernd ist. Auch das Resignieren oder Aufgeben vor der Flut an Beeinflussungen ist letztendlich ein „JA" zu einer Prägung. Aber kein „JA" aus freien Stücken.
Das Mitgefühl für diese Situation ist die Grundlage für eine Entwicklung bzw. Neuausrichtung: Verständnis für mich selbst oder Anderen bewusst zu machen, dass ich/man „nichts falsch" gemacht hat, sondern durch die Einflüsse völlig überfordert war, dauerhaft „Nein" zu sagen.

Der ausschlaggebende Faktor, ob ich genug Kraft und Wissen habe um dauerhaft „Nein" sagen zu können, kann auch in einer Resonanz zu dem Thema bzw. der „angebotenen" Prägung liegen (oder eben nicht).
Dies wäre ein Hinweis bzw. eine Möglichkeit mit der Ursachenforschung bei unerledigten Themen eine Ebene tiefer zu gehen und noch eine Ebene tiefer, und noch tiefer,... bis zum Kern bzw. Ursprung.

Daraufhin habe ich mir ein unerledigtes Thema genommen und bin die Ursachen-Kaskade abwärts gestiegen. Den Ausgangspunkt habe ich angenommen.

Sechs Monate nach dem Dunkelretreat bin ich beim Schreiben des Buches auf einen Artikel beim ZDF gestoßen. Darin wird genau das, was ich im Traum erlebt habe, beschrieben:

Big-Data-Algorithmen - Wenn Software über Leben und Tod entscheidet

Google & Co investieren in Computerprogramme, die die Lebenserwartung eines Menschen genau berechnen. So sollen teure Therapien bei Schwerkranken eingespart werden.

Computerprognosen sollen die Kosten im Gesundheitssystem radikal senken. Das amerikanische Unternehmen Aspire Health will damit bis zu 40 Prozent der medizinischen Behandlungen einsparen. Dafür setzen die Datenspezialisten von Aspire Health Algorithmen ein, die genau errechnen, wann ein Mensch stirbt. Wer nicht mehr ausreichend lange zu leben hat, soll nur noch bis zum Tod gepflegt werden, aber keine medizinische Therapie mehr erhalten. Die Krankenversicherungen erfahren so, wie viel sie ein bestimmter Patient kostet und ob dessen "persönliche Rendite" für die Versicherungsgesellschaft ausreichend ist. Google sieht darin ein vielversprechendes Geschäftsfeld und hat über ihre Wagniskapital-Tochter kräftig in Aspire Health investiert. Einige Programme nehmen darüber hinaus eine Gewichtung des Überlebenswillens eines Menschen vor.
[9.1]

Heute Nachmittag tauchten Bilder aus meiner Vergangenheit auf. Erst dachte ich an eine Fortsetzung des Lebensrückblicks. Doch dann stieg eine große Trauer in mir auf und es war mir klar: Jetzt steht es an, Abschied von meiner Vergangenheit zu nehmen.

Chronologisch geordnet tauchten dann nach Orten sortiert Zeiträume auf, von denen ich mich verabschiedete, und die ich in mir integrierte. Ich nahm sofort wahr, dass die Erinnerung an die Vergangenheit weiterhin möglich sein wird, aber ohne die energieraubenden Verstrickungen, die mein bisheriges Leben so bot. Als ich die Bilder sah, hatte ich das Gefühl als wäre die vergangene Zeit meines Lebens auf wenige Sekunden geschrumpft. So als wäre pro Jahr ein Bild gemacht worden, und die hätte ich dann zusammen angeschaut.
Dann dachte ich noch einen Schritt weiter: Wenn meine Innenwelt nach außen projiziert die Alltags-Realität darstellt - nach dem heutigen Stand sehe ich Grund zu der Annahme - dann ist der Verabschiedung folgend Sterben und Tod auch nur ein Konstrukt unseres Bewusstseins. Wenn es so ist, dann ist es ein Teil von mir (und Angst davor unbegründet). Dann kann mir diese Erfahrung – so wie mein „Horror-Traum" - auch keinen Schaden zufügen. Also einfach als ein Teil von mir anerkennen und annehmen.
Gesellschaftlich gibt es dafür verschiedene Darstellungen für das Todesereignis, bzw. die Zeit danach. Schon das Gilgamesch-Epos (ca. 2.000 v.Chr.) nannte Details, wie man über die Wasser des Todes zu der Insel der Seligen komme: nachdem man dem Fährmann einen Obulus gegeben hat. Auch Berichte von Menschen, die wiederbelebt wurden, zeigen Ähnlichkeiten auf. Oft findet eine Begrüßung durch Vorfahren statt. Auch hier bin ich davon - aus heutiger Sicht – überzeugt, dass dies ein Konstrukt (vom Unbewussten individuell gestaltet) unseres Bewusstseins ist, um den Übergang (wohin auch immer) sanft und beruhigend zu gestalten.

Aber das mit Theorie und Praxis ist so eine Sache: Klar, jeder der noch nicht vom 5-Meter-Brett in einem Schwimmbad gesprungen ist weiß, dass eigentlich nichts passieren kann. Andere machen es dauernd vor und unten erwartet einen nur Wasser. Also was soll's. Doch dann, wenn man zum ersten Mal oben auf dem 5-Meter-Brett steht, ist plötzlich und deutlich ein mulmiges Gefühl spürbar. Die Angst verschwindet oft erst nach dem Sprung und Freude sowie Erleichterung bleiben.

Heute Abend hatte ich viele Integrations-Gedanken. Ich reflektierte die vergangenen Wochen und Jahre. Dabei hatte ich neue Teilansichten oder ging in kleinere Themen hinein.
Insgesamt machte ich ca. 12 Prozesse.
In meinem Leben hatte ich auch Phasen einer Entwicklungs-Stagnation. Diese habe ich ebenfalls angenommen und integriert.

Auch heute Abend leuchtet mein inneres Licht und das Hologramm befindet sich um mich herum. Da ich hellwach bin, lege ich mich hin und schaue mein

Hologramm an. Plötzlich verändert sich etwas in mir. Eine starke Trauer taucht auf, und ich weiß sofort worum es geht.
Während vorhin bei der Verabschiedung von der Vergangenheit Orte und Situationen im Vordergrund standen, waren es jetzt Menschen, die eine Bedeutung in meinem Leben hatten (angenehm und unangenehm). Überraschend war für mich die unterschiedliche Stärke der Trauer bei einzelnen Menschen, was ich vorher so nicht unbedingt erwartet hätte. Die einzelne Trauer und als Ganzes habe ich angenommen und in mir integriert.

Daraus entwickelten sich intensive innere Prozesse mit vier Menschen. Daran anschließend der intensivste Prozess (aus den vier) mit einer Person.

Meine Verfassung: Sehr gut

Sonstiges: Yoga-Übungen, Funktionsgymnastik, Atemübungen, Meditation, Mantren wiederholen

Essen: Morgens zwei Äpfel, abends ein Schraubglas Nussmischung mit Rosinen, Extraportion Nussmischung mit Rosinen, eine Handvoll Mandeln, Gemüse

Tag 48 (Die bedeutsamsten Erlebnisse)

Am Vorabend – also nach den intensiven Trauer-Prozessen, wollte ich einschlafen. Diesmal nahm ich mein Hologramm in prachtvollen Farben und einer hochauflösenden Brillanz wahr. So scharf und leuchtend war die bisherige Darstellung noch nie. Auch richtig hell war die Darstellung.
Wie sonst auch: Dies sah ich mit offenen und geschlossenen Augen vor meinem inneren Licht.
Irgendwann schlief ich ein.

Traum
Ich sitze mit vielleicht 15 anderen Passagieren direkt hinter dem Cockpit in dem neuesten Großraumflugzeug. Es scheint so, als wäre das ein Testflug. Alle haben wir unseren Laptop an und tauschen uns aus. Auch mit den Piloten. Die Tür zum Cockpit ist offen. Anhand von markanten Punkten – z.B. eine Ölraffinerie – und dem Vergleich der Wolkenformationen (visuell und am Bildschirm) nimmt der Pilot die Orientierung vor.
Er erklärt: „Das nahe Vorbeifliegen an der Raffinerie ist natürlich riskant (im

Tiefflug fliegen wir vorbei, wobei ich Gebäude und Lkw deutlich sehe). Bei der Wolkenformation achte ich auch auf Unterschiede von 2-300 Meter, sodass ich das Wissen zur Positionsbestimmung und Orientierung (Vergleich Wetterradar/Bildschirm) nutzen kann."
Die Atmosphäre ist locker und angenehm. Irgendwann fragt einer – weil das grüne Lämpchen „Reloaded" leuchtet - was das bedeutet.
Der Pilot antwortet: „Das ist ein Abgleich der Daten. Der Daten der Laptops mit dem Hauptrechner. Dann mache ich meinen Laptop zu und will einen Salat essen. Eine Frau neben mir fragt mich: „Hast du denn Öl und Essig dabei?"

>>>>> Ich/wir testen ein neues Flugzeug (Metapher für Entwicklung, Astralreise bzw. Wechsel in eine andere Dimension/Realität). Wir überprüfen die Position/Orientierung damit wir unser Ziel erreichen. Bezug und Lösung zum Traum mit der Orientierungslosigkeit nach dem Abi.
>>>>> Der Datenabgleich hat mich sofort an den Traum mit dem tastaturgesteuerten Auto erinnert. Dort fand ja auch ein Abgleich meines Verhaltens mit den Beobachtungen (Soll-Ist-Vergleich) einer höheren Instanz statt. Zusätzlich eine Verbundenheit zu dieser Instanz.
>>>>> Meine innere Reise mit neuen Kompetenzen und meinen Methoden zu neuen Zielen geht für mich weiter. Es läuft sehr gut – ich bin auf dem besten Wege. Ich weiß wo ich bin und wie ich zu meinem gewünschten Ziel komme.

Der heutige Tag verging rasant.
So schnell verging die Zeit bei keinem vorherigen Tag. Das Ende des Dunkelretreats steht bevor. Meine Stimmung ist sehr gut: Ruhe, Klarheit, Freude.

Gegen Abend veränderte sich meine Gefühlswahrnehmung.

Anmerkung - Um es nochmals zu wiederholen:

Der nachfolgend beschriebene mentale Sterbeprozess ist nicht die allgemeingültige Wahrheit. Das ist die Darstellungsform, für die sich mein Unbewusstes entschieden hat, um mir den konkreten inneren Prozess so darzustellen, dass es mir leicht fällt, ihn anzunehmen. Bei anderen Menschen wählt deren Unbewusstes die für die anderen Menschen passende Form aus, die am ehesten angenommen wird.

Es stieg in mir ein intensives Gefühl von Trauer hoch (sofort kam auch der Gedanke „Meine Zeit ist abgelaufen". Dieser Gedanke hielt bis zum inneren Prozess an. Einschließlich des Gefühls der „Henkersmahlzeit" während des Abendessens).
Danach nahm ich das Bild eines Sprungturms in einem Schwimmbad wahr. Sofort war mir klar, dass mir mein Unbewusstes als logische Fortsetzung der verschiedenen Abschiede und meiner Metapher über das Springen von einem 5-Meter-Brett in einem Schwimmbad (vom Vortag) – eine <u>mentale</u> Todeserfahrung anbot.

Ich sage bewusst „anbot". Denn jede Mitteilung meines Unbewussten kann ich direkt annehmen oder auf irgendwann verschieben. Bisher habe ich jedes „Angebot" sofort angenommen und bin in einen inneren Prozess gegangen. So auch hier.
Ich sage mir ganz klar und sofort: „Ja."
Ich ging also auf den Sprungturm zu und mit jeder Sprosse, die ich höher stieg, wurde das mulmige Gefühl in mir stärker. In mir tauchte die Frage auf „Was passiert jetzt?". Oben angekommen nahm eine freundliche Frau den von meinem wahren Kern abgestreiften Körper entgegen und hängte ihn auf einen Kleiderbügel. Der Körper hat seinen Zweck erfüllt. Noch eine kleine Trauer beim Abschied (die ich schnell in mir integrierte) und dann geht es los. Aber nicht vom Sprungbrett wie erwartet, sondern durch eine Rutsche in Form einer glitzernden Röhre. Am Ende angekommen, rutsche ich als Baby (ab dem Zeitpunkt war ich gleichzeitig Akteur/Baby und Beobachter – es war also wieder ein luzider Wach-Traum) weit hinaus. Erwachsene stehen dabei und eine Frau sagt, als sie mich rausrutschen sieht: „Oh, wie weit er gekommen ist!"
Das Baby krabbelt durch eine kleine Spielelandschaft auf Erwachsene zu, so als sollte/ wollte ich die Eltern aussuchen. An einigen krabbele ich weiter und sage in mir ganz klar „Nein". Beim letzten Paar angekommen nimmt mich eine Frau und gibt mich meinen neuen Eltern.

In einem Film über das Tibetische Totenbuch wird über diese Phase ganz klar gesagt: „Wähle sorgfältig aus und entscheide mit Bedacht!"

Dieser Satz kam mir erst in den Sinn, als ich die Entscheidung schon getroffen hatte. Ich finde es spannend, dass die Beschreibungen in der Literatur und in Kommentaren dazu in Struktur und Ablauf identisch sind. Lediglich mein Unbewusstes hat sowie bei anderen „Mitteilungen" an mich (Träume, Phantasien,...) eine kulturell und auf mich individuell angepasste „äußere Form" verliehen.

Doch es geht noch weiter.

Meine Eltern in diesem mentalen Prozess sind ihrer Kleidung nach (Felle) von einem Naturvolk und fahren mit einem Wagen, der von einem Pferd gezogen wird, durch eine Winterlandschaft. Aufgrund der Utensilien am und im Wagen ist klar, dass es Schamanen sind.

Um es nochmals deutlich hervorzuheben: Alle von mir aufgeschriebenen Erlebnisse – auch die letzten – sind nicht allgemein verbindlich bzw. die letztendgültige Wahrheit. Das sind die Darstellungen, die mein Unbewusstes ausgewählt hat – für den jetzigen Moment und meinen aktuellen Erkenntnisstand passend – um bei mir ein Erkennen, Annehmen und Integrieren zu erreichen.

Mit den verschiedenen „Traum-Realitäten" und anderen Realitäten bin ich in verschiedenen Träumen immer wieder mit der Hypothese einer „Traumwelt" in Berührung gekommen. Je mehr ich träume, Phantasien oder Gedanken in innere Prozesse überleite, umso klarer wird mir, dass ich tatsächlich in einer Traumwelt lebe. Sowohl die Alltags-Realität als auch mein Innenleben werden kreiert um mich in meiner Entwicklung voranschreiten zu lassen.

So als eine Art Bestätigung nahm ich direkt danach wieder mein inneres Licht wahr und das mich umgebende Hologramm.

Meine Verfassung: Sehr gut

Sonstiges: Yoga-Übungen, Funktionsgymnastik, Atemübungen, Meditation, Mantren wiederholen

Essen: Morgens zwei Äpfel, abends ein Schraubglas Nussmischung mit Rosinen, eine Handvoll Mandeln, Erdnüsse, Gemüse

Tag 49 (Die bedeutsamsten Erlebnisse)

Der Zeitungsverteiler, der die Nachbarn gegen 4:30 – 5:00 beliefert, ist schon lange vorbei und ich bin immer noch hellwach: Voller Energie, innerer Ruhe, mein inneres Licht leuchtet und ich bin im Hologramm – zeitweise in Farbe und gestochen scharf.

Heute ist der letzte Tag des Dunkelretreats - Zeit für eine Bilanz der zweiten Hälfte:
Für mich unerwartet war die Erfahrung des Hologramms vor meinem inneren Auge. Vor allem die Phänomene, dass ich das Hologramm mit offenen sowie geschlossenen Augen wahrnehme und gleichzeitig im Hologramm mit der dargestellten Umgebung umherlaufe. Herausragend war die Erfahrung, dass der Sternenhimmel sowie das Universum in meinem Bewusstsein sind, während ich ein Teil des Universums bin. Besonders diese Erfahrungen lösten etliche Fragen in mir aus.
Mit einer kurzen Verzögerung erweiterte ich meinen Wahrnehmungsbereich, sodass ich die Beklemmung, Schwere und schweres Atmen erkennen und integrieren konnte. Die Schwere, die sich durch mein Leben zog, verschwand. Ab der 6. Woche traten ohne einen auslösenden Grund Freude und Leichtigkeit in den Vordergrund.
Besonders fasziniert bin ich noch immer von meinem Lebensrückblick, den Abschieden von meiner Vergangenheit (Orte, Situationen, Menschen) und der <u>mentalen</u> Todeserfahrung.

Natürlich sind auch alle kleinen Prozesse von Bedeutung, sonst hätte sie mir mein Unbewusstes nicht „präsentiert".
Bis auf die Phase mit der Beklemmung, die natürlich themenbedingt erschien, sowie an manchen Nachmittagen, an denen „nichts passierte", ging es mir die ganze Zeit richtig gut. Ich hatte immer das Gefühl, dass ich mir mit meiner Methode, meiner Erfahrung und dem Reflektieren weiterhelfen kann.
Ich bin neugierig, was der Tag heute an Erkenntnissen noch bringt. Auch wenn ich bisher nicht geschlafen habe, bin ich zufrieden, innerlich ruhig und freue mich – einfach so und über die gesammelten Erkenntnisse.

Gegen Mittag bin ich dann kurz eingeschlafen.

Traum
Wie es mir schon öfter passiert ist: Ein Traum am Nachmittag ist blitzschnell verflogen. Lag es an der Kürze des Schlafes?

Ich reflektierte nochmal das gesamte Dunkelretreat. Bedeutsame Erlebnisse – natürlich waren alle wichtig – und die gewonnenen Erkenntnisse. Ich sammele sozusagen alles ein und mache für mich eine Zusammenfassung.
Dabei habe ich auch das Erlebnis, als wäre mein bisheriges Leben von 54 Jahren auf die Zeitspanne eines Wimpernschlages reduziert worden.

Beim Abschied vom Dunkelretreat kam dann noch eine kleine Trauer auf, die ich gleich integrierte. Ansonsten hatte ich keinen inneren Prozess.
Die große Bedeutung der handschriftlichen Notizen in der Dunkelheit wurde mir nochmals deutlich. Hätte ich mir nicht alles notiert, wäre ich nicht in der Lage, alle inneren Prozesse und Erkenntnisse wiederzugeben.

Meine Verfassung: Sehr gut – voller Tatendrang

Sonstiges: Funktionsgymnastik, Atemübungen, Meditation, Mantren wiederholen

Essen: Morgens zwei Äpfel, abends ein Schraubglas Nussmischung mit Rosinen, eine Handvoll Mandeln, Erdnüsse, Gemüse

Foto: Kurz nach dem Dunkelretreat – Stunden später ist der Bart ab.

Schlusswort

Nach einer solchen langen und intensiven inneren Reise ist es für mich sehr schwierig eine zusammenfassende Beschreibung zu finden. Das Wesentliche sind zwei Gedanken, die mir in dieser Zeit präsent waren:

Die innere Reise führte wiederholt zu einer Ego-Reduzierung.
„Das Ego wurde auf kleiner Flamme ganz langsam weichgekocht."

Erneut erkannte ich, dass das Alltagsleben mir alle unerledigten Aufgaben in Form von Träumen, Gedanken, Gefühlen, Erinnerungen, Phantasien,... aufzeigt, ich diese aber nicht immer als einen entsprechenden Hinweis begreife und nutze.
„Die äußere Realität ist die nach außen projizierte Innenwelt."

Und nun? Wie geht es bei mir weiter?

Drei Tage nach diesem 49-Tage-Retreat kommt eine Teilnehmerin aus Österreich für 7 Tage in die Dunkelheit.
Bis dahin Bart ab, Gedanken sortieren, Räume aufräumen und reinigen sowie die Räume für das nächste Dunkelretreat vorbereiten.

Die ganzen 49-Tage haben mir eine Fülle an Erkenntnissen geliefert, die ich auch gerne reflektiert und integriert habe. Jeden dieser ca. 200 inneren Prozesse betrachte ich als ein „Geschenk". Überall lagen und liegen solche „Geschenke" in der Dunkelheit herum. Ich brauchte sie nur anzunehmen, auszupacken und mich an den Erkenntnissen zu erfreuen.
Für mich stellt sich nicht die Frage welcher innere Prozess am wichtigsten oder bedeutsamsten war. Klar gibt es Unterschiede in der Auswirkung, aber wichtig sind sie alle gewesen. Sonst hätte sie mir mein Unbewusstes nicht präsentiert.
Ich bin sehr froh, diese Erfahrungen in den 49 Tagen gemacht zu haben und gehe innerlich ruhig und aufgeräumt mit einer größeren Klarheit und Freude zurück in den Alltag.

Manchmal habe ich das Bild in mir, dass ich nur in die Dunkelheit hinabsteigen brauche um eine riesige Menge an „Geschenken" entgegenzunehmen.

Insofern stellt sich für mich auch nicht die Frage, ob ich erneut in die Dunkelheit gehe. Bei all den Erlebnissen und Erkenntnissen der letzten 12 Jahre stellt sich für mich deshalb nur die Frage wann, wie lange und wie oft im Jahr ich in die Dunkelheit gehen will. Sicherlich wird das nächste Dunkelretreat nicht 49 Tage dauern, da der vorbereitende organisatorische Aufwand und die Auswirkung auf die Familie doch umfangreich sind.
Meine innere Reise wird weiter gehen - ich denke es werden in 2018 14 Tage sein.
Ich bin überzeugt, dass ich in meinem Innenleben noch eine Menge Interessantes und Bereicherndes entdecken werde.
Vielleicht auch wieder über eine Dauer von 49 Tagen. Wer weiß?

Die innere Reise geht aber auch im Alltag weiter:
- Das Abtippen der handschriftlichen Dokumentation in den PC und das Schreiben dieses Buches stellte eine Vertiefung der Erlebnisse dar. Beim Abtippen war ich über manche Details überrascht. Ich hatte mehrere Details schon wieder „vergessen". Doch ich war es ja, der die ganzen Notizen gemacht hatte. Vielleicht sollte ich es mir angewöhnen ab und zu meine Aufzeichnungen durchzulesen.
- Kurze Zeit nach den 49 Tagen fielen mir, als ich in eine entsprechende Situation kam, mehrere Themen im Alltag auf. Diese integrierte ich gleich. Mit meiner Methode bin ich also in dem ganz normalen Alltag angekommen. Solche Prozesse hatte ich auch vorher schon im Alltag durchgeführt, aber jetzt beachte ich Wahrnehmungen, die sich deutlich subtiler bemerkbar machen. Darin merke ich auch eine deutliche Veränderung im Laufe der Jahre (seit ich in Dunkelretreats gehe). Im Alltag unerledigte Themen zu identifizieren wird immer anspruchsvoller.

Nachtrag
Nach dem kurzen Schlaf am Nachmittag des letzten Tages schlief ich die nächsten 35 Stunden nicht. Voller Energie und hellwach gab es keine Grundlage für einen Schlaf. Ich legte mich zwar in der darauffolgenden Nacht gegen 4:00 Uhr ins Bett, aber nach einer Stunde stand ich wieder auf, da ich weiterhin hellwach, energiegeladen und voll präsent war.
Auch in der danach folgenden Nacht schlief ich lediglich drei Stunden.

Nachtrag - Veränderungen
Nach der Beendigung des Dunkelretreats bis zur Veröffentlichung des Buches sind über sechs Monate vergangen. Etliche Veränderungen traten in mein Leben ein. Die meisten sind nicht so greifbar bzw. schwierig zu benennen. Bei einem – messbaren – Verhalten hat sich bei mir eine sofortige Änderung

ergeben. Mein TV-Konsum ging sofort auf nahezu Null runter. Seit Jahren wollte ich meinen TV-Konsum reduzieren, ich verstand aber nicht, was mich daran hinderte es zu tun. Lediglich einmal pro Woche schaue ich mir eine Sendung an – eine Polit-Satire. Ebenso habe ich eine Reizreduzierung vorgenommen. Etliche langjährige Mitgliedschaften und Newsletter – die mir vorher sehr wichtig waren – habe ich gekündigt. Diese Beendigungen fielen mir sehr leicht.

Sollten Sie ein Dunkelretreat für sich in Betracht ziehen um selbst auf eine innere Entdeckungsreise zu gehen, so empfehle ich für eine vertiefende Erfahrung für den Einstieg eine Dauer von 7-10 Tagen.
Doch auch hier erlebe ich immer wieder eine große Individualität: Manche entscheiden sich zuerst für wenige Tage und andere gleich für mehrere Wochen.

In dem Sinne hoffe ich, dass das Buch Sie inspiriert hat, und ich wünsche Ihnen alles Gute auf Ihrem Weg.

Arnold E. Wiegand

Quellennachweis

[5.1] Buch Psychohygiene-Jetzt, Seite 95

[5.2] https://en.wikipedia.org/wiki/Ganzfeld_effect Ustinova, Yulia.Caves and the Ancient Greek Mind: Descending Underground in the Search for Ultimate Truth, Oxford University Press US, 2009. ISBN 0-19-954856-0

[5.3] Claus Wilcke: Vom göttlichen Wesen des Königtums und seinem Ursprung im Himmel. In: Franz-Reiner Erkens: Die Sakralität von Herrschaft – Herrschaftslegitimierung im Wechsel der Zeiten und Räume: Fünfzehn interdisziplinäre Beiträge zu einem weltweiten und epochenübergreifenden Phänomen. Akademie, Berlin 2002, ISBN 3-05-003660-5, S. 67

[5.4] http://www.gilgamesch-epos.de/de/gilgamesch-epos
http://www.gilgamesch-epos.de/de/tafeln/tafel-10

[5.5] Das Totenbuch der Tibeter, ISBN 3-424-014852-4

[5.6] https://de.wikipedia.org/wiki/Bardo_Th%C3%B6dr%C3%B6l

[5.7] https://www.philognosie.net/index.php/article/articleview/787/

[5.8] https://hspdeutschland.com/was-ist-hochsensibilitaet/

[5.9] https://de.wikipedia.org/wiki/Thalamus

[5.10] Dunkelraum Mantak Chia, AMRA Verlag

[5.11] Dunkelraum Mantak Chia, AMRA Verlag

[5.12] http://www.zentrum-der-gesundheit.de/serotonin-ia.html

[5.13] https://www.zentrum-der-gesundheit.de/serotonin-ia.html

[5.14] Buch Psychohygiene-Jetzt, Seite 95   ISBN 978-3-8448-0742-4

[5.15] Buch Psychohygiene-Jetzt, Seite 96   ISBN 978-3-8448-0742-4

[5.16] Buch Psychohygiene-Jetzt, Seite 107   ISBN 978-3-8448-0742-4

[6.1] Deutsches Ärzteblatt 96, Heft 30, 30. Juli 1999 (29)
Entstehen und Funktion von Bewusstsein, Gerhard Roth
https://www.aerzteblatt.de/archiv/18347/Entstehen-und-Funktion-von-Bewusstsein

[6.2] https://www.welt.de/wissenschaft/article3411612/Die-heimliche-Macht-des-Unbewussten.html   Die heimliche Macht des Unbewussten, Heike Stüvel, 2009

[6.3] http://othes.univie.ac.at/9745/1/2010-02-26_9902800.pdf
Diplomarbeit Klarträumen
Rainer Heincz, Magister der Philosophie (Mag. Phil.), Universität Wien 2010 S. 12

[6.4] http://othes.univie.ac.at/9745/1/2010-02-26_9902800.pdf
Diplomarbeit Klarträumen
Rainer Heincz, Magister der Philosophie (Mag. Phil.), Universität Wien 2010 S. 29

[6.5] http://othes.univie.ac.at/9745/1/2010-02-26_9902800.pdf
Diplomarbeit Klarträumen
Rainer Heincz, Magister der Philosophie (Mag. Phil.), Universität Wien 2010

[6.6] „Träum' ich oder wach' ich?" Diplomarbeit von Birgit Permantier, Frei Uni Berlin, 1994 https://de.wikibooks.org/wiki/Bewusstseinserweiterung:_Klartraum_Theorie

[6.7] http://othes.univie.ac.at/9745/1/2010-02-26_9902800.pdf
Diplomarbeit Klarträumen
Rainer Heincz, Magister der Philosophie (Mag. Phil.), Universität Wien 2010, Seite 57 ff.

[6.8] https://de.wikipedia.org/wiki/Traumzeit
Anna Voigt und Nevill Drury: Das Vermächtnis der Traumzeit. Leben, Mythen und Tod der Aborigines.

[6.9] http://www.luzidertraum.de/

[6.10] www.holoversum.org/Content-Holographisches-Universum-category-3.html

[6.11] http://www.holoversum.org/Content-Das-Multiversum-item-35.html

[6.12] http://www.scinexx.de/wissen-aktuell-17951-2014-08-28.html

[6.13] https://de.wikipedia.org/wiki/Holometer   http://holometer.fnal.gov/

[6.14] http://www.astronews.com/news/artikel/2009/02/0902-007.shtml

[6.15] http://www.sciencealert.com/scientists-have-concluded-that-the-universe-shouldn-t-really-exist
https://www.msn.com/de-de/nachrichten/wissenundtechnik/cern-forscher-entdecken-dass-das-universum-gar-nicht-existieren-d%C3%BCrfte/ar-AAu6ZPU?ocid=spartandhp

[6.16] http://www.holoversum.org/Content-Holographisches-Universum-item-9.html
https://www.youtube.com/watch?time_continue=64&v=oZJZnBZ5o68

[6.16_2] https://de.wikipedia.org/wiki/Qualia
https://philosophenblog.wordpress.com/qualia-jacksons-argument-des-unvollstandigen-wissens/

[6.17] http://www.holoversum.org/Content-Realitaet-und-Wirklichkeit-item-36.html
https://www.youtube.com/watch?v=rJ2liIaXsn0&feature=youtu.be
Prof. Harald Lesch über das Buch „Rosenrot – oder die Illusion der Wirklichkeit" von Christian Zippel.

[6.18] http://deacademic.com/dic.nsf/dewiki/1051827

[6.19] A psychological theory of the Out-Of-Body-Experience
http://www.susanblackmore.co.uk/wp-content/uploads/2017/05/JP-1984.pdf

[6.20] http://www.zeit.de/2011/37/Interview-Metzinger/komplettansicht

[7.1] https://ssl.psych.tu-dresden.de/easy/node/2

[7.2] http://www.zeit.de/zeit-wissen/2012/01/Meditation-auf-Rezept/seite-2

[7.3] https://www.tk.de/centaurus/servlet/contentblob/921466/Datei/3654/TK-Stressstudie_2016_PDF_barrierefrei.pdf

[7.4] https://hspdeutschland.com/2015/06/21/reizuberflutung-wenn-wahrnehmen-wehtut/

[7.5] https://www.zartbesaitet.net/informationen-fur-hsp/grundlegendes-zum-thema/

[7.6] http://hochsensible.eu/2017/09/10/hochsensibilitaet-und-meditation/

[7.7] https://www.dasgehirn.info/handeln/meditation/warum-meditation

[7.8] http://www.pennington-training.com/images/dokumente/Materialien/artmeditation.pdf

[7.9] https://www.yogaeasy.de/artikel/Die-Effekte-von-Meditation-auf-K%C3%B6rper-und-Psyche
Infografik https://www.yogaeasy.de/artikel/infografik-wirkung-meditation

[7.10] http://www.ipn.at/ipn.asp?AAB Studien zu Meditation (Datei: Positive Veränderungen durch Meditation)
https://psychandneuro.duke.edu/people/owen-flanagan

[7.11] http://journals.plos.org/plosone/article?id=10.1371/journal.pone.0140212
Originalstudie: Relaxation Response and Resiliency Training and Its Effect on Healthcare Resource Utilization
https://www.nachhaltigleben.ch/freizeit/gesundheit/entspannungsuebungen-koennen-langfristig-den-arzt-ersetzen-3477

[7.12] http://onlinelibrary.wiley.com/doi/10.1111/nyas.12227/abstract
Originalstudie: Meditation improves self-regulation over the life span (2013)
http://www.eco-world.de/scripts/basics/econews/basics.prg?session=42f942065282884b_465420&a_no=27697

[8.1] http://www.spiegel.de/wissenschaft/mensch/falsche-erinnerungen-das-leben-eine-einzigeerfindung-a-444334.html
http://www.zeit.de/zeit-wissen/2014/06/erinnerung-gedaechtnis-erlebnisse

[8.2] Die Tafeln von Chartres, George Pennington, Patmos Verlag Seite 56,57

[8.3] Die Tafeln von Chartres, George Pennington, Patmos Verlag Seite 96

[9.1] https://www.zdf.de/nachrichten/heute/software-soll-ueber-leben-und-tod-entscheiden-100.html

* Dunkelretreats im Taunus *

Sollten Sie ein Dunkelretreat für sich in Betracht ziehen um selbst auf eine innere Entdeckungsreise zu gehen, so empfehle ich für eine vertiefende Erfahrung für den Einstieg eine Dauer von 7-10 Tagen.
Doch auch hier erlebe ich immer wieder eine große Individualität: Manche entscheiden sich zuerst für wenige Tage, und andere gleich für mehrere Wochen.

Termine nach Vereinbarung.

Arnold E. Wiegand

Ernst-Moritz-Arndt-Str. 8

D – 65779   Kelkheim / Ts.

www.Dunkelretreat.org

Info@Dunkelretreat.org

Telefon 0 61 95 – 68 59 62